编委会

普通高等学校"十四五"规划旅游管理类精品教材
教育部旅游管理专业本科综合改革试点项目配套规划教材

总主编

马 勇　教育部高等学校旅游管理类专业教学指导委员会副主任
　　　　中国旅游协会教育分会副会长
　　　　中组部国家"万人计划"教学名师
　　　　湖北大学旅游发展研究院院长，教授、博士生导师

编 委（排名不分先后）

田 里　教育部高等学校旅游管理类专业教学指导委员会主任
　　　　云南大学工商管理与旅游管理学院原院长，教授、博士生导师
高 峻　教育部高等学校旅游管理类专业教学指导委员会副主任
　　　　上海师范大学环境与地理学院院长，教授、博士生导师
韩玉灵　全国旅游职业教育教学指导委员会秘书长
　　　　北京第二外国语学院旅游管理学院教授
罗兹柏　中国旅游未来研究会副会长，重庆旅游发展研究中心主任，教授
郑耀星　中国旅游协会理事，福建师范大学旅游学院教授、博士生导师
董观志　暨南大学旅游规划设计研究院副院长，教授、博士生导师
薛兵旺　武汉商学院旅游与酒店管理学院院长，教授
姜 红　上海商学院酒店管理学院院长，教授
舒伯阳　中南财经政法大学工商管理学院教授、博士生导师
朱运海　湖北文理学院资源环境与旅游学院副院长
罗伊玲　昆明学院旅游管理专业副教授
杨振之　四川大学中国休闲与旅游研究中心主任，四川大学旅游学院教授、博士生导师
黄安民　华侨大学城市建设与经济发展研究院常务副院长，教授
张胜男　首都师范大学资源环境与旅游学院教授
魏 卫　华南理工大学经济与贸易学院教授、博士生导师
毕斗斗　华南理工大学经济与贸易学院副教授
史万震　常熟理工学院商学院营销与旅游系副教授
黄光文　南昌大学旅游学院副教授
窦志萍　昆明学院旅游学院教授，《旅游研究》杂志主编
李 玺　澳门城市大学国际旅游与管理学院院长，教授、博士生导师
王春雷　上海对外经贸大学会展与旅游学院院长，教授
朱 伟　天津农学院人文学院副教授
邓爱民　中南财经政法大学旅游发展研究院院长，教授、博士生导师
程丛喜　武汉轻工大学旅游管理系主任，教授
周 霄　武汉轻工大学旅游研究中心主任，副教授
黄其新　江汉大学商学院副院长，副教授
何 彪　海南大学旅游学院副院长，副教授

普通高等学校"十四五"规划旅游管理类精品教材
教育部旅游管理专业本科综合改革试点项目配套规划教材

总主编 ◎ 马 勇

导游业务
Tour Guide Business

邵小慧 ◎ 编 著
陈爱梅 孙苏苏 ◎ 副主编

华中科技大学出版社
http://press.hust.edu.cn
中国·武汉

图书在版编目(CIP)数据

导游业务/邵小慧编著.—武汉:华中科技大学出版社,2023.2(2024.8 重印)
ISBN 978-7-5680-9154-1

Ⅰ.①导… Ⅱ.①邵… Ⅲ.①导游-教材 Ⅳ.①F590.63

中国国家版本馆 CIP 数据核字(2023)第 026683 号

导游业务
Daoyou Yewu

邵小慧　编著

策划编辑:胡弘扬
责任编辑:刘　烨　王梦嫣
封面设计:原色设计
责任校对:刘　竣
责任监印:周治超
出版发行:华中科技大学出版社(中国·武汉)　　电话:(027)81321913
　　　　　武汉市东湖新技术开发区华工科技园　　邮编:430223
录　　排:华中科技大学惠友文印中心
印　　刷:武汉科源印刷设计有限公司
开　　本:787mm×1092mm　1/16
印　　张:16　插页:2
字　　数:385 千字
版　　次:2024 年 8 月第 1 版第 2 次印刷
定　　价:49.80 元

本书若有印装质量问题,请向出版社营销中心调换
全国免费服务热线:400-6679-118　　竭诚为您服务
版权所有　侵权必究

Abstract / 内容提要

"导游业务"是旅游管理本科专业的专业技能课程,属于必修课。本教材阐述了导游的相关理论,揭示了新时代导游工作中面临的问题以及经验做法,提出了导游转型发展的理念和思路。本教材素材新颖,案例丰富,融入了课程思政点,可以引导学生更好地学习导游业务的相关知识,分析并解决新时代导游工作面临的问题,使学生能够更好地为旅游行业服务。

本教材分为四篇,共由十一章组成。其中,基础知识篇包括导游概述、导游服务、导游职业道德和文明旅游引导、导游相关常识四章内容;工作程序篇包括团队工作程序及服务质量和散客工作程序及服务质量两章内容;传统技能篇包括导游语言及讲解技能、导游带团技能、旅游者个别要求的处理、突发事件和常见问题的预防与处理四章内容;新型技能(素养)篇介绍了导游职业发展的"云执业"。

总 序

伴随着我国社会和经济步入新发展阶段,我国的旅游业也进入转型升级与结构调整的重要时期。旅游业将在推动形成以国内经济大循环为主体、国内国际双循环相互促进的新发展格局中发挥出独特的作用。旅游业的大发展在客观上对我国高等旅游教育和人才培养提出了更高的要求,同时也希望高等旅游教育和人才培养能在促进我国旅游业高质量发展中发挥更大更好的作用。

《中国教育现代化2035》明确提出:推动高等教育内涵式发展,形成高水平人才培养体系。以"双一流"建设和"双万计划"的启动为标志,中国高等旅游教育发展进入新阶段。

这些新局面有力推动着我国高等旅游教育在"十四五"期间迈入发展新阶段,未来旅游业发展对各类中高级旅游人才的需求将十分旺盛。因此,出版一套把握时代新趋势、面向未来的高品质和高水准规划教材则成为我国高等旅游教育和人才培养的迫切需要。

基于此,在教育部高等学校旅游管理类专业教学指导委员会的大力支持和指导下,教育部直属的全国重点大学出版社——华中科技大学出版社——汇聚了一大批国内高水平旅游院校的国家教学名师、资深教授及中青年旅游学科带头人在成功组编出版了"普通高等院校旅游管理专业类'十三五'规划教材"的基础上,再次联合编撰出版"普通高等学校'十四五'规划旅游管理类精品教材"。本套教材从选题策划到成稿出版,从编写团队到出版团队,从主题选择到内容编排,均作出积极的创新和突破,具有以下特点:

一、基于新国标率先出版并不断沉淀和改版

教育部2018年颁布《普通高等学校本科专业类教学质量国家标准》后,华中科技大学出版社特邀教育部高等学校旅游管理类专业教学指导委员会副主任、国家"万人计划"教学名师马勇教授担任总主编,同时邀请了全国近百所开设旅游管理类本科专业的高校知名教授、博导、学科带头人和一线骨干专业教师,以及旅游行业专家、海外专业师资联合编撰了"普通高等院校旅游管理专业类'十三五'规划教材"。该套教材紧扣新国标要点,融合数字科技新技术,配套立体化教学资源,于新国标颁布后在全国率先出版,被全国数百所高等学校选用后获得良好反响。编委会在出版后积极收集院校的一线教学反馈,紧扣行业新变化,吸纳新知识点,不断地对教材内容及配套教育资源进行更新升级。"普通高等学校'十四五'规划旅游管理类精品教材"正是在此基础上沉淀和提升编撰而成。《旅游接待业(第二版)》《旅游消费者行为(第二版)》《旅游目的地管理(第二版)》等核心课程优质规划教材陆续推出,以期为全国高等院校旅游专业创建国家级一流本科专业和国家级一流"金课"助力。

二、对标国家级一流本科课程进行高水平建设

本套教材积极研判"双万计划"对旅游管理类专业课程的建设要求,对标国家级一流本科课程的高水平建设,进行内容优化与编撰,以期促进广大旅游院校的教学高质量建设与特色化发展。其中《旅游规划与开发》《酒店管理概论》《酒店督导管理》等教材已成为教育部授予的首批国家级一流本科"金课"配套教材。《节事活动策划与管理》等教材获得国家级和省级教学类奖项。

三、全面配套教学资源,打造立体化互动教材

华中科技大学出版社为本套教材建设了内容全面的线上教材课程资源服务平台:在横向资源配套上,提供全系列教学计划书、教学课件、习题库、案例库、参考答案、教学视频等配套教学资源;在纵向资源开发上,构建了覆盖课程开发、习题管理、学生评论、班级管理等集开发、使用、管理、评价于一体的教学生态链,打造了线上线下、课堂课外的新形态立体化互动教材。

在旅游教育发展的新时代,主编出版一套高质量规划教材是一项重要的教学出版工程,更是一份重要的责任。本套教材在组织策划及编写出版过程中,得到了全国广大院校旅游管理类专家教授、企业精英,以及华中科技大学出版社的大力支持,在此一并致谢!衷心希望本套教材能够为全国高等院校的旅游学界、业界和对旅游知识充满渴望的社会大众带来真正的精神和知识营养,为我国旅游教育教材建设贡献力量。也希望并诚挚邀请更多高等院校旅游管理专业的学者加入我们的编者和读者队伍,为我们共同的事业——我国高等旅游教育高质量发展——而奋斗!

总主编

2021 年 7 月

前　言

旅游业是国民经济的重要组成部分，也是"幸福产业"和"大健康产业"，是美好生活的必然组成部分。导游是旅游行业的典型从业人员，尽管新形势下导游的工作内容发生了变化，面临新的挑战，但导游作为旅游业的代表，其重要作用依然不可替代，导游是人民美好旅游生活的引导者和服务者，也是中国旅游业发展的重要推动者。

导游业务是旅游管理专业的一门专业课程，同时也是导游资格考试的必考课程之一。在疫情和国内外复杂环境的背景下，导游的素质要求和工作内容也发生了新的变化。本教材正是基于最新导游发展动态，结合国家最新的导游相关条例以及多年的教学经验编写而成。本教材根据相关要求进行系统的设计和编写，具有以下几个特点。

（1）内容新颖，融合课程思政，具有补缺性。

首先，本教材在传统导游业务教材系统编写的基础上，增加了新型导游服务方式以及导游的新媒体技能等知识，补充了导游相关历史发展知识等。更为重要的是，本教材融合课程思政，每一章都增加了课程思政点，为课程"铸魂"，回归旅游教育初心，有助于更好地立德树人。

（2）体系完整，突出能力培养，具有很强的实用性。

本教材框架完整，教学资源丰富，突出学生能力的培养。每一章都有课前测验、知识拓展、案例分析、章节测验，方便读者学习和检测。

（3）配套资源丰富，打造了新型的教材形态。

本教材拥有互为补充的线下、线上资源，方便读者和编写团队互动和沟通。教材拥有习题库、案例库、教学大纲等资源，方便教学使用。同时，由编写团队打造的"导游业务"线上课程已经在学习通平台上线，依托本课程的"导游课程群虚拟教研室"也已经在国家虚拟教研室平台上线。线上平台的诸多资源成为教材源源不断的"活水"。

本教材由海口经济学院邵小慧教授（国家一流本科课程导游业务负责人）策划并担任主编，具体编写分工如下：第一章、第二章、第七章、第八章、第九章由邵小慧教授编写，第三章、第四章由陈爱梅副教授编写，第五章、第六章由孙苏苏副教授编写；第十章由邵小慧教授和陈爱梅副教授共同编写；第十一章由王婉婉老师编写。全书由邵小慧教授统稿、修改并最终定稿。

本教材在编写过程中也吸纳了国家特级导游、国家金牌导游的意见，同时也拜访了旅游行业的相关专家，他们给予了一定的指导意见。本教材在编写过程中，参考和引用了部分专家、学者的研究成果、著作以及教材,参阅了一些网站资料,在此一并致谢。本教材能够顺利完成,也特别感谢华中科技出版社胡弘扬等编辑。需要说明的是,由于时间仓促、学识水平有限,本教材难免会有一些缺憾和不妥之处,我们恳请各位同行和读者朋友们批评指正。

编　者

2022 年 10 月

虚拟教研室(安卓)　　虚拟教研室(苹果)

请读者用相机扫描上方二维码,或搜索 http://vtrs.hep.com.cn/,下载"虚拟教研室"平台。注册成功后,在平台中搜索"导游",即可加入"导游课程群虚拟教研室"。

Contents

目 录

基础知识篇

第一章 导游概述 ……2
　第一节　导游的发展历史　/3
　第二节　导游的内涵和类型　/8
　第三节　导游的素质要求和职责　/10

第二章 导游服务 ……19
　第一节　导游服务的概念和类型　/20
　第二节　导游服务的特点、性质及原则　/23
　第三节　导游服务的作用和趋势　/28

第三章 导游职业道德与文明旅游引导 ……34
　第一节　导游职业道德　/35
　第二节　导游服务礼仪规范　/36
　第三节　导游文明旅游引导　/43

第四章 导游相关常识 ……49
　第一节　旅游业相关常识　/50
　第二节　出行相关常识　/55
　第三节　其他相关知识　/67

工作程序篇

第五章 团队工作程序及服务质量 ……76
　第一节　领队服务程序及质量　/77

第二节　地陪导游服务程序及服务质量　　　/81
第三节　全陪导游服务程序及服务质量　　　/97
第四节　景区景点导游服务程序及服务质量　　　/105

第六章　散客工作程序及服务质量
第一节　散客旅游的内涵和特点　　　/112
第二节　散客旅游规范服务流程　　　/114

传统技能篇

第七章　导游语言及讲解技能
第一节　导游语言　　　/123
第二节　导游讲解技能　　　/132
第三节　实地导游讲解要领　　　/139

第八章　导游带团技能
第一节　导游带团的特点与原则　　　/147
第二节　导游心理服务技能　　　/149
第三节　导游审美技能　　　/154
第四节　导游协作技能　　　/158
第五节　导游个性化服务技能　　　/163

第九章　旅游者个别要求的处理
第一节　旅游者个别要求的处理原则　　　/171
第二节　旅游者个别要求的处理方法　　　/172

第十章　突发事件和常见问题的预防与处理
第一节　旅游活动计划变更问题的处理　　　/186
第二节　漏接、空接、错接和误机(车、船)事故的预防与处理　　　/187
第三节　旅游者证件、财物、行李丢失问题的预防与处理　　　/192
第四节　旅游者走失事故的预防与处理　　　/197
第五节　旅游者患病、死亡等问题的处理　　　/200
第六节　旅游者越轨言行的预防与处理　　　/205
第七节　旅游安全事故的预防与处理　　　/207

新型技能(素养)篇

第十一章　导游职业发展的"云执业"　216
　　第一节　新媒体与旅游行业　/217
　　第二节　导游"云执业"　/229

参考文献　240

基础知识篇
JICHU ZHISHI PIAN

第一章

导游概述

学习导引

导游是旅游业的一面镜子,是中国旅游业发展的重要推动者。在新时代,导游在满足人民美好旅游生活需要方面具有不可或缺的作用。了解导游的产生过程,能够更好地理解当代导游的内涵、素质和职责。本章主要介绍了导游的发展历史、内涵、类型、素质要求和职责。

学习目标

通过本章的学习,重点掌握以下知识要点:
1. 古代导游的萌芽。
2. 近代导游的产生。
3. 现代导游的发展。
4. 导游的内涵。
5. 导游的类型。
6. 导游的素质要求。
7. 导游的职责。

章节思政点

1. 从导游的发展历史中感受古人的旅游情怀以及当代中国旅游的发展巨变,增强历史的厚重感以及当代中国旅游从业人员的自豪感。
2. 从导游的素质要求和职责当中领悟知行合一,践行社会主义核心价值观。
3. 从导游的职责中体悟导游是旅游行业的代表,要传播正能量,讲好中国故事。

1. 回望历史,你能列举出中国古代的"导游"吗?
2. 你认为导游需要具备哪些素质?

第一节 导游的发展历史

一、古代导游的萌芽

(一)中国古代

在原始社会早期,人类还没有出现主观意义上的旅游活动,但是存在着被迫迁移和迁徙活动。在这一过程当中,部落首领或是相关人员担任"领队"。随着生产力的发展,人类社会出现了第三次社会大分工,即商业从农业、牧业中分离出来,这时候出现了以交换商品为生的商人,正是他们在原始社会末期开创了人类旅行活动的先河。

随着人类社会的不断发展,生产技术的进步,劳动剩余物的不断增加,越来越多的财富被奴隶主占有。这些拥有大量财富的奴隶主开始追求享乐,除吃喝玩乐之外,奴隶主逐渐开始了以巡视、巡游为名义的享乐旅行。

到了封建社会,社会生产力进一步发展,出现了不同形式的旅行活动,如帝王将相的巡游、文人学士的漫游、僧人的云游、商人的跨国旅行等。

以帝王巡游为例,秦始皇喜欢巡游天下,在巡游的同时也寻找"长生不老之药"。在古代帝王外出巡游的过程中,大量不同的官员从路线制定、交通工具选择、巡游地食宿的安排、风光讲解、安全监控等方面服务于帝王的外出巡游,这些古代官员的一部分职责就相当于今天导游所要履行的职责。

名人学士的巡游也是如此,尽管他们没有帝王巡游的排场,但是他们往往也带有仆从、书童等人照料其生活,长途旅行和不熟悉之地旅行也要有熟悉路途的人做向导,这些向导不仅能引路,还能介绍沿途的名胜、景点和当地的风俗民情。以明代著名的地理学家和旅行家徐霞客为例,他撰写的《徐霞客游记》被明末清初学者钱谦益称赞是"世间真文字、大文字、奇文字"。英国皇家学会会员李约瑟博士曾说:"他的游记读来并不像 17 世纪学者所写的东西,倒像是一位 20 世纪的野外勘探家所写的考察记录。"徐霞客从 22 岁开始寄情于山水,周览名山大川,以扩大心胸,增长见闻,直到他 56 岁,即逝世前一年止,足迹踏遍今天的江苏、浙江、山东、河北、北京、河南、陕西、广东、云南、贵州、湖北等 18 个省(区、市),行程 45000 千米。徐霞客在实地游览和考察时,一般都是徒步跋涉,间或乘船,极少骑马。以徐霞客晚年的万里遐征为例,他带了两个仆人,顾仆与王二,还有静闻和尚同行,但王二没走多久就当了逃兵,顾仆三年之后在云南鸡足山也当了逃兵。在到具体旅游目的地后,徐霞客向熟悉当地情况的人员咨询相关问题,这些人有的是当地的僧人、樵夫、路人、轿夫,还有的是营兵、买浆者等,他们也履行了今天景点讲解员的部分职能。从徐霞客的《粤西游日记》可以看出,他"见洞中有浣而汲者",向其咨询相关情况并"觅其人为导"至洞"深处复有渊黑",导者亦不敢入,曰"挑灯引炬,即数日不能竟,但此从无人者",徐霞客判断此乃"桥涧上流"。

尽管古代的仆从、书童、向导等不同于现代的导游,但是他们是现代导游的雏形,他们当时所做的就是现代导游提供的部分服务。与现代导游不同的是,古代人们提供这种向导服务有偶然性,他们不以此为生。这是因为从社会环境上说,古代缺乏大量旅行的人,而且很多时候担任向导的人完全是出于社会人情关系的需要。到后来进行长途旅行或去风景优美地区,需要专人做向导,这时也只是给向导一些"盘缠"或"酒钱",但是数目并不固定,还没有出现以向导为谋生手段的人,因此,古代的向导只是个别人的偶然行为,还不是一种社会化的职业。

在古代社会,除了实地口语的导游方式,也出现了一些物化的导游方式,如《地经》《图经》的出现,类似于今天引导旅行游览的专门的导游图。唐代著名文学家韩愈有诗曰:"曲江山水闻来久,恐不知名访倍难。愿借图经将入界,每逢佳处便开看。"此诗记载了借《图经》来了解沿途风光的情形。除此之外,中国古代大量的游记、览胜书籍如《泰山道里记》《黄山领要录》《佛国记》《大唐西域记》等也起着引导旅行游览的作用。

(二)世界古代

原始社会末期,古印度、古巴比伦、古埃及等古文明地区也出现了经商旅行活动。进入奴隶社会之后,奴隶主以及贵族也开始出现了享乐旅行,同时,宗教旅行随着宗教的产生也开始了,如早在古埃及就已经有朝圣者去朝拜。到了封建社会,随着生产力的不断发展,西方国家也出现了若干杰出的旅行家,如意大利的马可波罗、哥伦布、法国的卢布鲁克,等等。

同古代中国一样,这些地区出现了不同目的的外出旅行活动,但并没有出现专门的导游服务。

二、近代导游的产生

(一)世界近代

1."旅游业之父"和导游

1841年7月5日,英国人托马斯·库克组织了世界上第一次的旅游活动。他首次尝试包租了一列火车,组织了570人乘车从英格兰的莱斯特城前往拉夫巴勒参加禁酒大会。在本次活动的中,他还为参加者安排了用餐、下午茶和游览附近的一座古城堡等活动。全程11英里①,每人收费1先令。托马斯·库克本人自始至终陪同,可以说是现代旅行社全程陪同的最早体现。

1845年,库克在莱斯特正式成立了世界上第一家旅行社——托马斯·库克旅行社,开始专门从事旅行业务,他本人也成了世界上第一位专职的旅行代理商。托马斯·库克旅行社的成立,标志着近代旅游业的诞生,同时出现了专职的导游。

1845年夏天,托马斯·库克组织了350人从莱斯特到利物浦进行了为期一周的团体消遣旅游。对于这次活动,托马斯·库克进行了精心的组织和安排,编写了《利物浦之行》手册

---

① 1英里≈1.6093公里。

发给每位游客,而且还沿途聘任了地方导游。之后也组织了赴苏格兰旅游,编写了《苏格兰之行手册》,雇用了地方导游进行讲解。

1855年,托马斯·库克以一揽子包价形式组团从莱斯特前往加莱,然后再赴巴黎参加世界万国博览会,全程5日往返,每人支付36先令。1865年,他又组织了去美国的旅游,并于同年与儿子约翰将营业地点迁到伦敦。此后,托马斯·库克相继在美洲、非洲、亚洲设立分公司,并于1872年成功组织了9人历经222天,途经10多个国家的环球旅游。随着国际旅游业务的拓展,国际导游(领队)应运而生。1872年,托马斯·库克创造了一种代金券,成为后来旅行支票的雏形。

2. 旅行社和导游

自托马斯·库克创办旅行社之后,其他国家也成立了旅行社组织。1850年,美国组建了经营旅行代理业务的运通公司,并在1891年推出旅行支票。1890年,德国组建了观光俱乐部。从19世纪末至20世纪初,全球形成了托马斯·库克旅行社、美国运通公司、欧洲卧铺列车及特快列车有限公司三大巨头。

近代导游是随着近代旅游业的发展而出现的,从托马斯·库克创办旅行社到雇用导游的过程,是近代导游职业化发展的过程。随着一批旅行社企业的不断发展以及旅行社业务的深化,出现了地方陪同导游、全程陪同导游、海外领队、景区讲解员等不同业务类别的导游,基本上奠定了当前导游的分类体系。

(二)中国近代

1. 成长于外国旅行社的接待导游

从19世纪晚期开始,一些西方国家的旅行社开始将业务覆盖中国,先后组织了一些旅游团到中国旅行,并短期培训和雇用了一些中国人从事接待工作。20世纪初,外国的一些旅行社如英国通济隆旅行社、美国运通公司等相继在上海、南京、北京等地开办分社,经营外国人到中国旅游的业务。出于工作的需要,中国出现了一些接待外国人的接待人员,当时称之为"露天通事",其职能等同于外语翻译导游。

2. 中国旅行社成立之后的导游

直到1923年,中国成立了第一家由中国人创办的旅行社。爱国民族资本家陈光甫先生在上海商业储蓄银行设立旅行部。随着旅行部业务的不断扩大,上海商业储蓄银行决定拨出专款使旅行部从银行独立出去,1927年6月1日,旅行部与上海商业储蓄银行正式分离,更名为"中国旅行社"(China Travel Service),成为独立的旅游企业。中国旅行社以"顾客至上、服务社会"为宗旨,也确立了"发扬国光、阐扬名胜、改进食宿、致力货运、推进文化"的发展方针,一直运营至1954年。中国旅行社在国内外设立了众多的分支机构,最多时达200多处,与国际知名旅行社互相代理业务。中国旅行社管理严格,对导游的要求是大学本科毕业生,并且有严格的培训,优秀者送往国外培训。在中国旅行社的成长和发展壮大的过程中,培养了中国最早的职业化导游队伍。

三、现代导游的发展

(一)中国现代导游

1. 起步阶段(1949—1978年)

中华人民共和国成立之后设立的第一家旅行社是厦门华侨服务社,成立于1949年11

月19日。继在厦门成立首家旅行社之后,又先后在全国16个大中城市相继成立了华侨服务社。1957年,华侨服务社在社名上增加了"旅行"两个字,统一称为"华侨旅行服务社",并在前面冠以省、市名称,如"北京华侨旅行服务社"。1957年4月22日,华侨旅行服务总社成立,这标志着全国华侨旅行服务网络的形成。

1954年4月15日,中国国际旅行总社正式成立。同年,政务院要求天津、上海、南京、杭州、哈尔滨、大连等12个城市成立国旅分社,不断完善国旅的服务接待网络。之后,旅行社业务不断拓展,形成了遍及全国、延伸海外的系统网络。

从中华人民共和国成立到1976年这一阶段,在我国旅行社系统内,培养了早期的导游队伍。但是,与国外的导游不同,我国的导游在这个阶段的主要工作内容是政治接待,导游服务是政治接待任务,是我国外事活动的组成部分。导游是政府配备的国家工作人员,被称为"四大员"(翻译员、讲解员、宣传员、保卫员)之一。

2. 初步发展阶段(1978—1989年)

1978年,中国的国家旅游行政机构由原先的中国旅行游览事业管理局改名为中国旅行游览事业管理总局,而各省、自治区、直辖市也先后成立相应的省级旅游行政管理机构。1980年,中国青年旅行社成立。当年,中国青年旅行社的分支机构在全国各地相继成立,中国青年旅行社更名为中国青年旅行社总社,国旅、中旅、青旅三大旅行社系统正式确定。旅行社外联权开始下放,加速了全国旅行社的发展。截至1988年底,全国已经有近1600家旅行社,而导游扩大到25000多人。

作为旅行社接待工作的主要执行者,这一阶段,我国导游主要是翻译陪同人员,来自各个大专院校语言专业的毕业生,属于国家工作人员,使用的语言也包括十几种,为我国旅游事业的发展做出了贡献。这一时期的导游人数不多,较为精干,社会地位较高,知识水平和外语能力在当时的中国属于顶级行列。但到20世纪80年代后期,由于导游增长速度过快,一些素质较差、水平不高的人也进入了导游队伍,导游队伍的整体素质出现了鱼龙混杂的局面。

3. 全面发展阶段(1989—2016年)

我国导游队伍进入全面发展的一个标志性事件是中国导游资格准入制度的实施和确立。1989年,我国在全国范围内首次举行导游资格考试,此后,每年都会举行,尽管疫情期间导游资格考试延后,但仍然会举行全国性的导游资格考试。

早在1994年,中国就实行了导游等级制度,将导游的等级划分为四个级别,从低到高依次是初级、中级、高级、特级。尽管由于特殊原因,特级导游的评审曾一度中止,但2021年又正式恢复特级导游的考评工作。1999年,《导游人员管理条例》正式颁布。2001年,《导游人员管理实施办法》决定启用新版导游证,并实行导游计分制度管理,在全国范围内推动导游信息化管理。2001年,国家将导游资格考试权力下放到各省、自治区、直辖市和计划单列市,使导游准入制度更符合各地区实际,导游的培训、考核与管理也更加科学合理。

1997年,随着《中国公民自费出国旅游管理暂行办法》的实施,我国开始实行领队证制度,至此,我国的导游服务体系进入全面发展阶段,导游的培训、考核与管理也走上了正轨。

4. 提质与创新阶段(2016年至今)

改革开放以来,我国的导游队伍规模迅速扩大,但导游的素质和地位仍不尽如人意,导游是"旅游业的一面镜子",被誉为"旅途天使"。但多年来旅游行业的弊端以及导游管理制度的弊端,让导游面临着来自旅行社和游客的双重压力,使导游遭遇信任危机。为此,2016年5月,国家旅游局下发了《关于开展导游自由执业试点工作的通知》,全国9个省(区、市)正式启动线上线下相结合的导游自由执业试点工作。

2016年5月国家旅游局决定正式启动试点工作,第一阶段在江苏、浙江、上海三个省(市)试点线上导游自由执业,在成都、长沙、张家界、长白山、三亚、桂林等地同步试点线上线下导游自由执业。

导游自由执业改变了原来的传统的导游委派模式,把导游服务直接推上市场,更好地满足了当前中国旅游的需求,同时也重构了导游与旅行社、导游与游客、导游与执业平台、导游与旅游部门的关系,有利于构建新型的旅游生态链,有助于建立起公平、竞争有序的旅游市场环境。

(二)世界现代导游

第二次世界大战以后,世界旅游业进入了快速发展的阶段,特别是自20世纪60年代以来,旅游迅速大众化。正如UNWTO通过的《马尼拉世界旅游宣言》指出:旅游是人的基本权利,旅游是人类实现自我精神解放的重要途径。大众旅游的快速发展催生了更多的导游接待人员。以世界首家旅行社——托马斯·库克旅行社为例,其全盛时期在全球大概雇用了24600多名员工。德国途易集团旗下有1800家旅行社,还拥有6家航空公司、众多的度假村、酒店等,全球雇佣的员工也超过67000名。在欧洲还有众多的自营导游服务于有旅游需要的民众。美国的旅行社行业在第二次世界大战后也是飞速发展,截止到1993年,全美旅行社已达32446家。

对于导游的准入和管理制度,世界上各个国家形成了不同的模式,整体上分为两种模式:一种是严格的导游准入制度,以发展中国家为例;另一种是宽松的导游准入制度,以美国、德国、澳大利亚为例。在规范导游服务方面,不同的国家也有不同的管理模式。以日本为例,日本有《翻译导游法》,此法对导游的职业做出规范,在日本取得翻译导游资格后,还必须参加指定的培训后方能上岗。德国尽管在准入方面较为宽松,但是在服务质量方面有完善的行业机制。新加坡的导游准入和监管机制都较为严格,首先,必须经过导游资格考试,合格者方能取得导游资格,其次,要参加相应的培训,在工作过程中,实行严格的监管机制。另外,客人对于导游的评价也直接影响着导游的职业生涯发展。

截至2019年,全球旅游总人次达123.10亿。疫情发生以来,全球旅游人数受到重创,导游也面临着压力和转型。伴随着旅游形势的新发展,导游的多元化、个性化、专业化、科技化的趋势仍未改变。

第二节 导游的内涵和类型

一、导游的内涵

关于导游的内涵界定,学者们各有不同的表述。本教材沿用《导游人员管理条例》中的规定,即导游是指依照《导游人员管理条例》的规定取得导游证,接受旅行社委派,为旅游者提供向导、讲解及其他旅游服务的人员。

上述概念包含以下三方面内容。

(一)导游是依法取得导游证的人员

导游证是国家准许从事导游工作的证件,也是导游执业的必备条件。要取得导游证必须参加导游资格考试,导游资格考试合格后取得导游人员资格证书,取得导游人员资格证书后方能向旅游行政管理部门申请领取导游证。依据《导游人员管理条例》的规定,导游必须取得导游证。

(二)导游是接受旅行社委派从事导游业务的人员,但另有规定的除外

从事旅游业务接待的合法经营单位是旅行社,旅行社是导游执业的场所,导游从事导游业务必须经旅行社委派。这是导游从事业务活动的方式要件。

需要说明的是,2016年国家实行导游自由执业试点,试点地区符合条件的导游可以成为"个体经营者",以自然人身份开展为游客提供"向导"和"讲解"的导游业务。

(三)导游是为旅游者提供向导、讲解及相关旅游服务的人员

这是导游的法定工作职责范围,也是有别于旅行社其他工作人员的显著特征,只有将这层含义与第一、第二层含义结合起来,才能正确理解导游的概念。导游提供的服务类型包括向导、讲解和相关旅游服务。所谓"向导",一般是指为他人引路、带路,而"讲解"则是指为旅游者解说、介绍、点评风景名胜,至于"相关旅游服务",一般是指为旅游者代办各种旅行证件,代购交通票据,安排旅游住宿、旅程、就餐等与旅行游览有关的各种服务。

二、导游的类型

(一)国内导游的分类

导游的工作范围较广,由于服务对象不同,其工作性质、接待方式和所担任的角色也不同,因此,对导游的称呼也不同。同时,基于不同的分类标准,导游的类型也有所不同。

1. 按业务范围分类

导游按业务范围可分为海外领队、全程陪同导游、地方陪同导游和景区景点导游。

(1)海外领队。

海外领队(简称领队)是指受经营出境旅游业务的旅行社的委派,全权代表该旅行社带领旅游团从事旅游活动的工作人员。

(2) 全程陪同导游。

全程陪同导游(简称全陪)是指受组团社委派,作为组团社的代表,在地方陪同导游的配合下实施接待计划,为旅游团提供全程陪同服务的工作人员。

(3) 地方陪同导游。

地方陪同导游(简称地陪)是指受接待旅行社的委派,代表接待社实施接待计划,为旅游团提供当地旅游活动安排、讲解、翻译等服务的工作人员。

(4) 景区景点导游。

景区景点导游亦称讲解员,是指在旅游景区景点、博物馆、自然保护区等为旅游者进行导游讲解的工作人员。

2. 按职业性质分类

导游按职业性质可分为专职导游和兼职导游。

(1) 专职导游。

专职导游是指在一定时期内以导游工作为主要职业的人员。

(2) 兼职导游。

兼职导游亦称业余导游,是指不以导游工作为主要职业,而利用业余时间从事导游工作的人员。他们是自由职业导游,其人数在中国的导游队伍中占相当比例,甚至超过半数。

3. 按使用语言分类

导游按使用语言可分为中文导游和外语导游。

(1) 中文导游。

中文导游是指能够使用普通话、地方话或少数民族语言从事导游业务的人员。

(2) 外语导游。

外语导游是指能够使用外语从事导游业务的人员。

4. 按技术等级分类

导游按技术等级可分为初级导游、中级导游、高级导游和特级导游。

(1) 初级导游。

获得导游人员资格证书一年后,就技能、业绩和资历对其进行考核,合格者自动成为初级导游。

(2) 中级导游。

获得初级导游资格2年以上,业绩明显,考核、考试合格者晋升为中级导游。

(3) 高级导游。

取得中级导游资格4年以上,业绩突出、水平较高,在国内外同行和旅行商中有一定影响,考核、考试合格者晋升为高级导游。

(4) 特级导游。

取得高级导游资格5年以上,业绩优异,有突出贡献,有高水平的科研成果,在国内外同行和旅行商中有较大影响,经考核合格者晋升为特级导游。

5. 按星级分类

导游按星级可分为五星级导游、四星级导游、三星级导游、二星级导游、一星级导游。

导游星级主要是对导游执业能力、质量和信用水平的评价,主要基于旅游者的评价,通过"全国旅游监管服务平台"自动计分生成导游服务星级。星级越高,表明导游的服务能力和服务水平越高。

(二) 国外导游的分类

1. 入境导游和出境导游

世界上其他国家虽然导游管理体制不同,但是导游分类基本相同。在欧美发达国家,按照工作性质可以将其分为入境导游和出境导游。

(1) 入境导游。

入境导游根据其不同的职业性质,又可以分为专业导游、业余导游、景点讲解员以及义务导游。专业导游是指受聘于旅行社或者旅游企业,专门从事导游接待的人员。业余导游是不以导游为主要职业,而是用业余时间、兼职工作的人员。比如德国就没有专门的导游,德国的导游都是兼职的或者业余的,但是这并不意味着他们不需要经过培训和考核。景点讲解员在多数国家都存在,因景点类型不同对讲解员的要求也各有差异。义务导游是指一些出于个人喜好,自愿提供讲解服务的人员,当然义务导游也要经过相关的考核。

(2) 出境导游。

出境导游主要可以分为旅行社的经理兼领队、职业领队、业余领队和义务领队。在导游准入制度宽松的国家里,出境导游不必参加考试取得资格证,但要求其有前往国外的经历和在旅行社工作的经验。

2. 其他分类

尽管在一些国家,并不强制要求考取相关导游证,但拥有导游证仍是权威和专业的证明。以英国为例,英国导游分为蓝章导游和其他注册导游。蓝章导游是国家级导游。蓝章导游的考取并不容易,需要精通3门语言,要学习3年以上,更要精通英国的历史文化等。尽管在英国进行导游业务并非一定要有导游资质,但在一些景区,没有相关导游资质还是会被禁止提供导游服务。

法国也有导游讲解员证。没有导游讲解员证的人员只能做陪同导游,他们没有带旅游团队进国家博物馆讲解的资格,只允许在博物馆大门外讲解。

第三节　导游的素质要求和职责

一、导游的素质要求

"没有导游的旅行是不完美的旅行",优秀的导游可以使人们在旅游活动中增长见识、满足好奇心、获得美感、享受旅游的乐趣,以及提升旅游的质量,这就要求导游必须具有多方面过硬的素质。

（一）道德素质

1. 爱国爱乡

热爱祖国是作为一名合格的中国导游的首要条件。首先，导游是一个国家或地区对外宣传的形象代言人，其一言一行都与祖国的荣辱息息相关。其次，导游只有怀着对祖国、对家乡的赤诚之心和热爱之情，才能热情洋溢地向游客介绍祖国和家乡的灿烂文化、秀美山川及伟大的创造和成就，才能给游客留下难忘而美好的印象。需要说明的是，爱家乡也是导游的素质要求。导游对于自己的家乡要有热爱之心，不能因为家乡暂时的经济落后而嫌弃，要用发展的眼光来看待家乡的变化，要用赤子之心传播家乡的文化，讲好家乡的故事。

2. 服务意识

导游要树立全心全意为人民服务的精神，在工作中要为游客安排好食、住、行、游、购、娱等方面的活动，成为真正意义上的综合性服务人员。因此，导游要明确自己的定位，树立"宾客至上""服务至上"的意识，尽可能地满足游客合理的要求，热情周到地为游客提供服务，使他们高兴而来、满意而归，在满足人民美好生活需要的同时彰显导游自身的价值。

3. 践行社会主义核心价值观和旅游行业价值观

（1）社会主义核心价值观。

2012年11月8日，党的十八大报告提出"倡导富强、民主、文明、和谐，倡导自由、平等、公正、法治，倡导爱国、敬业、诚信、友善，积极培育和践行社会主义核心价值观"。这是社会主义核心价值观的基本内容和精辟概括，与中国特色社会主义发展要求相契合，更是与中华优秀传统文化和人类文明优秀成果相承接。首先，"富强、民主、文明、和谐"是从价值目标层面对社会主义核心价值观基本理念的凝练，居于最高层次，对其他层次的价值理念有统领作用。其次，"自由、平等、公正、法治"是从社会层面对社会主义核心价值观基本理念的凝练。它反映了中国特色社会主义的基本属性，是中国共产党长期实践、矢志不渝的核心价值理念。最后，"爱国、敬业、诚信、友善"是从个人行为层面对社会主义核心价值观基本理念的凝练，属于公民基本的道德规范。

（2）旅游行业价值观。

旅游行业价值观是"游客为本、服务至诚"，这是社会主义核心价值观在旅游行业当中的具体体现。"游客为本"是指一切旅游工作都要以游客需求为最根本的出发点和落脚点，它是旅游行业赖以生存和发展的根本价值取向，解决的是旅游发展为了谁的理念问题。"服务至诚"是旅游行业服务社会的精神内核，是旅游从业人员应当树立的基本工作态度和应当遵循的根本行为准则，解决的是如何做的理念问题。作为旅游行业的典型代表，导游应当时时刻刻以游客为本，将至诚服务作为自己工作的不懈追求。

4. 敬业爱岗

导游工作是一项传承文明、播撒知识、增进友谊的服务性工作。导游在为海内外游客服务时不仅可以广交朋友，而且可以增长见识、开阔视野、丰富知识，导游应该为此感到自豪。导游应热爱本职工作，树立"干一行爱一行"的观念，不断学习业务知识、提高服务技能，全心全意为游客服务。

5. 遵纪守法

遵纪守法是每个公民应尽的义务,作为导游更应该树立高度的法律意识。导游在带团过程中可能会遇到各种各样的物质和精神上的诱惑,面对这些诱惑,必须自觉遵守国家的法律法规,遵守旅游行业的规章,维护国家和旅行社的利益,要做到自尊自爱,不失人格、国格。每次出团都要明确思想,赚钱要走正道,做到"君子爱财取之有道"。任何时候切不可通过歪门邪道,采取欺骗、胁迫游客消费等不正当的手段去损害游客的利益以达到个人的目的,这些都是法律不允许的。要以反面教材警醒自己,增强法治观念,自觉遵纪守法,树立良好的公众形象,争取当一名合格的导游。涉外导游还应谨记"内外有别"的原则,工作要按相关要求行事。

(二) 知识素质

对游客而言,旅游说到底是一种与常规生活环境不同的体验和文化追求。需要让游客有获得感,这就要求导游"上知天文、下知地理,中知人和",即导游的知识首先要有广度,其次是精度。因为导游无法选择游客,所以经常面对文化层次不同的游客,要满足这些游客的不同需求,导游就必须具有渊博的知识,这样才能在旅游过程中更好地与游客交谈,更好地在导游讲解中左右逢源、挥洒自如。

旅途气氛能不能活跃,关键在于导游能不能调动游客的积极性,激发其游兴。有道是"全凭导游一张嘴,调动游客两条腿",说的就是导游通过生动、形象、精彩的讲解,吸引游客跟着自己所讲解的文化内涵去认识、去分析、去判断、去欣赏,从而获得旅游的乐趣和美的享受。所以,导游要练就一副好口才,并熟练地运用自己丰富的知识、幽默的语言、引人入胜的故事和抑扬顿挫的语调来征服游客,让他们沉浸在欣赏美的喜悦之中。

1. 导游语言知识

"工欲善其事,必先利其器"。对导游而言,语言即为"器",是导游必备的第一要素,是导游最重要的基本功。如果没有过硬的语言表达能力,根本谈不上优质服务。因为导游讲解是导游工作的重中之重,能不能讲得生动、形象、精彩,要靠导游的语言艺术。而导游的语言艺术只有与丰富的知识结合起来,才能达到良好的导游效果。不管是外语导游还是中文导游皆如此。

2. 史地文化知识

俗话说,"巧妇难为无米之炊"。史地文化知识就是导游的"米",是导游讲解所必须具备的基本素材,是导游服务的"原料"。史地文化知识包括历史、地理、宗教、民族、风土民情、文学艺术、古建园林等方面的知识,只有掌握了这些知识,导游讲解介绍起来才能言之有物、洋洋洒洒、胸有成竹。

3. 心理学知识

在旅游过程中,导游不仅要带领游客参观游览、安排好游客的旅途生活,而且还要与相关的旅游服务单位工作人员打交道,与司机、全陪、领队和谐相处。为了处理好这些复杂的人际关系,让旅游活动顺利进行,导游应掌握必要的心理学知识。导游只有随时了解游客的心理活动,为他们提供针对性的讲解和服务,才能使他们得到心理上的满足和精神享受。

4. 美学知识

旅游本身是一项寻找美、发现美、享受美的活动。导游要让游客得到美的享受,就要懂得什么是美、美在哪里,要善于运用生动形象的语言向游客介绍美的景观、传递美的信息、揭示美的内涵。这就需要导游具有一定的审美眼光和审美知识。

5. 政策法规知识

导游必须具备一定的政策法规知识。因为政策是导游工作的指针,而法规是约束导游行为的规范。导游在旅途中会面对来自不同国家或地区的游客提出的问题,或遇到各种各样的实际问题,要正确回答或处理这些问题,就必须以国家的政策和法规为指导,避免误会或国家声誉的损害,做到有理、有利、有节。同时,导游应学法、懂法、不犯法,利用法律来维护游客及自己的合法权益。

6. 社会知识

由于旅游活动具有广泛的群众性、社会性,各类社会问题都有可能反映到旅游活动中来,游客所提的问题可能涉及政治、经济、国内、国际等方面。因此,导游应该"家事、国事、天下事"事事关心,全面了解国家的政治、经济政策和体制,了解身边的现实社会和当前的热门话题。另外,导游还要了解当今世界大事,熟悉客源国概况,尤其是那里的文化、民俗民风等。这些都是导游做好服务的必备知识。

7. 旅行知识

旅行知识也是导游必备的知识。因为在旅途中导游要安排好游客的旅行生活,必须掌握一定的旅行常识。例如,海关、交通、通信、卫生、保险、货币、生活、摄影等知识。导游在旅游活动中灵活运用这些知识,能使他们遇事不惊、处变不乱、应付自如。

(三) 能力素质

导游工作涉及面较广,其要求也各不相同,旅游活动遇到的问题也多种多样。导游能否顺利完成工作任务,在很大程度上取决于导游待人处事的能力,取决于导游综合能力素质。因此,较强的独立工作能力、较熟练的导游技能及进取精神对导游而言具有重要意义。

1. 较强的独立工作能力

(1) 独立执行政策和宣传讲解的能力。

首先,导游必须具有高度的政策观念和法治观念,要用国家政策和法律法规来指导自己的工作、言行,履行旅游从业人员的基本职责。其次,导游必须具有较强的独立宣传讲解的能力,而这是电子导游讲解所无法取代的。导游要主动宣传家乡和国家的现行政策,介绍中国经济社会建设的伟大成就,回答游客的各种询问,尽可能让他们全面正确地认识中国。最后,在回答游客的各种问题当中也要有强烈的政策意识,能够主动地传播引导,讲好中国故事,增强游客的获得感。

(2) 独立的组织协调能力。

导游要想把旅游团队的旅游活动安排好,让旅游接待计划按合同标准完成,就必须具有较强的组织协调能力。不仅要协调好各方面的关系,而且要科学组织各项活动,要及时掌握旅途变化情况,灵活采取有效措施应对,才能带领全团人员和谐相处、彼此关爱,使旅途充满欢声笑语,其乐融融。

(3) 善于和各种人打交道的能力。

首先,在工作中,导游需要协调各种关系,上至旅行社,下至游客,还有景区、酒店、交通,等等,与这么多相关企业的人员打交道属实不易,需要导游有较强的自主性和能动性。以游客为例,游客是导游需要打交道的复杂的群体,因为游客层次、性格、旅游需求均有差异,所以导游必须掌握一定的公共关系知识,并能灵活运用,以提升旅游服务质量。

(4) 独立分析、处理问题和事故的能力。

旅游活动中发生意外事故在所难免,能否妥善处理事故是对导游的一种严峻考验。面对突如其来的事故,导游应做到临危不惧、头脑清醒、沉着冷静、遇事不乱、积极主动、果敢应对,这才是导游处理意外事故应有的品质。

2. 较熟练的导游技能

导游的服务技能可以分为操作技能和智力技能两大类,在带团过程中,这两种技能需要综合运用,但以智力技能为主。智力技能包括导游的组织协调能力、团队控制能力、灵活调整路线的能力、回答游客问题的能力、处理事故的能力,等等。这就要求导游涉猎广泛,努力学习导游的方法、技巧并不断总结、提炼,形成自己擅长的方法和技巧,最终形成自己特有的导游风格。

3. 进取精神

作为导游,需要具有积极进取精神和终身学习精神,因为导游职业始终是个充满竞争、充满挑战的职业。现在的导游与10年前的导游相比,面临的游客更加成熟,外部环境不确定性增多,智慧化的导游设备越来越多,因此,导游唯有不断学习和积极进取才能应对新的时代要求。另外,我国的导游管理体制也在不断地变革,导游自由执业试点已经开始,导游服务作为一项单项的产品已经推向市场,这对导游的个人素质和技能提出了更高的要求。因此,导游必须居安思危,并且具有优胜劣汰的思想准备,树立强烈的竞争意识,将压力变为动力,只有不断开拓进取,不断充实自己、完善自我,才能胜任本职工作。

(四) 身心素质

导游工作是一项高体力和高脑力密切结合的服务性工作。不仅要引领游客观赏美景,而且要介绍和传播文化,更要安排好游客的旅途生活和处理好突发事件。每天超长的工作时间及超负荷的工作量,工作的艰辛不言而喻。有时还会遭到误解、受委屈,甚至被投诉。因此,导游不仅要有强健的体魄和健康的心理,还要有不怕困难的勇气、坚定的信心和百折不挠的精神。

1. 身体健康

导游从事的工作首先是一个体力消耗大的工作,这要求导游能走路,能爬山,能适应不断变化着的气候环境,能以饱满的热情做游客文明旅游的引导者。

2. 心态平和

导游工作是服务工作,在工作过程当中,导游首先要摆正态度,拿出良好的精神状态,始终不受外来环境的影响。其次在遇到问题和事故的时候,导游也要有"内力",为游客考虑但不被游客"牵着鼻子走",导游要练就强大的内心,让游客安心,让行业放心。

3. 头脑冷静

导游在遇到问题和事故时,必须保持清醒的头脑处事,沉着冷静,有条不紊地处理各方面的关系,要机智、灵活、协作处理突发事件。面对游客的挑剔、投诉时,也要处理得干脆利索、合情、合理、合法。

4. 思想健康

导游应具有高尚的道德和超强的自控能力,能够抵制形形色色的诱惑,消除各种腐朽思想的污染。作为"祖国的一面镜子"和"旅游行业的代表",导游的三观要正,面对外来诱惑,要坚守底线,以一颗坚定的爱国心来从事工作,必将收获满满。

二、导游的职责

早在20世纪60年代,周恩来总理在中国国际旅行社召开的翻译导游会议上,对翻译导游提出了"三过硬""五大员"的要求,这里的"三过硬"指的是思想、业务、外语过硬;"五大员"指的是宣传员、调研员、服务员、安全员、翻译员,这是对当时翻译导游职责的明确概括,在当前依然有现实的意义。

(一)导游的基本职责

(1)根据旅行社与游客签订的合同或约定,按照接待计划安排和组织游客参观游览。

(2)当好向导,负责向游客讲解所游览的景区景点、介绍当地的风土民情、独特文化及旅游资源。

(3)配合和督促有关单位安排好游客的交通、食宿等,保护游客的人身和财产安全。

(4)耐心解答游客的问询,协助处理旅途中遇到的问题。

(5)及时反映游客的意见,尽量满足游客的合理要求。

(二)海外领队的职责

海外领队是出境旅游团的专职服务员和代言人。其主要职责如下。

1. 介绍情况

出发前要向游客介绍旅游目的地国家或地区的概况和注意事项,以及出入中国国境和他国边境的注意事项。

2. 全程陪同

带领旅游团出境,陪同旅游团的全程参观游览活动,然后将旅游团带回国内。

3. 落实旅游合同

监督和配合旅游目的地国家或地区的全陪、地陪全面落实旅游合同,安排好旅游计划,组织好旅游活动,落实每个旅游项目的完成情况。

4. 组织和团结工作

关心游客,做好旅游团的组织工作,维护旅游团内部的团结,调动游客的积极性,保证旅游活动顺利进行。

5. 联络工作

做好旅游团与旅游目的地国家或地区接待社的联络与沟通,转达游客的意见、要求、建议、投诉,维护游客的合法权益,必要时出面斡旋或帮助解决问题。

(三)全陪的职责

全陪是组团社的代表,对所带领的旅游团的旅游活动负有全责,在整个旅游活动中起着

主导作用。其主要职责如下。

1. 实施旅游接待计划

按照旅游合同或约定,实施组团社的接待计划,监督各地接待单位的执行情况和接待质量。

2. 联络工作

负责中外组团社之间的联络以及旅游过程中与组团社和接待社的联络,做好旅行各站间的衔接工作。

3. 组织协调工作

协助领队、地陪、司机等各方面接待人员之间的合作关系;配合、督促地方接待单位安排好旅游团的食、住、行、游、购、娱等旅游活动,照顾好游客的旅行生活。

4. 维护安全,处理问题

维护游客在旅游过程中的人身和财产安全,处理好各类突发事件;转达或处理游客的意见、建议和要求。

5. 宣传和调研

耐心解答游客的问询,向外宣传、介绍中国(地方)文化和旅游资源;开展市场调研,协助开发、改进旅游产品的设计和市场促销。

(四)地陪的职责

地陪是接待社的代表,是旅游接待计划在当地的执行者,是当地旅游活动的组织者。其主要职责如下。

1. 安排旅游活动

根据旅游接待计划,合理安排旅游团在当地的旅游活动。

2. 做好接待工作

认真落实旅游团在当地的接送服务和食、住、行、游、购、娱等服务;与全陪、领队密切合作,做好当地旅游接待工作。

3. 导游讲解

负责旅游团在当地参观游览时的景点讲解,解答游客的问题,积极介绍、传播中国和当地的文化和旅游资源。

4. 维护安全

维护游客在当地旅游过程中的人身和财产安全,做好事故防范和安全提示工作。

5. 处理问题

妥善处理旅游相关服务各方面的协作关系,以及游客在当地旅游过程中发生的各类问题。

(五)景区景点导游人员的职责

1. 导游讲解

负责所在景区、景点的导游讲解,解答游客的问题。

2. 安全提示

提醒游客在参观游览过程中注意安全,给予必要的协助。

3. 宣讲相关知识

景区景点导游应结合不同景区的情况,向游客宣讲环境、生态和文物保护等方面的知识。

知识拓展　　王士性华山之行的"导游"

王士性是我国明代著名的人文地理学家、旅行家,少好学,喜游历,曾数次宦游全国。后人评说他是"无时不游,无地不游,无官不游,穷幽极险,凡一岩一洞,一草一木之微,无不精订",称他与徐霞客为"伯仲之间"。

《华游记》收录于《五岳游草》当中,是王士性华山之行留下来的非常宝贵的文字资料。恰逢要和友人刘元承履"西川之命",因此便相约万历十六年(1588年)闰六月二十游历华山。出游前,王士性做了充分的准备。首先,他们利用生活在华山当地的道士(当时文人称为黄冠)充当向导和帮手。其次,也准备了一些登山装备,如衣服、鞋子、拐杖、肩舆等。

王士性于42岁游华山,由于华山险绝,必须寻找向导。从《华游记》中可以看出王士性一行至少五人,包括刘元承、玄稣及若干道士。道士应当算是王士性此行不可或缺的地陪导游。例如,登青柯坪时,因为云雾和细雨,道士就建议说:"高山雾重则霖,不可登也。"途中,道士引导众人攀登,并对所到之处进行简要讲解。到达"鸽子翻身"时,道士说:"此升岳第一险也,过此当无难。"登南峰时,道士又建议道:"潦后蓬藿长过人,路多缺陷无踪矣。"

(资料来源:南志方《明朝士人王士性攀登华山之经历》,略有修改。)

案例分析

广东导游领队从海外"人肉"带回10万只口罩支援国内30多家医院

2020年初,突发的疫情使国内的防护口罩等供应不足,这时,在广州,一群资深旅游领队建立起一个组织——"一群人一件事,我们都是旅游从业者",该组织于2020年1月24日零时发起,一周以来,已吸引1000多人参加。广州资深领队韩宏侠是该组织的发起人之一,他说:"还有更多的人想加入进来,贡献自己的力量。"短短几天内,他们从世界各地"人肉"带回国内急需的口罩、防护服等医用物资。截至2020年1月30日15时,"一群人一件事,我们都是旅游从业者"组织已合计募捐70多万元,参加捐赠1500人次, 其中绝大多数是旅游从业者及其家人,以及部分参加旅游团队的热心客人。

该组织已购买捐赠口罩超10万个,防护服1250件,向湖北省30家医院对接捐赠物资,并直接支援2家广州医院(南方医科大学第三附属医院、广州医科大学附属第一医院)。

(资料来源:根据相关资料整理。)

思考:
面对突发的公共卫生事件,导游领队"人肉"带回口罩等物资体现了什么素质?

章节测验

第二章

导游服务

学习导引

导游服务是旅游服务的一个重要组成部分,是旅游服务的典型代表。在新形势下,导游服务的内涵发生了新的变化,导游服务的作用更加凸显。导游可以为旅行社引流,几乎是"基业长青"服务类型。学习导游服务的相关知识,系统地认识导游服务,才能树立正确的导游服务理念,为未来发展打下良好的基础。

学习目标

通过本章的学习,重点掌握以下知识要点:
1. 导游服务的概念。
2. 导游服务的类型及范围。
3. 导游服务的性质及特点。
4. 导游服务的原则。
5. 导游服务的地位及作用。
6. 导游服务的趋势。

章节思政点

1. 在认识导游服务的基础上,潜移默化地培养学生"游客为本、服务至诚"的理念。
2. 新时代的导游要有法治意识、工匠精神和创新意识,要善于学习和钻研,在满足人民对美好旅游生活的需要中实现自己的人生价值。

课前测验

1. 你认为导游服务的内容包括哪些?
2. 你如何看待自由执业试点导游服务?

第一节 导游服务的概念和类型

一、导游服务的概念

(一)服务

什么是服务? 人们对于服务有不同的理解,相关的概念界定也较多。在ISO9000系列标准中,服务是为满足顾客的需要,在同顾客的接触中,供方的活动和供方活动的结果。由此可见,服务既是行为,又是过程,也是结果。

(二)导游服务

通常认为,导游服务是导游代表被委派的旅行社(但有规定的除外),接待或陪同游客旅行、游览,按照组团合同或约定的内容和标准向其提供的旅游接待服务。具体来说,这里的界定包括以下三层含义。一是,导游必须接受旅行社企业的委派。这里的导游可以是专职的,也可以是兼职的,不管哪种形式的导游,都必须接受旅行社的委派,导游不得私自接待游客。但自2016年之后,我国开始实行导游自由执业试点,因此这一规定也得到修改。《导游管理办法》的第十九条规定:"导游为旅游者提供服务应当接受旅行社委派,但另有规定的除外。"另外,导游在服务过程中应当携带电子导游证、佩戴导游身份标识,并开启导游执业相关应用软件。旅游者有权要求导游展示电子导游证和导游身份标识。二是,导游主要从事旅游接待服务工作,就是接待或陪同游客参观游览,其根本目的在于提高游客的旅游质量。绝大多数的导游都是在游客出游中给游客提供导游接待和陪同服务,也有些导游是在游客出游前给游客提供咨询服务,如在旅行社柜台前接待客人,向游客提供旅游咨询;导游也需要向游客提供游后服务,处理游客在旅游之后的遗留问题。三是,导游提供服务的质量要求遵循组团合同或约定的内容和标准。通常情况下,行业、企业及游客对于服务都有一定要求,具体而言就是团队旅行社与游客签订的组团合同或是散客事前约定的内容和标准以及导游服务质量标准。作为接待人员,导游不得随意增加或减少甚至取消旅游项目,更不得降低导游服务质量。

2022年4月全国旅游标准化技术委员会发布修订后《导游服务规范》并公开征求意见。其中,对导游服务的定义是"为旅游者提供的向导、讲解及相关旅游服务。相关旅游服务包括接送站、交通、住宿、用餐、游览、购物、文娱等服务"。该定义更强调导游服务本身,并对具体的服务内容进行了描述。本教材认为,在导游自由执业不断推进的情况下,此概念更能适应最新的导游服务现状。

二、导游服务的类型

（一）按向游客传达信息所依托载体的差异分类

导游服务的类型因分类标准的不同而有所不同。通常情况下，依据目的地向游客介绍所游地区或景点的主要方式，大致可分为三类：图文声像导游方式、实地口语导游方式，以及图文声像导游与实地口语导游全面融合的方式。

1. 图文声像导游方式

图文声像导游方式也叫物化导游方式，具体包括以下几种形式。第一种是图文形式。这是最为传统的物化的导游方式，包括目的地及景点导游图、交通图、旅游指南、景点介绍、画册、旅游产品目录等，也包括相关旅游目的地和景点的图文介绍，有关旅游产品、专项旅游活动的宣传品、广告、招贴以及旅游纪念品等。第二种是声像形式，包括有关国情介绍、景点介绍的录像带、电影、幻灯片、景点模型等。第三种是其他智慧型的形式，包括电子导游、景点及旅游目的地的电子互动设备，以及不断更新的虚拟景点、虚拟旅游设备等。

图文声像导游方式随着互联网和其他科技的发展而不断更新，为旅游者提供方便，满足了人们的特殊需要。世界上旅游业发达的国家对于图文声像导游方式都非常重视，在各大城市的火车站、机场、码头等都摆放着精美的旅游宣传资料，人们可以随意翻阅，自由拿取。很多的旅行社在其门市部也摆放了从纸质宣传册到多媒体的景点资料，以便为咨询者提供有参考价值的建议。在欧洲国家，还有很多为盲人和聋哑人提供的资料，帮助他们实现无障碍旅游。另外，在博物馆、教堂和重要的旅游景点都有装备先进的声像设施，方便游客参观游览，了解其艺术价值。

2. 实地口语导游方式

实地口语导游方式，也称讲解导游方式，它是指导游在带团过程中所做的介绍、交谈和问题解答等导游活动。

随着科学技术的进步，导游服务方式将越来越多样化、高科技化。尽管如此，图文声像导游方式仍然处于从属地位，只能起着减轻导游负担、辅助实地口语导游方式的作用。实地口语导游不仅不会被图文声像导游方式所替代，而且将长期在导游服务中处于主导地位。其主要原因有以下几点。一是，导游服务的对象是有思想和有目的的游客。依靠图文声像千篇一律的固定模式介绍旅游景点，不可能满足不同社会背景的游客需求，更谈不上针对性地讲解。二是，现场导游情况复杂多变。导游讲解时需要与游客互动，观察游客的反应，调动那些不感兴趣的游客的游兴，活跃旅游气氛，回答游客的问题，这些复杂情况并非现代科技手段可以做到，只有高水平的导游才能应对这种复杂多变的情况。三是，导游的讲解是一种情感交流活动。通过导游的讲解，游客不仅可以了解目的地的文化，增长知识，陶冶情操，而且会与导游以及接触到的目的地居民自然而然地产生情感交流，这种游客与导游之间建立起的情感关系是图文声像导游方式无法做到的。

3. 图文声像导游与实地口语导游全面融合的方式

随着互联网技术不断发展，导游直播也越来越盛行。导游直播是一种新型的导游方式，将图文声像导游和实地口语导游融合起来，这就是导游服务的第三种类型。特别是2020年

疫情暴发以来,遭受重创的旅游业开始进行新的尝试和转型。将图文声像导游与实地口语导游全面融合的方式,也有人称其为"云导游",这种方式又可以分为直播和短视频等。以抖音为例,目前,导游出身且在抖音上粉丝超过千万的有"普陀山小帅""杭州小黑诸鸣"。

(二)按是否自由执业分类

1. 传统导游服务

导游接受旅行社的委派,然后按照合同或约定的标准,向客人提供的服务,即为传统的导游服务。

2. 自由执业导游服务

自由执业试点之后,导游成为自由营业者,将导游服务作为一个单项的产品推给游客。但是在现有试点中,只允许自由执业的导游提供向导和讲解的服务。然而在现实生活中,游客也有其他的需求,一些复合型的导游也愿意提供其他的服务,因此,这一点在未来可能会发生改变。

目前,导游自由执业分为线上导游自由执业以及线下导游自由执业两种类型,具体有五种模式。一是旅行社委派模式,即导游接受旅行社委派为游客提供服务的模式,这是现有旅行社导游经营模式的延续;二是旅行社预订模式,即游客通过旅行社预订导游服务的模式,旅行社保留一部分优秀导游的劳动关系,雇佣关系在导游自由执业后依然存在;三是协会预订模式,即游客通过旅游行业协会、导游协会预订导游服务的模式;四是导服公司模式,即导游服务公司、导游管理公司提供导游服务的模式;五是游客直连模式,游客可直接与导游本人联系,预订其导游服务,这种模式为那些业务水平精湛、服务质量高的导游提供了施展才华的天地,目前只用于试点省市,也是未来最看好的一种模式。

三、导游服务的范围

导游服务的范围是指导游为游客提供服务的领域。导游服务涉及的范围很广,具体如下。

(一)旅行生活服务

旅行生活服务是由导游根据合同约定的内容和标准为游客在旅途生活中提供的相应的服务,它是导游服务的重要组成部分。

旅行生活服务贯穿于旅游活动的各个环节。旅行生活服务的基本要求包括以下几点。首先,保证游客各项活动的顺利进行,包括食、住、行、游、购、娱的具体安排实施。其次,帮助游客处理和解决临时发生的问题和困难。最后,确保游客的安全。旅行生活服务是整个导游服务不可缺少的一环。良好的旅行生活服务可以融洽导游和游客的关系,提高游客的游览质量,给游客留下美好的印象。

(二)导游讲解服务

导游讲解服务主要包括沿途讲解服务、参观游览景点的导游讲解,以及座谈、会见、交流、参观访问等情况下所提供的口译服务等。俗话说,"祖国江山美不美,全靠导游一张嘴"。通过导游讲解服务,游客能更深地了解一个国家或地区的文化,了解当地人民的精神风貌和道德水准,不断拓展知识面。因为导游讲解服务涉及的知识领域非常广泛,所以导游需要不断学习,不断地补充新的知识,这样才能达到导游讲解服务的要求。

（三）交通等其他服务

在国外,"导游＋司机"的模式较为普遍,即导游也提供交通服务。但在我国,这种模式还不普遍。在一些地域广阔的区域,如青海、新疆等,会出现一些"导游＋司机"的模式,但这些司机不一定都有导游证。我国正在探索导游提供交通服务的新模式,文化和旅游部在2021年发布的《加强导游队伍建设和管理工作行动方案(2021—2023年)》中提出"创新'导游＋网约车'服务。适应旅游市场小团化、定制化消费需求,探索导游和有关服务车辆依法办理网约车驾驶员证和车辆运输证,向游客提供'导游＋网约车'服务"。未来,随着导游执业改革试点工作的不断推进,导游的执业模式和服务范围会发生新的变化。

第二节　导游服务的特点、性质及原则

一、导游服务的特点

（一）复杂多变

导游服务具有复杂多变的特点,主要体现以下几个方面。

1. 工作对象复杂

作为导游,在带团服务过程中,要接待来自不同国家和地区的游客,这些游客的国籍、民族、职业、性别、年龄、宗教、受教育程度各不相同,游客的爱好、习惯更是千差万别。因此,导游的工作对象是一个不断变化的复杂群体。正如世界上没有完全相同的两片树叶,对导游而言,世界上也没有完全相同的两个团队。导游必须掌握广博的知识,拥有较强的组织协调能力和团队管理能力,这样才能够更好地面对来自五湖四海的游客。

2. 游客需求多种多样

众所周知,在旅游过程中,游客的需求差异性较大,即使是来自同一地区的游客,他们的具体需求也多种多样,体现在食、住、行、游、购、娱的各个方面。游客既有合理的需求,也有一些不合理的需求。导游需要根据实际情况,充分重视游客的需求,并满足其合理的个人需求。

3. 面临的人际关系复杂

作为导游,上有旅行社,下有形形色色的游客,左右还要协调酒店、餐馆、景点、交通、购物商店等部门的关系,接触的人员多,面临着复杂的人际关系。即便是在一个旅游团中共同服务于游客的导游工作集体之间的关系也需要不断地磨合和维护。以地陪为例,在带团过程中,全陪多数时候都是第一次接触的陌生人,司机也可能是第一次搭档,因此地陪需要拿出饱满的热情与之相处。由于没有完全相同的旅游团队和游客,甚至也没有完全相同的导游工作集体,在旅游信息越来越透明和旅游业竞争激烈的情况下,导游的人际关系网需要不断地搭建与维护,这样才能更好地提供服务。

4. 面对各种各样的物质污染和精神诱惑

导游面对的游客的素质各有高低,在工作中,导游要经常面临一些低素质游客不健康思

想的影响与诱惑。另外,导游还要面对金钱、色情、名利等方面的诱惑,这就需要导游有高度的责任感和敬业精神,以及较强的心理自控能力,能够沉着冷静地处理各种变化着的情况和问题。

（二）独立性强

古语云"将在外,君命有所不受",导游带团某种程度上也与之类似。导游在带团过程中往往要独当一面,完成旅游团的所有行程和既定安排。首先,导游要独立地宣传、讲解国家政策和旅行社的相关规定,在旅游中出现问题时,导游要及时独立地、合情合理地进行处理。其次,导游要独立地进行景点讲解和行程介绍等。在接到带团任务之后,导游就要开始准备工作,充分了解游客的情况,以便独立地进行有针对性的讲解,满足游客的精神需求。

（三）脑体高度结合

导游工作是脑力和体力双重消耗的工作。一方面,导游是一种高智能的工作。导游要接待来自五湖四海的游客,需要掌握大量的知识,比如天文、地理、政治、经济、医疗、宗教、民俗、语言等方面的知识均需了解。同时,导游还要解答游客各种各样的问题,引导来自不同地区的游客观赏美景,也需要具有良好的组织和应变能力,因此,导游服务首先是一种脑力劳动。另一方面,导游也需要有良好的身体素质。导游要能够长途跋涉,能够适应不同地区的饮食,能够事无巨细、随时随地帮助游客解决问题。可以这么说,在各行各业中,还没有一个职业像导游那样需要长时间地接触工作对象,工作期间体力消耗很大,又常常无法正常休息。

（四）关联度高

导游服务需要参与旅游接待的其他部门和单位的支持,如饮食、住宿、交通、游览、娱乐等,它们共同构成了导游接待服务的整体,各服务环节环环相扣,任何一个环节出现偏差都会对旅游活动产生影响,如误机、被迫延长在一地的停留时间,势必会缩短甚至取消下一地游程。发生变更会引起游客的不满,而且会给旅行社带来重大的经济损失。因此,导游服务关联度高的特点要求导游一定要有全局观念,要有较强的协调能力和公关能力,只有这样才能保证团队接待的顺利进行。

二、导游服务的性质

导游服务的性质因国家和地区不同,其组织政治属性也不同。除政治属性外,导游服务的基本性质还具有以下共识。

（一）服务性

导游服务是指导游为满足游客的需要而提供的劳务活动,通过向游客提供服务产品,创造特定的使用价值。导游服务涉及的要素众多,属于全方位、全过程服务。导游服务是旅游产品的核心组成部分,导游服务并非一般的简单技能服务,而是一种复杂的、高智能的服务。

导游服务的代表性体现在以下两个方面。一方面,导游服务可以提高游客的旅游生活质量。"没有导游的旅行是不完美的旅行",众所周知,旅游具有异地性,通常情况下,导游对本地的了解更多,有了导游的服务,游客就可以获得更好的旅游体验。即使那些旅游经验丰富的人也往往离不开导游服务。另一方面,导游服务可以满足游客心理的需求。人类总是有交往和归属的心理需要,导游可以通过自身的服务帮助游客更好地知晓当地的风俗习惯,入国问禁,入乡随俗,避免产生不愉快,让游客更加舒心。

（二）社会性

旅游已经是人民美好生活的标配,在社会物质文明和精神文明建设中起着重要的促进作用。在旅游活动中,导游始终处于一线,接待着四海宾朋、八方游客,推动着世界上这一规模最大的社会活动。同时,导游也是一个普通社会职业,能够容纳一定数量的社会就业,对绝大多数的导游而言,它也是一种谋生的手段。

（三）文化性

俗话说,"看景不如听景"。这一方面反映了导游讲解的魅力,另一方面也反映了导游讲解中的文化性。中国的山水风光或文物古迹的欣赏价值,并不是孤立地存在,它总是与一定的地理、历史、艺术等条件和特点相联系,经过导游的指点,游客会有更深的体悟。

导游服务是传播文化的重要渠道。导游的讲解既宣传了地区的景点,同时也反映了地区的风俗文化。导游了解和熟知旅游目的地,甚至有很多导游就是当地人,他们以自己的言行影响着游客,传播着一个国家（或地区）及其民族的传统文化和现代文明。

导游服务是审美和求知的媒介。导游长期带团,对景点有深入的了解,可以引导旅游者以最佳的角度或是以最佳的方式去欣赏某一名胜古迹,同时又能有针对性地讲解当地的风俗习惯、风味特产等,使旅游者得到自然美和艺术美的享受,并在潜移默化中增长见识。

由此可见,导游服务具有文化性。一个国家（或地区）及其民族正是通过导游这一"窗口"直接或间接地向外传播其传统文化和现代文明。

（四）经济性

众所周知,旅游业是我国国民经济的重要组成部分,在现阶段,我们发展旅游经济具有多方面的功能,既具有文化性,也具有明显的经济性。作为旅游行业的典型代表,导游所提供的服务具有明显的经济性,主要体现在以下几个方面。

1. 导游通过提供优质服务直接创收

在旅游活动当中,导游直接为游客提供了向导讲解以及其他的旅行生活服务,会收取相应的服务费和手续费。导游是旅行社的接待人员,直接为购买产品的游客服务,通过提供语言翻译服务、导游讲解服务、旅行生活服务以及各种代办服务,收取服务费和手续费。即便是现在的"云导游",他们也是通过直播或者短视频"带货"进行直接创收,尤其是一些粉丝数量众多的导游往往能够产生较大的经济效益。导游服务是旅行社产品的最终生产者和提供者,能直接为国家建设创收外汇、回笼货币、积累资金。

2. 导游通过扩大客源间接创收

导游在带团参观游览的过程中,长时间接触游客,其语言和服务会给游客留下终生难忘的印象,良好的导游服务是旅行社和旅游目的地的金字招牌。游客在旅游目的地游玩之后,回去向其亲朋好友讲述他在旅游目的地所受到的接待、旅游经历和体验。这种口头宣传比任何广告宣传更可靠、更令人信服,因此,向游客提供优质的导游服务,在招徕回头客、扩大客源,以及间接创收方面都起着不可忽视的作用。优秀导游的口碑效益远远胜于广告宣传,有利于提高旅游目的地知名度,增加游客量。

3. 导游通过促销商品而创收

购物是旅游的六要素之一，也是游客的基本需求。世界各地对于旅游购物商品都非常重视，并将其视作增加旅游收入的重要手段。在促销商品中，导游的作用举足轻重。因此，应当正确地发挥导游的这一作用，杜绝只顾个人经济利益的导购服务。

4. 导游服务增进了解、促进经济交流

在导游所带的游客中，不乏方方面面的专家和各界知名人士，他们或希望借旅游之机与各地的同行接触，相互交流信息；或想通过参观访问，了解合作的可能性以及投资的环境。因此，导游要做一个有心人，尽可能地抓住机会，促进中外及地区间的科技、经济交流与合作，为国家和本地的现代化建设做出自己的贡献。

（五）涉外性

导游被誉为"民间大使""祖国的一面镜子"，这些都说明了旅游是一种了解不同国家和地区的很好方式，旅游活动中导游提供的服务具有涉外性。

在现阶段，我国旅游已经进入了国内旅游、入境旅游、出境旅游全面发展的阶段。在双循环的格局下，我国既要大力发展国内旅游，同时也要发展国际旅游，不管是出境旅游还是入境旅游，都具有涉外性。对于入境旅游，导游需要为海外游客提供导游服务，而对于出境旅游，导游则是为中国公民提供出境的陪同服务，两者都有明显的涉外性。导游服务的涉外性对导游提出以下要求：第一，要当好民间大使，积极宣传社会主义中国；第二，在宣传中国的基础上，还要了解外国游客的需求，了解外国旅游企业的变化，更好地做好对外服务；第三，求同存异，共同发展。当今世界面临着很多不确定性，因此在涉外工作中，要遵循人类命运共同体的愿景，求同存异，更好地满足人们美好生活的需要。

三、导游服务的原则

（一）满足游客合理需求的原则

游客是导游服务的对象。首先，要以"宾客至上"为主旨。"宾客至上"是服务行业的宗旨和指南。如果将之运用到旅游行业，则可称之为"游客至上"原则。"游客至上"意味着游客是工作中的第一因素，离开游客，旅行社的产品就销售不出去，导游服务便失去了服务对象，旅行社的收益便无从谈起，导游也无法在社会上生存。"游客至上"意味着要尊重游客，一视同仁地为游客服务。在实际带团服务中，有极个别的导游对于有社会地位或是经济支付能力强的游客处处笑脸相迎，而对于普通的、经济团的游客却是横眉冷对，这严重损害了导游的形象。导游对旅游团中的每一个成员都应保持相同的态度，一视同仁地接待与服务。同时，在处理问题时要做到公平、公正，这样才能赢得游客的尊重。当然，一视同仁的原则与多关心团中的老弱病残等特殊游客并不矛盾。"游客至上"意味着导游在工作中不能过多地强调自身困难和利益，不能将个人情绪带入工作中，始终要以饱满的情绪和真诚的态度对待游客，以游客利益为重。其次，要认真落实接待计划。接待计划是游客与旅行社达成的约定或所签合同的具体安排计划，导游必须按其行事，这是衡量导游工作是否履行职责的基本尺度。最后，要遵循"合理而可能"原则。在带团服务过程中，面对游客提出的各种各样的要求，导游应该遵循"合理而可能"原则。对于游客在旅途过程中提出的个别要求，只要是合理的,同时导游和旅行社又可以办到的,即使存在困难,导游也应该设法满足游客的个别要求。当游客提出一些要求看似合理,但是不可能办到的,导游要认真倾听,并耐心解释,不可断然拒绝。对于提出不合理要求的游客,导游也应该有礼待之,给出耐心细致、合情合理的解释,使游客心悦诚服。

(二)维护游客合法权益的原则

导游在带团中既要维护旅行社的利益,也代表着游客的利益,因此,必须维护游客合法权益。游客的合法权益包括以下几方面。

1. 自由权

自由权包括旅行自由权和逗留权。自由权是指游客在不违背现有法律规定和履行了必要手续的前提下,可以根据自己的意愿前往各地旅行,其旅行方式、旅行时间和旅行地点均不受任何不合理干预;逗留权是指游客在旅游目的地或中途地有合法停留的权利,其停留的时间、方式、地点不应受到不合理的限制。

2. 服务自主选择权

服务自主选择权是指游客有权自行选择旅游经营企业、旅游线路、旅游项目和服务等级等,不受任何部门、企业、单位和个人的干预。

3. 获知权

获知权是指游客在接受旅游服务时,享有获得包括服务内容和其他相关信息的权利,旅游经营企业有向游客提供真实情况和信息的义务。

4. 公平交易权

公平交易权是指旅游经营企业在同游客签订旅游服务合约或进行交易时,应遵循公正、平等、诚实、讲信用的原则,不得有强制、欺诈和规避义务、违反公正的内容和行为。游客对交易商品和服务不满意时,有拒绝购买或签约的权利。

5. 依约享受旅游服务权

依约享受旅游服务权是指游客有享受旅游合同约定的服务的权利。旅游经营企业和导游应按约定的日期、路线、交通工具、旅游活动项目提供符合标准的服务。游客对强加的计划外的项目有拒绝权。

6. 人身和财产安全权

在旅游活动中,游客享有其人身和财产安全不受侵犯的权利。这是游客应享有的最基本的权利。旅游经营企业和导游有义务采取一切有效措施,防止盗窃、暴力、交通事故和食品中毒等事故的发生,为游客提供安全的服务和旅游环境。

7. 医疗、求助权

游客在旅游期间,如遇到受伤、患病等情况,有权享有与当地居民同等待遇的医疗服务,游客在旅游期间遇到困难时,有请求获得帮助的权利。

(三)规范化服务与个性化服务相结合的原则

规范化服务又称标准化服务,它是指由国家或行业主管部门所制定并发布的某项工作应达到的统一标准。导游服务有两个重要的标准:一是《导游服务规范》(GB/T 15971—

2010),二是《旅行社国内旅游服务规范》(LB/T 004—2013)。按照这两个标准进行的服务不是优质服务,标准中规定的只是国家和行业对于服务质量的基本要求,因此,导游要在此基础上将个性化、主动服务与规范化服务有机结合,只有这样才能不断满足游客的需求。

(四)注重综合效益的原则

导游是旅游行业的典型工种,导游服务既具有一定的经济性又具有社会性,同时也有一定的生态效益,因此,在工作中,要注重综合效益的原则。

导游服务的经济效益体现如下:第一,对导游而言,提供导游服务可以获取经济收入,同时也能为旅行社带来经济利益;第二,导游的牵线搭桥,可以促进国家和地区之间的投资和经济交流;第三,通过导游的服务,为旅游目的地和旅行社创造了客源,取得了经济效益,创造了条件。

导游服务的社会效益体现如下:首先,导游有"三个代表",即在外国人面前,导游代表着中国人,在中国人面前,导游代表着当地人,在当地人面前,导游代表着旅行社。导游是旅游目的地和旅行社的代表,优秀的导游可以为旅游目的树立良好形象,提升旅游目的地和旅行社的知名度。其次,导游也被誉为"民间大使",可以帮助世界上不同国家和人民增进了解,加强友谊,促进社会和平发展,有助于推动不同国家和地区之间的文化和科技的传播和交流。

导游服务也有一定的生态效益。导游带领游客行走在自然山水或名胜古迹之间,引导游客遵守相关游览规定,普及生态文明知识和低碳旅游知识,践行生态文明价值观,在一定程度上也能产生生态效益。特别是在未来,导游的生态效益将更加凸显和重要。

第三节 导游服务的作用和趋势

一、导游服务的作用

(一)导游服务具有承上启下、协调左右、连接内外的纽带作用

对于旅行社,导游服务是旅游服务的核心和纽带。导游服务与其他各项服务联系起来,相互配合,协同完成旅游接待工作。

首先,导游服务具有承上启下的作用。导游是旅行社的员工或接受旅行社的委派,因此,要对上负责,即对旅行社负责。同时,导游面对着来自五湖四海的游客,提供自始至终的全程服务,因此对于游客的需求以及游客对现行旅游产品的意见、建议等,导游了解得最为清楚。导游及时将旅行社和游客的信息进行双向沟通,可以更好地做好接待工作。

其次,导游服务具有协调左右的作用。旅游接待服务的关联性很强,就旅游接待服务的六大要素所组成的服务链条而言,各服务环节都必须协调一致,才能做好服务工作。但是在实际运行过程中,各个部门有各自的利益,因此,导游就成了协调旅游服务部门之间关系的重要人员,要保证各个部门在根本利益一致的前提下,按照接待计划,提供优质服务,保证游客旅行的顺利进行。

最后,导游服务具有连接内外的作用。为保证游客购买的旅游产品的顺利实施,导游需要与景区、酒店、餐馆、交通运输部门、旅游商品部门等相互沟通,同时还要与出入境部门、卫生部门等打交道,因此,导游处在连接自己所属的旅行社与外部横向部门关系网的节点位置上,具有连接内外的作用。

(二)导游服务具有标志作用

一般情况下,人们认为旅游业有三个支柱产业,即旅行社、旅游交通、旅游住宿。尽管在游客外出旅游过程中,这三个支柱产业的某些部门都提供了服务产品,但是其作用难以与旅行社的导游接待服务相比。导游在游客外出旅游时几乎是全天和他们在一起,为他们的旅游活动提供旅行和生活服务,解决旅游过程中出现的各种困难和问题。因此,游客对导游服务的感受最为深切,对导游服务质量的反应最为敏感。其他部门提供的服务往往是一次性的,难以给游客留下持久、深刻的印象。因此,通常情况下,人们对旅游产品的满意度很大程度上是通过导游服务质量的高低来衡量的,导游服务成了衡量旅游行业服务质量高低的标志。因此,旅行社的导游服务对于旅游行业非常重要,各个旅行社都想方设法打造一支高水平的导游队伍,提供高质量的导游服务,提升旅行社服务的满意度,树立企业的良好形象。只有树立了良好形象,旅游企业才能够实现可持续健康发展。

(三)导游服务具有扩散作用和政治及宣传作用

尽管旅游产品的质量主要由旅游资源质量、旅游服务质量、旅游活动组织安排质量和旅游环境质量构成,但它们都与导游服务质量密切相关。导游服务质量的高低会对旅游产品的销售起到扩散作用,人们在旅游之后会有口碑效应,高质量的导游服务扩大目的地产品的知名度,吸引更多的客源,相反,劣质的导游服务则会对目的地形象及产品销售产生负面作用。

导游被誉为"民间大使""祖国的一面镜子",这也从一个侧面反映了导游服务具有政治及宣传作用。在外国游客面前,导游代表着中国形象,在中国人面前,导游代表着本地形象。因此,导游首先要有强烈的爱国、爱家乡的意识,一方面,要维护国家利益;另一方面,也要宣传自己的祖国和家乡,通过自己的讲解和宣传,增进国家之间和地区之间的了解和友谊,促进文化的交流。

二、导游服务的趋势

(一)工作的高知识化

在未来,导游的服务内容必将进一步高知识化,其原因有以下两点。

第一,从导游服务本身来看,导游所提供的是一种知识密集型的服务,通过自身的讲解来让自己的服务对象了解目的地的文化,促进不同地区之间的文化交流。对导游自身而言,就需要不断地学习,提高自身的文化修养。从某种程度来说,导游类似教师工作,导游掌握的知识既要有广度又有深度,既要杂又要专,只有这样才能给不同的游客带来"干货",让游客有获得感。

第二,从游客的需求情况来看,今天的游客多数具有一定的旅游经验,加之由于信息技术的发达,人们获取目的地相关信息非常方便,因而游客希望听到的是专业人士的讲解和

服务,这对导游的知识也提出了更高的要求。

（二）手段的科技化

在科学技术日益发达的今天,任何行业的发展都离不开科技的支持,导游讲解也是一样。众所周知,现在有越来越先进的图文声像导游方式,以及VR设备、智能导游系统、机器人导游等,因此,导游要不断学习,用技术赋能,给游客提供高质量的旅游服务。未来,一定是人机共存的时代,导游要将自身的优势和先进的科学技术相结合,共同服务于游客。

（三）讲解方法的多样化

如今,旅游活动的类型多种多样,新的旅游业态不断出现,如乡村旅游、低空旅游、研学旅游、康养旅游、美食旅游,甚至有专门为某种兴趣而付费的兴趣考察旅游,等等。新的旅游业态的出现对导游的讲解方法也提出了更高的要求,导游要当好引导者,成为各项活动的行家里手,以便带给游客更好的旅游体验。

（四）导游服务的个性化

在散客时代,私家团和小团队成为主流,导游服务也要关注个体差异,根据游客的需求,提供相应的服务产品。在遵守行业规定的情况下,导游要从"游客为本"的角度提升服务的能力,用优质服务树立竞争优势。

（五）导游职业的自由化

世界上其他国家已经是把导游作为自由职业,我国目前也在进行导游自由执业的试点。虽然导游职业自由化是未来的必然趋势,但我们要看到,导游职业自由化对于导游,是机遇的同时也是挑战。一方面,一批综合素质高的优秀导游将树立个人品牌,依靠自身的专长为游客提供高质量的服务;另一方面,一些品德和技能不佳的导游将面临无游客可接的局面。因此,在导游自由化时代,导游应找准定位、练好"内功",这才是长远发展之计。

受疫情的影响,旅游业正在重新洗牌,这对导游服务也提出了新的要求。不管时代如何变化,导游的核心素养仍然非常重要。面对未来,导游不仅要有十八般武艺,而且要不断学习,以文化为内核,以科技为手段,不断提升自身综合能力,只有这样才能适应不断变化的旅游需求,才能胜任未来的导游工作。

知识拓展　　　　导游人员证书

《导游管理办法》第三条规定:"国家对导游执业实行许可制度。从事导游执业活动的人员,应当取得导游人员资格证和导游证。"

一、导游人员资格证书

按照《导游人员管理条例》的规定,我国实行全国统一的导游资格考试制度。经考试合格的,由国务院旅游行政部门或者国务院旅游行政部门委托省、自治区、直辖市人民政府旅游行政部门颁发导游人员资格证书。

我国的导游资格考试分为笔试和面试两个部分,在不同时期,具体的考试形式各不相同。以笔试为例,自2016年起,笔试采用计算机笔试。

导游人员资格证书的性质是标志某人具备从事导游职业资格的证书,由国务院旅游行政部门或者国务院旅游行政部门委托的省、自治区、直辖市人民政府的旅游行政部门颁发,参加导游资格考试合格以后即可领取证书。

我国的导游资格考试制度也经历了一定的变革历程。第一阶段是1989年至2000年。1989年,国家旅游局在全国范围内举行首次导游资格考试,由全国统一组织考试,一直延续到2000年。相关数据显示,从1989年至2000年,全国共有70多万人通过了导游资格考试,有53万人拿到了导游证。第二阶段是2001年至2015年,这个阶段俗称"省考"阶段,即国家旅游局将导游资格考试权限下放到各省、自治区、直辖市组织,仍然是每年举行一次考试,但个别省一年考两次。由于导游考试下放后各地试题差异较大,国家在2016年再次进行导游考试制度改革。第三阶段是2016年至今,我国再次实行全国统一的导游资格考试。

二、导游证

在中华人民共和国境内从事导游活动,必须取得导游证,导游证是国家准许从事导游工作的证件。《导游管理办法》第三条规定:"国家对导游执业实行许可制度。从事导游执业活动的人员,应当取得导游人员资格证和导游证。国家旅游局建立导游等级考核制度、导游服务星级评价制度和全国旅游监管服务信息系统,各级旅游主管部门运用标准化、信息化手段对导游实施动态监管和服务。"

《导游管理办法》第七条规定:"取得导游人员资格证,并与旅行社订立劳动合同或者在旅游行业组织注册的人员,可以通过全国旅游监管服务信息系统向所在地旅游主管部门申请取得导游证。"我国现行的导游证采用电子证件形式,其格式标准由国家旅游行政部门制定,由各级旅游主管部门通过全国旅游监管服务信息系统实施管理。电子导游证以电子数据形式保存于导游个人移动电话等移动终端设备中。

(资料来源:根据相关资料整理。)

案例分析

全国特级导游刘国杨:"我们'值得'被看见!"

"一代人有一代人的使命,我们这一代的使命就是推动文旅融合,寻找、践行导游职业的核心价值。"2022年5月,陕西西安"90后"导游刘国杨与来自全国各地的15位同行一起被评选为全国特级导游。

金牌导游、视频博主、全国特级导游,讲博物馆、讲诗词、讲文物……刘国杨的每一步探索都紧跟市场,紧跟时代。"我想用我的经历告诉年轻的导游们,坚定内心,脚踏实地,做好文化传播的使者,终会迎来熠熠星光。"

探寻　用知识赢得尊重

"工作两年之后,我选择去西藏做了3年援藏导游。那里虽然环境艰苦,却让我收获良多。首先,锻炼了意志和韧性;其次,那里的人们对待生活的态度坚定了我坚守初心的想法,讲解、知识分享才是导游的核心价值。"刘国杨说。

回到西安后,刘国杨埋头研究西安每一个历史文化景点,他尽可能带小规模团队,力求让自己的讲解更有深度和趣味性。"受'国家宝藏'节目的影响,我专门开了一个公众号,主讲文物背后的故事。"刘国杨回忆道,事业迎来转折是在2017年。"那时候一些在线旅游企业开始在西安推网约导游平台,我应邀入驻。"

刘国杨敏锐地觉察到网约导游将是一个新的执业平台。鉴于个人爱好和之前在文化讲解方面的积累,他将自己的讲解重点放在了博物馆。"我不用负责游客的食、住、行,只提供一个时间段内的深度讲解,带游客看懂一个又一个博物馆。"

因为讲解专业,刘国杨收获了很多忠实的粉丝,业务量迅速上升。2018年,他注册成立了西安霞客文化旅游有限公司,"邀请一些志同道合的同行加入,只做专业的讲解服务"。刘国杨说:"疫情之前,我们固定合作的导游有将近30位,游客相当认可这种服务方式,对我们的服务评价也很高。"

借势　逆境中获得生机

2020年突发的疫情,让刘国杨的博物馆讲解事业戛然而止。没有业务的那段时间,刘国杨一直在思考新的出路。"那时候'云旅游'很火,但团队成员在是否开展云旅游上产生了分歧,大家困惑'线上讲文物,会有人看吗,怎么盈利'?"但刘国杨坚持认为,线上讲解发展路径虽然不是很清晰,但作为一个新方向值得一试。

说干就干。2020年6月13日,刘国杨在抖音上发出了自己的第一期短视频,554天后,刘国杨的抖音粉丝数量正式突破100万人。成绩背后,是他脚踏实地,一步一个脚印地付出。

"要想做好博物馆、文物的线上讲解,背后需要广泛的、大量的积累,要讲出故事性和趣味性。如果你能有更多独家资料,那就更完美了。"刘国杨说,疫情之前,他在博物馆讲解时经常会因为资料缺失和网上多种说法难以辨别真伪而感到苦恼,"找到文物的第一发现者并且追踪溯源,一直都是我的心愿。"为了获得更多的一手资料,刘国杨开启了寻找文物第一发现人的工作,请这些人回忆发现文物的第一现场的情景。"截至目前,我们已经找到了5位,拍摄了'文物口述史'视频。"

"我们的抖音账号刚开始是日更,每期视频3分钟左右,2021年10月之后,我们开始尝试拍摄10分钟的长视频,更新频率变为每周3更。"刘国杨告诉记者,从准备文案到视频拍摄、剪辑上传,每天都被工作塞得满满的。从2020年6月到现在,仅视频文案他就写了43万字。

为了保证视频更新的持续性,无论刮风下雨,刘国杨的拍摄工作从未间断过。"记忆比较深刻的一件事是今年2月拍薄姬冢和窦皇后陵的时候,这两座文物保护单位都在郊区,那天我们出发时下起了漫天大雪,又冷又潮,到达目的地之后,因为怕无人机等拍摄设备受潮,我们一直等到雪停。"

截至目前,刘国杨抖音账号粉丝量已达130万,快手账号14万,哔哩哔哩网站的粉丝有3.2万。

提升　靠坚守专业"吃饭"

从业十余年,学习是刘国杨一直在坚持的事情。"拍摄短视频,我最大的压力来自如何保持不间断地学习。"刘国杨说,高频的输出,更需要高频的输入。除了保证每天阅读之外,过去两年,他还自费参加了北京大学举办的文博类研修班。

"我从文博讲解中获得了价值感,我也希望游客能从我的讲解中有所获得。"刘国杨说:"热爱可抵岁月漫长,真正的热爱,是全身心地投入和坚守。希望年轻的导游们能从我的个人经历中获得一些启发。你看,疫情冲击下,还有这么多导游同行在坚守、在追寻,我们'值得'被看见!"

(资料来源:节选自《全国特级导游刘国杨:"我们'值得'被看见!"》,记者张宇,《中国旅游报》,2022-06-23,略有修改。)

思考:

你从导游刘国杨不断地寻找和提升中看出导游服务有哪些新变化?

章节测验

第三章

导游职业道德与文明旅游引导

学习导引

导游服务与其他旅游服务相比,是一种更为复杂、高技能的服务,作为一名合格的导游,必须要有良好的职业道德规范,这是社会主义道德的基本要求,也是导游作为一个国家或地区旅游形象代表的基本要求。同时,导游在旅游活动过程中良好的文明行为示范和及时的提醒、引导,也是有效提升游客文明意识的重要方式,能够对我国游客旅游行为良性发展起到积极作用。

学习目标

通过本章的学习,重点掌握以下知识要点:
1. 导游职业道德规范。
2. 导游服务礼仪规范。
3. 文明旅游引导的基本要求与规范。

章节思政点

1. 培养学生养成良好的职业道德,爱岗敬业,将"小我"融入祖国发展的"大我"之中。
2. 引导学生从自身做起,树立文明旅游的典范,并在旅游活动过程中率先垂范,为游客做表率,提升游客的道德修养。

课前测验

1. 你认为导游应具备哪些职业道德?
2. 你认为导游有没有必要对游客进行文明旅游引导?为什么?

第一节　导游职业道德

职业道德是指在一定职业活动中应遵循的、体现一定职业特征的、调整一定职业关系的职业行为准则和规范,是一定职业结合自身特点与社会道德要求的合成,是从事一定职业的人员在工作和劳动过程中应遵守的道德规范和原则的总和。

导游职业道德是导游人员在导游活动中应该遵循的行为准则,体现了社会公德的基本要求,是每个导游在业务工作中必须遵循的行为准则,而且也是人们用以衡量导游的职业道德行为和导游服务质量的标准。1996年11月,国家旅游局制定了《关于加强旅游行业精神文明建设的意见》,提出了旅游从业人员职业道德规范的范本,使我国社会主义旅游事业进入了一个新的历史时期。根据《关于加强旅游行业精神文明建设的意见》的规定,我国导游职业道德规范主要有包括以下几个方面内容。

一、爱国爱企、自尊自强

爱国爱企、自尊自强是对社会主义各行各业人员都具有普遍的指导意义的道德规范和基本要求,是导游必须遵守的一项基本道德规范。它要求导游要以主人翁的意识,把祖国的利益、社会主义事业摆在第一位,为国家、为企业的发展多做贡献;在工作中,自觉维护国家尊严、民族尊严,有自尊心和自信心。

二、遵纪守法、敬业爱岗

遵纪守法、敬业爱岗也是社会主义各行各业人员一项共同的道德规范。导游必须树立法纪观念,自觉遵守国家的法律、法令,遵守旅游行业的规章制度,严格执行导游服务质量标准,立足本职工作,敬业爱岗。

三、公私分明、诚实善良

导游在工作中应有较强的自控能力,自觉地抵制各种利益诱惑,不因一己私利损害游客利益。对待游客真实诚恳,讲究信用,坚持诚信原则,必须按照约定内容和标准为游客提供服务,不弄虚作假,不欺骗游客,树立良好的信誉形象。

四、克勤克俭、宾客至上

克勤克俭、宾客至上是导游的职业责任,也是道德义务。导游在工作中要忠于职守、积极主动,不断创新,在旅游服务过程中要始终将游客放在首位,要一切为游客着想,向游客提供规范化服务,维护游客的合法权益,尽力满足游客的正当要求。令游客满意,是导游服务工作的出发点,也是衡量导游服务工作质量的唯一标准。

五、热情大度、清洁端庄

热情大度、清洁端庄是服务人员的待客之道。导游在接待工作中,应当举止端庄、态度和善、服务周到、热情友好,讲究微笑服务,想游客之所想,为他们排忧解难,让游客有宾至如归的感觉。导游在进行旅游接待时要注重自己的仪容仪表,穿着得体,举止大方,为游客提供舒心之旅。

六、一视同仁、不卑不亢

一视同仁、不卑不亢是爱国主义、国际主义在导游服务中的具体体现。导游必须认识到,作为当地文化传播的"民间大使",自己不仅是向游客提供导游服务的服务人员,更是国家(地区)的优秀代表,要有民族自尊心、民族自豪感,自爱、自信是每位导游应具备的基本素质。导游在旅游接待过程中,对待任何游客都要一视同仁,决不能厚此薄彼。既要尊重游客,热情友好,又要能自尊自信,体现出旅游从业人员的主人翁精神。

七、耐心细致、文明礼貌

耐心细致、文明礼貌是服务人员重要的业务要求和行为规范之一。耐心细致要求导游对待游客要细心、耐心,关心游客,尽心尽力为游客解决旅途中遇到的各种问题。同时,针对游客的不同需求,为游客提供个性化服务。文明礼貌要求导游尊重游客,特别要尊重他们的宗教信仰、民族风俗和生活习惯,对游客要彬彬有礼、落落大方。

八、团结服从、顾全大局

团结服从、顾全大局是导游正确处理各方面关系的行为准则。旅游服务是涉及众多环节的服务工作,任何一个环节出现问题都会影响旅游服务的整体质量。导游应树立国家旅游事业"一盘棋"的整体观,以国家旅游业为重,要有集体主义精神,个人利益服从集体利益,在旅游接待中摆正国家、集体和个人之间的关系,不推卸责任,不做出损害国家、集体利益的行为;要积极与其他旅游服务人员密切协作,相互配合,共同为游客提供优质服务。

九、优质服务、好学向上

优质服务意识是导游工作水平优劣的重要标准,也是导游职业道德水准的重要体现。优质服务要求导游要端正服务态度,尽心、尽职、尽责地解答游客所提出的问题。树立优质服务的意识有助于导游保持好学向上的劲头,通过不断思考、积极学习,提高自己的业务水平和道德修养。

第二节 导游服务礼仪规范

一、导游的仪容仪表礼仪

仪容,通常是指人的容貌和外观。其中的重点,就是人的容貌。仪表通常指的是人的外表,包括人的形体、容貌、健康状况、姿态、举止、服饰、风度等方面,是形象魅力的外部特征。在交际过程中,旅游服务人员的仪容仪表会受到游客的特别关注,好的仪容仪表会使人感到愉悦，形成良好的第一印象，为接下来的进一步交往打下良好的基础。

(一) 导游的仪容礼仪

导游的仪容具体主要涉及面部、头发、肢体等方面的干净、整洁和修饰。

1. 干净

仪容礼仪的首要原则是干净，即身体不能散发异味、面部不能有异物等。导游在旅游服务接待前应及时清洁面部，在服务过程中应该及时用面巾纸等清洁面部的油脂，做到无泪痕、无汗渍、无灰尘等。同时，应该保证头发不粘连、无异味、没有头皮屑，保持头发柔顺、整洁。并且注意经常洗手，做到手上无汗渍、无异味、无异物。

2. 整洁

在旅游服务过程中，导游最好不要留太长的胡须，除非有特殊的宗教信仰或习俗，否则会被交往对象认为受到不尊重的待遇。头发除了要干净以外，还要保持整洁，要经常修剪和梳理。发型、服饰清爽整洁，整体和谐统一，不仅是对别人的尊重，也是保持自信的最佳手段。

3. 修饰

仪容的修饰是导游对自身容貌的美化，包括头发、面部等方面。进行仪容修饰时首先要考虑场合，不同的场合对仪容修饰有不同的要求。

(1) 发型方面。

得体的发型能给人一种整洁、庄重、文雅的感觉。发型的选择除了要与个人的性别、年龄、发质、脸型、身材、服装等相匹配外，还要与导游的身份、职业和工作环境相匹配，这样才能扬长避短、和谐统一，展现出真正的美。

(2) 妆容方面。

妆容能对面部进行修饰，体现出人体最富有情感的部分。合适的妆容可以使人焕发青春的光彩，对于良好的整体形象有画龙点睛的作用，有增强自信心、增强沟通的效果。导游的妆容要与自身条件相协调，扬长避短，以淡雅、清新、自然为主，不能过分修饰、浓妆艳抹。导游在带团时或天气炎热时，要留意避免因出汗造成脱妆。妆容脱落需要补妆时应注意不要当众化妆，这是一种失礼的行为。

(二) 导游的服装礼仪

1. 着装的基本原则

(1) TPO原则。

TPO原则是着装穿时应遵循的基本原则。在英文中，T(Time)代表时间，P(Place)代表地点，O(Occasion)代表场合。服饰的款式、颜色等应因时间、地点、场合不同有所区别。导游应根据不同地点、不同时间的季节变化，更换不同的着装。夏季应以色彩清丽、透气性好、面料薄的服饰为主，男性导游不能穿无领汗衫、拖鞋，女性导游不能穿过分裸露、薄透的衣裙。夏季服饰应注重穿着舒适、得体，能给游客留下干练、清爽的感觉；冬季则应注意服饰的保暖、轻便，应尽量避免穿戴臃肿不堪。

导游在进行讲解时，应穿着能标志导游职业特征的服饰，并佩戴导游标志。着装可以根据所在场合不同而有所区别。在接待重要游客或进行室内讲解时，应着职业服装，表示重视和礼貌。在室外及日常交往中,导游可以穿一般工作服或各式休闲服饰,在着装上,不仅要追求舒适和方便,还要注意得体和美观。

(2) 配色原则。

颜色能给予人视觉冲击,不同颜色的服装穿在不同人的身上会产生不同的效果。因此,导游还应注意服装的配色。在对服装进行配色时,可以选择同一色系不同明暗度的颜色进行搭配,整体视觉会更加协调。例如,淡蓝色的上衣搭配深蓝的长裤,也可以在配色上使用冷暖、深浅或明暗相反的色彩进行搭配,这种搭配会产生较强烈的视觉冲击。例如,红色和黄色进行搭配。导游的着装风格并不难掌握,应注意展示导游良好的职业形象和积极的工作状态,不能过度追求标新立异、着奇装异服,影响游客情绪。

2. 着装的基本规范

(1) 女士套裙的穿着规范。

①大小适度。一般而言,套裙之中的上衣最短可以齐腰,而裙子最长则可以达到小腿的中部。上衣或裙子均不可过于肥大或包身。

②穿着到位。在穿着套裙时,必须依照常规的穿着方法,上衣的领子要完全翻好,衣袋的盖子要拉出来盖住衣袋;不允许将上衣披在身上,或者搭在身上;裙子要穿得端端正正,上下对齐。

③考虑场合。在出席商务场合时,职业女性一般以穿着套裙为佳;在出席宴会、舞会、音乐会时,则可选择与此类场合相协调的礼服或时装;在外出观光旅游、逛街购物,或者进行锻炼健身时,一般以着休闲装、运动装等便装为宜。

④装饰适宜。导游佩戴饰物的基本要求是美观、大方、得体、雅而不俗。女性导游可略施粉黛,但切忌浓妆艳抹,首饰不宜戴得过多,避免把自己打扮得珠光宝气,不合乎自己的职业形象和身份。

⑤兼顾举止。穿着套裙时,应注意个人仪态,举止文雅。站稳坐正,注意姿态。站立时不能东倒西歪,就座时应双腿并拢,切勿跷脚、抖腿,不可以脚尖挑鞋直晃、当众脱下鞋袜,行走时步伐以轻、稳为佳。

(2) 男士西装的穿着规范。

西装是一种国际性服装,穿起来会给人一种彬彬有礼、潇洒大方的深刻印象,所以现在越来越多地被用于正式场合,男士在西装穿着中也有相应的礼仪规范。

①讲究规格。男士西装有两件套、三件套之分,正式场合应穿同质、同色的深色毛料套装。两件套西装在正式场合不能脱下外衣。按习俗,西装里面不能加毛背心或毛衣。在我国,至多也只能加一件V字领羊毛衫,否则显得十分臃肿,以致破坏西装的线条美。西装不一定讲究面料高档,但必须裁剪合体,整洁笔挺。

②穿好衬衫。穿着西装一定要搭配带领的长袖单色衬衫。衬衫的颜色应与西装颜色协调。衬衫的领子要挺括,不能有污垢、油渍。衬衫下摆要放在裤腰里,系好领扣和袖扣。衬衫衣袖要稍长于西装衣袖 0.5—1 厘米,领子要高出西装领子 1—1.5 厘米,以显示衣着的层次。

③系好领带。在正式庄重的场合,穿着西装必须打领带。西装脖领间的 V 字区最为显眼,领带应处在这个部位的中心,领带的领结要饱满,与衬衫的领口吻合要紧凑,领带的长度

以系好后下端正好触及腰上皮带扣上端处为最标准。领带夹一般夹在衬衫第三粒与第四粒扣子之间为宜。

二、仪态礼仪

导游的仪态是指导游在旅游服务过程中各种站、坐、走的姿势,以及手势和表情等。优雅的仪态是一个人道德品质、专业素养、才干兴趣的表现,能反映出一个人内心的世界和本来面貌。导游在工作中应有规范的动作姿势,展示落落大方、举止优雅、端庄稳重的职业气质。

(一)站姿

站姿是人的站立姿势,是一种静态的身体造型,是最能展现人的姿势特征,同时也是人们其他动态的身体造型的基础和起点。在交际中,站立姿势是每个人全部仪态的核心。

标准的站姿,全身笔直,两眼正视,平视前方,两肩平齐,双臂自然下垂于身体两侧,挺胸收腹,自然呼吸,身体有向上的感觉,两腿并拢直立,身体重心位于两腿之间,两膝和脚跟靠近,手指自然弯曲,中指贴裤缝,身体挺拔。

站立时,双手抱在胸前、用手托着下巴、双手叉腰或将手插在衣服或裤子口袋里都是不良的站立姿势,应避免出现。在站立之际,不能为了贪图舒服而擅自采用半坐半立的姿势。良好的站姿应该是自然、轻松、优美的,体现"立如松"的基本要求,传递出导游自信、亲切的服务态度,充分体现出对游客的友好和真诚。

(二)坐姿

坐姿是人际交往中重要的人体姿势。坐姿文雅、端庄,不仅给人以沉着、稳重、冷静的感觉,而且也是展现导游气质与修养的重要形式。

标准的坐姿,入座时要轻、稳、缓,入座后上体自然挺直,挺胸,双膝自然并拢,双手自然放在双腿上或椅子、沙发扶手上,双腿自然弯曲并拢,小腿垂直落于地面。入座后不能随意跷腿、反复抖动或摇晃自己的腿部,也不能双腿直挺挺地伸向前方,更不能脚尖朝上、脚底朝向别人。

(三)走姿

导游的走姿要轻盈、从容。行走时要目视前方,上身直立,使全身保持在一条直线上,肩部放松,双臂自然摆动,脚步要轻快,根据行进的目的和所穿的衣服控制步幅的长度,行进速度保持匀速。

在旅游接待中,导游走在前面引导游客时,应尽量走在游客的左前方,当走在较窄的路面或通道中与人相遇时,也要采用侧身步,两肩一前一后,并将胸部转向他人,不可将后背转向他人。向他人告辞时,应先向后退两三步,再转身离去。

(四)手势

在旅游服务工作中,导游常使用各种手势。恰当、优美的手势同样能够展示一个人的涵养和气质。导游在表示"请"的动作时,常用横摆式手势。具体做法如下:四指并拢,拇指自然分开,手掌自然伸直,掌心向上,肘微弯曲,腕低于肘。抬手时从腹部前方抬起,以肘为轴轻微向一旁摆出,到腰部并与身体正面成45°角时停止。目光注视游客,面带微笑,表示对对

方的欢迎。

手势语言是一种极其复杂的符号，包含着丰富的礼仪，规范和适度地运用手势，能够起到良好的沟通作用。在运用手势语言时应注意手势与语言的内容要一致，不能令人费解和产生误解，正确的手势配上准确的语言，能传递出简洁、准确的信息。同时，注意手势的使用频率和幅度。与人说话交流时没有手势，会显得生硬呆板，而手势过多，则会给人留下缺乏涵养的感觉。

（五）表情

表情是人的面部感情的外在表现，人们通过脸色的变化、肌肉的收缩，以及眉、眼、鼻、嘴等的动作表达内心的思想感情。导游的表情变化能直接影响游客的游兴。温和谦逊的表情能建立起良好的沟通关系。人们在观察对方表情时，比较关注其眼神和微笑，因此，导游在工作中应重点把握眼神和微笑。

1. 眼神

眼睛能表达人们最细微、最精妙的内心情感，一位有良好的交际形象的导游，目光必然是坦然、亲切、和蔼、有神的。所以在与人交往时，务必要注意眼神的运用。导游在接待过程中，目光应主动与游客进行交流，正视对方的眼、鼻三角区，以示尊重。与游客对视时，目光不能死盯着对方某一部位，一般应注视眼部与额头的区域，可以形成一种平等、亲切和轻松的社交气氛，有利于双方的交流。不能只停留在一名或几名游客身上，应关注全体游客。交流中不要使用向上看的目光，更不能东张西望。

2. 微笑

微笑是一种有效的沟通方式，可以缩短人与人之间的距离，使人产生一种安全感、亲切感、愉快感，也是服务人员最基本的礼仪要求。导游在与对方目光接触的同时、在开口说话之前，首先露出一个微笑，要神态自若，双唇轻合，目光有神，热情适度，自然大方。这样富有亲和力的微笑，能创造出一个友好热情的气氛和情境，能拉近导游与游客之间的距离，使两者的关系融洽，给游客留下良好的印象。

三、交谈礼仪

语言展现的是一个人的教养和为人，准确、优美的语言以及诚恳的态度，是保证人际交往成功的重要因素。导游经常与游客交往，更应该通过语言艺术，利用得体的表达，并注意表情、目光、手势等体态语言的适当配合，与游客进行有效的沟通和交流，保证导游工作的顺利进行。

（一）交谈礼仪规范

导游在与游客交谈时，态度要坦率、真诚，认真倾听，在表达自己见解的同时给别人说话的机会，主动反馈，尊重他人的意见。交谈时，神情要自信、大方、自然，不要心不在焉，避免打哈欠、伸懒腰及其他不雅观的小动作。游客主动与导游说话时，要积极回应，多人交谈时要注意兼顾现场所有人，避免只跟其中个别人交流而忽略其他人。交谈时距离不要靠太近，相距50厘米为宜。注意话题禁忌，不谈论私人问题、不讨论政治敏感问题、不随便讨论宗教问题，对方不愿回答的问题不要追问。交谈时音量适宜，尽量使用高雅、文明的语言。

(二) 礼貌用语

"您好""请""谢谢""对不起""再见"是常见的礼貌用语,规范使用礼貌用语对人际关系的融洽起到重要的作用。导游在接待游客时使用礼貌用语的态度要诚恳,对于给予自己帮助的人,无论帮助的大小都要诚恳地道谢。在道歉时也要态度诚恳,有诚意。需要他人提供帮助或者麻烦他人时,"请"是必须要挂在嘴边的礼貌用语。在不同场合、针对不同对象,恰当得体地使用不同礼貌用语,有利于双方的沟通和理解,从而避免矛盾的产生或使矛盾得到缓解。

(三) 称谓

交谈时要注意称谓,正确、适当的称谓反映着自身的教养及对对方的尊敬程度。导游要根据旅游团及团员的情况,正确运用称谓,以显示对对方的尊重。

日常生活中的通称是一种不区分听话人的职务、职业、年龄等而广泛使用的一种称呼,比较常用的是"先生""女士"等。通常情况下称男性为"先生",称女性为"女士",一般称前可与其姓氏或姓名搭配使用,如陈先生、王女士。

在工作岗位上,称呼可以与其职业、职务、学衔等相联系,比通称更显庄重、正式。

1. 职业称呼

在比较正式的场合,通常以对方职业相称。比如"老师""秘书"等,同时在前面可以加上姓氏,如"王老师"。也可在职业前加上姓名,如"王明老师"等,这种称谓适用于十分正式的场合。

2. 职务称呼

通常情况下,以其所担任的职务相称,如"总经理""主任""书记"等。在极其正式的场合,可在职务前加上姓名,如"李明书记"。

3. 学衔性称呼

在工作中,以学衔作为称呼,可增加被称呼者的权威性,如"博士"。可以在学衔前加上姓氏或姓名,也可以说明学衔所属学科,并在其后加上姓名,这种称呼最为正式,如"管理学博士陈芳"。

四、交往礼仪

(一) 问候与致意

导游与游客见面时,要主动和游客打招呼,向客人说一些表示良好祝愿或欢迎的话,如"您好""早上好""晚上好"等。问候时距离不宜太远,以正常说话声音能使游客听清为宜。通常,年轻者应先向年长者问候,男性向女性问候,身份低者向身份高者问候。但导游不受此约束,在服务接待过程中应主动向游客问候、致意。

(二) 介绍

介绍是人际交往中与他人进行沟通,建立联系的一种最基本、最常规的方式。介绍可以使交往双方相互认识、建立联系,是导游与游客直接接触的第一步,通过介绍可以在双方心目中建立各自的第一印象。介绍可以分为自我介绍、他人介绍、集体介绍等类型。

自我介绍首先要讲明自己的姓名、单位、职业。进行自我介绍时,态度要自然、友善、亲切、随和。眼睛应该看着对方或大家,用眼神、微笑和自然亲切的面部表情来表达友好之情。自我介绍要力求简洁,尽可能地节省时间,不要自吹自擂,力求真实。

为他人做介绍时,手势动作应文雅,介绍顺序遵循"尊者优先了解情况"的原则,把位卑者介绍给位尊者,将男士介绍给女士,将主人介绍给客人。

在大型交际场合,还会出现集体介绍的情况,即为一人和多人介绍,或者为多人和多人介绍。在介绍时应注意介绍顺序。一般先介绍人数较少的一方,但当被介绍者双方地位、身份之间存在明显差异时,可以不考虑人数,地位、身份为尊者最后介绍,先介绍另一方人员。

介绍时递交名片为常见礼仪。递名片时应用双手,目视对方,面带微笑;接名片时也应用双手,名片接过来后要认真看一遍再收起来,不要将名片放在手中把玩。

（三）握手礼

握手礼是现代社会最为通行的交往礼仪,也是人们在日常生活中经常采用的一种见面礼节。初次见面时,告别时,对他人表示感激或向他人表示祝贺之时,都可以行握手礼。行握手礼时应站在距握手对象约1米处,双腿立正,面带微笑,上身略向前倾,伸出手,四指并拢,拇指张开与对方相握。握手时应用力适度,上下稍许晃动三四次,随后松手,恢复原状。

握手礼的顺序,遵循"尊者决定"原则。一般应由位尊者首先伸出手来,位卑者再进行响应,不能贸然抢先伸手,不然就是不礼貌的举动。

例如,男女之间,男方要等女方先伸手,如果女方不伸手,那男方则可以认为女方没有握手的意思,应以点头或鞠躬致意;上下级之间,下级要等上级先伸手以示尊重;客人来访时主人应先伸手,以表示热烈欢迎;告辞时待客人先伸手表示再见,主人再伸手与之相握,才合乎礼仪。

在进行握手礼时,忌握手时左顾右盼,心不在焉;忌用左手与他人握手;忌交叉握手;忌将另外一只手插在衣袋里;忌坐着与人握手;忌紧握对方的手,用力摇晃,长时间不松开,等等。这些都是进行握手礼时的禁忌。

五、接待礼仪

(1) 着装整齐规范,导游工作牌应佩戴在胸前,手举导游旗,保持仪容干净、仪态端庄,精神饱满。

(2) 见到游客应主动、热情地招呼;游客上下车时,应恭候在车门一侧,热情、友好地向游客致欢迎词。

(3) 称呼游客为"大家""朋友们""女士们""先生们"。

(4) 在与游客交谈时,态度应热情,多使用礼貌用语,言谈举止要有风度,处处尊重游客,为游客做好服务。

(5) 清点游客人数时,切忌用手指点游客;导游的右手自然垂直朝下,手指并拢进行清点;不要用导游旗来回比画,不要用手指在客人头上指指点点。

(6) 导游讲解时,语音、语调要适中,尽可能使全体成员都听到,还要抑扬顿挫,讲解内容积极向上,不能掺杂低级、庸俗及迷信的内容,讲解时不得抽烟。

（7）游客对导游的工作提出意见或要求时，应做到认真倾听、耐心解释、以理服人，尽量满足游客的合理要求。

（8）导游送客时，应友好地向游客致欢送词。对游客的合作表示感谢，礼貌道别。

第三节　导游文明旅游引导

一、文明旅游引导的基本要求与主要内容

（一）引导的基本要求

1. 一岗双责

导游和领队应兼具为旅游者提供服务，以及引导旅游者文明旅游两项职责。导游和领队在引导旅游者文明旅游过程中应体现服务态度、坚持服务原则，在服务旅游者过程中应包含引导旅游者文明旅游的内容。

2. 掌握知识

导游和领队应具备从事导游领队工作的基本专业知识和业务技能。导游和领队应掌握我国旅游法律、法规、政策以及有关规范性文件关于文明旅游的规定和要求。导游和领队应掌握基本的文明礼仪知识和规范。导游和领队应熟悉旅游目的地法律规范、宗教信仰、风俗禁忌、礼仪知识、社会公德等基本情况。导游和领队应掌握必要的紧急情况处理技能。

3. 率先垂范

导游和领队在工作期间应以身作则，遵纪守法，恪守职责，体现良好的职业素养和职业道德，为旅游者树立榜样。导游和领队在工作期间应注重仪容仪表、衣着得体，展现导游领队职业群体的良好形象。导游和领队在工作期间应言行规范，举止文明，为旅游者做出良好表率。

4. 合理引导

导游和领队对旅游者文明旅游的引导应诚恳、得体。导游和领队应有维护文明旅游的主动性和自觉性，关注旅游者的言行举止，在适当的时机对旅游者进行相应的提醒、警示、劝告。导游和领队应积极主动地营造轻松和谐的旅游氛围，引导旅游者友善共处、互帮互助，引导旅游者相互督促、友善提醒。

5. 正确沟通

在引导时，导游和领队应注意与旅游者充分沟通，秉持真诚友善的原则，增强与旅游者之间的互信，增强引导效果。对旅游者的正确批评和合理意见，导游和领队应认真听取，虚心接受。

6. 分类引导

（1）针对不同旅游者的引导。

在带团工作前，导游和领队应熟悉团队成员、旅游产品、旅游目的地的基本情况，为恰当引导旅游者做好准备。对于未成年人较多的团队，导游和领队应侧重对家长的引导，并需特

别关注未成年人的特点,避免损坏公物、喧哗吵闹等不文明现象发生。对于无出境记录旅游者,导游和领队应特别提醒旅游目的地的风俗禁忌和礼仪习惯,以及出入海关、边防(移民局)的注意事项。旅游者生活环境与旅游目的地环境差异较大时,导游和领队应提醒旅游者注意相关习惯、理念差异,避免言谈举止不合时宜而导致的不文明现象。

(2)针对不文明行为的处理。

旅游者因无心之过而出现与旅游目的地风俗禁忌、礼仪规范不协调的行为时,导游和领队应及时提醒和劝阻,必要时协助旅游者赔礼道歉。对于从事违法或违反社会公德活动的旅游者,或从事严重影响其他旅游者权益的活动,不听劝阻、不能制止的,根据旅行社的指示,导游和领队可代表旅行社与其解除旅游合同。对于从事违法活动的旅游者,不听劝阻、无法制止,后果严重的,导游和领队应主动向相关执法、管理部门报告,寻求帮助,依法处理。

(二)引导的主要内容

1. 法律法规

导游和领队应将我国和旅游目的地国家和地区文明旅游的有关法律规范和相关要求向旅游者进行提示和说明,避免旅游者出现触犯法律的不文明行为。引导旅游者爱护公物、文物,遵守交通规则,尊重他人权益。

2. 风俗禁忌

导游和领队应主动提醒旅游者尊重当地风俗习惯、宗教禁忌。在有支付小费习惯的国家和地区,应引导旅游者以礼貌的方式主动向服务人员支付小费。

3. 绿色环保

导游和领队应向旅游者倡导绿色出游、节能环保,宜将具体环保常识和方法向旅游者进行说明。引导旅游者爱护旅游目的地自然环境,保持旅游场所的环境卫生。

4. 礼仪规范

导游和领队应提醒旅游者注意基本的礼仪规范:仪容整洁,遵序守时,言行得体。提醒旅游者不得在公共场合大声喧哗、违规抽烟,提醒旅游者依序排队、不拥挤、不争抢。

5. 诚信善意

导游和领队应引导旅游者在旅游过程中保持良好心态,尊重他人、遵守规则、恪守契约、包容礼让,展现良好形象,通过旅游提升文明素养。

二、文明旅游引导的具体规范与总结反馈

(一)具体规范

1. 出行前

导游和领队应在出行前将文明旅游需要注意的事项以适当方式告知旅游者。导游和领队参加行前说明会的,宜在行前说明会上,向旅游者讲解《中国公民国内旅游文明行为公约》或《中国公民出境旅游文明行为指南》,提示基本的文明旅游规范,并将旅游目的地的法律法规、宗教信仰、风俗禁忌、礼仪规范等内容系统、详细地告知旅游者,使旅游者在出行前具备相应的知识,为文明旅游做好准备。

不便于召集行前说明会或导游和领队不参加行前说明会的,导游和领队宜向旅游者发送电子邮件、传真或通过电话沟通等方式,将文明旅游的相关注意事项和规范要求进行说明和告知。在旅游出发地机场、车站等集合地点,导游和领队应将文明旅游事项向旅游者进行重申。若旅游产品具有特殊安排,如乘坐的廉价航班上不提供餐饮、入住酒店不提供一次性洗漱用品的,导游和领队应事先告知和提醒旅游者。

2. 登机(车、船)与出入口岸

导游和领队应提醒旅游者提前办理检票、安检、托运行李等手续,不携带违禁物品。导游和领队应组织旅游者依序候机(车、船),并优先安排老人、未成年人、孕妇、残障人士。导游和领队应提醒旅游者不抢座、不占位,主动将上下交通工具方便的座位让给老人、孕妇、残障人士和带婴幼儿的旅游者。导游和领队应引导旅游者主动配合机场、车站、港口,以及安检、边防(移民局)、海关的检查和指挥。与相关工作人员友好沟通,避免产生冲突,携带需要申报的物品时,应主动申报。

3. 乘坐公共交通工具

导游和领队宜利用乘坐交通工具的时间,将文明旅游的规范要求向旅游者进行说明和提醒。导游和领队应提醒旅游者遵守和配合乘务人员指示,保障交通工具安全有序运行,比如乘机时应按照要求关闭移动电话等电子设备。导游和领队应提醒旅游者乘坐交通工具的安全规范和基本礼仪,遵守秩序,尊重他人。例如,乘机时不长时间占用通道或卫生间,不强行更换座位,不强行开启安全舱门,避免不文雅的举止,不无限制索要免费餐饮等。导游和领队应提醒旅游者保持交通工具内的环境卫生,不乱扔乱放废弃物。

4. 住宿

导游和领队应提醒旅游者尊重服务人员,服务人员问好时要友善回应。导游和领队应指引旅游者爱护和正确使用住宿场所设施设备,注意维护客房和公用空间的整洁卫生,提醒旅游者不在酒店禁烟区域抽烟。导游和领队应引导旅游者减少一次性物品的使用,减少环境污染,节水节电。导游和领队应提醒旅游者在客房区域内举止文明,如在走廊等公共区域衣着得体,出入房间时应轻关房门,不吵闹喧哗,宜调小电视音量,以免打扰其他客人休息。导游和领队应提醒旅游者在客房内的消费,应在离店前主动声明并付费。

5. 餐饮

导游和领队应提醒旅游者注意用餐礼仪,有序就餐,避免高声喧哗干扰他人。导游和领队应引导旅游者就餐时适量享用,避免浪费。导游和领队应提醒旅游者自助餐区域的食物、饮料不能带离就餐区。集体就餐时,导游和领队应提醒旅游者正确使用公共餐具。旅游者如需在就餐时抽烟,导游和领队应引导旅游者到指定抽烟区域就座,如就餐区禁烟,应遵守相关规则。就餐环境对服装有特殊要求的,导游和领队应事先告知旅游者,以便旅游者准备。在公共交通工具或博物馆、展览馆、音乐厅等场所,应遵守相关规则,勿违规饮食。

6. 游览

导游和领队宜将文明旅游的内容融合在讲解词中,进行提醒和告知。导游和领队应提醒旅游者遵守游览场所规则,依序文明游览。在自然环境中游览时,导游和领队应提示旅游者爱护环境、不攀折花草、不惊吓伤害动物、不进入未开放区域。观赏人文景观时,导游和领队应提示旅游者爱护公物、保护文物,不攀登骑跨或胡写乱画。在参观博物馆、教堂等室内

场所时,导游和领队应提示旅游者保持安静,不随意触摸展品,根据场馆要求规范使用摄影摄像设备。游览区域对旅游者着装有要求的(如教堂、寺庙、博物馆、皇宫等),导游和领队应提前一天向旅游者说明,提醒准备。导游和领队应提醒旅游者摄影摄像时先后有序,不妨碍他人。如需拍摄他人肖像或与他人合影,应征得同意。

7. 娱乐

导游和领队应组织旅游者安全、有序、文明、理性地参与娱乐活动。导游领队应提示旅游者观赏演艺、比赛类活动时遵守秩序,如按时入场、有序出入。中途入场或离席以及鼓掌喝彩应合乎时宜。根据要求合理使用摄像摄影设备,慎用闪光灯。导游和领队应提示旅游者观看体育比赛时尊重参赛选手和裁判,遵守赛场秩序。旅游者参加涉水娱乐活动的,导游和领队应事先提示旅游者听从工作人员指挥,注意安全,爱护环境。导游和领队应提示旅游者在参加和其他旅游者、工作人员互动活动时,文明参与、大方得体,并在活动结束后对工作人员表示感谢,礼貌话别。

8. 购物

导游和领队应提醒旅游者理性、诚信消费,适度议价,善意待人,遵守契约。导游和领队应提醒旅游者遵守购物场所规范,保持购物场所秩序,不哄抢,不喧哗,试吃试用商品应征得同意,不随意占用购物场所非公共区域的休息座椅。导游和领队应提醒旅游者尊重购物场所购物数量限制。在购物活动前,导游和领队应提醒旅游者购物活动结束时间和购物结束后的集合地点,避免旅游者因迟到、拖延而引发的不文明现象。

9. 如厕

在旅游过程中,导游和领队应提示旅游者正确使用卫生设施;在如厕习惯特别或卫生设施操作复杂的国家或地区,导游和领队应向旅游者进行相应说明。导游和领队应提示旅游者维护卫生设施清洁、适度取用公共卫生用品,并遵照相关提示和说明不在卫生间抽烟或随意丢弃废弃物,不随意占用残障人士专用设施。在乘坐长途汽车前,导游和领队应提示旅游者行车时间,提醒旅游者提前上卫生间。在长途行车过程中,导游和领队应与司机协调,在中途安排停车如厕。游览过程中,导游和领队应适时提醒卫生间位置,尤其应注意引导家长带领未成年人使用卫生间,不随地大小便。在旅游者众多的情况下,导游和领队应引导旅游者依序排队使用卫生间,并礼让急需的老人、未成年人、残障人士。在野外无卫生间等设施设备的情况下,导游和领队应引导旅游者在适当的位置如厕,避免污染水源或影响生态环境,并提醒旅游者填埋、清理废弃物。

(二)特殊或突发情况处理

旅游过程中遭遇特殊或突发情况,如财物被抢被盗、感染重大传染性疾病、遭遇自然灾害、交通工具延误等,导游和领队应沉着应对,冷静处理。需要旅游者配合相关部门处理的,导游和领队应及时向旅游者说明,进行安抚劝慰,导游和领队还应积极协助有关部门进行处理。在突发紧急情况下,导游和领队应立即采取应急措施,避免损失扩大,事态升级。导游和领队应在旅游者和相关机构和人员发生纠纷时,及时处理、正确疏导,引导旅游者理性维权、化解矛盾。遇旅游者采取拒绝上下机(车、船)、滞留等方式非理性维权的,导游和领队应与旅游者进行沟通、晓以利害。必要时应向驻外使领馆或当地警方等报告,寻求帮助。

（三）总结反馈

旅游行程全部结束后，导游和领队向旅行社递交的带团报告或团队日志中，应有总结和反馈文明旅游引导工作的内容，以便积累经验并在导游和领队中进行培训、分享。旅游行程结束后，导游和领队宜与旅游者继续保持友好交流，并妥善处理遗留问题。旅游过程中严重违背社会公德、违反法律规范、产生恶劣影响、造成严重后果的旅游者，导游和领队应将相关情况向旅行社进行汇报，并通过旅行社将该旅游者的不文明行为向旅游管理部门报告，经旅游管理部门核实后，将其纳入旅游者不文明旅游记录。旅行社、导游行业组织等机构应做好导游和领队引导文明旅游的宣传、培训和教育工作。

知识拓展　　旅游从业人员的不文明行为

根据《国家旅游局关于旅游不文明行为记录管理暂行办法》（旅办发〔2016〕139号）规定，从事旅游经营管理与服务的工作人员（以下简称"旅游从业人员"）在从事旅游经营管理和服务过程中因违反法律法规、工作规范、公序良俗、职业道德，造成严重社会不良影响的行为，纳入"旅游不文明行为记录"。主要包括：价格欺诈、强迫交易、欺骗诱导游客消费；侮辱、殴打、胁迫游客；不尊重旅游目的地或游客的宗教信仰、民族习惯、风俗禁忌；传播低级趣味、宣传迷信思想；国务院旅游主管部门认定的其他旅游不文明行为。

"旅游不文明行为记录"信息保存期限为1年至5年，实行动态管理。旅游不文明行为当事人违反刑法的，信息保存期限为3年至5年；旅游不文明行为当事人受到行政处罚或法院判决承担责任的，信息保存期限为2年至4年；旅游不文明行为未受到法律法规处罚，但造成严重社会影响的，信息保存期限为1年至3年。

（资料来源：节选自《旅游局发布关于旅游不文明行为记录管理暂行办法》，http://www.gov.cn/xinwen/2016-05/31/content_5078481.htm，2016-05-31。）

案例分析

陕西考古博物馆开馆数日多处遭破坏

2022年4月底，陕西考古博物馆开馆。但开馆仅10多天就有多处展陈装置被游客破坏。陕西考古博物馆一楼展厅内陈列着一些切成立方体的土块，土块上存在明显的缺角、开裂以及人为划痕。西汉时期的彩绘漆箱复原品上也有着明显经过触摸之后留下的指纹印，而在物件旁边就明确摆放着禁止用手触摸的标识。千年地裂喷砂遗迹上面被涂抹了许多爱心标志，成了游客的"告白墙"。据了解，为展示陕西环

境考古成果,考古人员将其从发掘地整体提取打包回来展示在博物馆中,由于土质不稳定,工作人员暂未将其独立放入展柜,不料被游客破坏,这种破坏无法复原,工作人员只能将被涂抹的部分刮掉。

思考:

游客在旅游当中的常见不文明旅游现象包括哪些?导游如何做好文明旅游的引导工作?

章节测验

第四章

导游相关常识

学习导引

旅游是一个综合性活动,旅游服务涉及的内容广泛,这就要求导游应具备符合职业需要的职业技能和丰富的知识,掌握广泛而庞杂的知识是做好导游工作的前提,也是导游职业技能要求之一。

学习目标

通过本章的学习,重点掌握以下知识要点:
1. 旅行社、酒店、旅游景区知识。
2. 出入境知识。
3. 交通客运知识。
4. 货币知识。
5. 安全知识。
6. 时差与温度、度量衡换算知识。

章节思政点

1. 旅游产业经营、旅游出入境都有相应的法规制度,导游应树立相应的法治观念。
2. 导游不仅要掌握旅游服务技能,也应熟悉旅游活动过程中需要的相关常识,这是导游专业能力的体现,也是导游敬业精神的表现。

课前测验

1. 你知道出境领队要提醒游客做好哪些方面的出境准备吗?
2. 你认为导游工作中应该要具备哪些常识才能做好接待工作?

第一节 旅游业相关常识

一、旅行社知识

(一) 旅行社的概念及业务

1. 旅行社的概念

《旅行社条例》规定:旅行社是指从事招徕、组织、接待旅游者等活动,为旅游者提供相关旅游服务,开展国内旅游业务、入境旅游业务或者出境旅游业务的企业法人。

旅行社成立的审批流程如下:

(1) 经营国内、入境旅游业务的旅行社,应当向省、自治区、直辖市旅游行政管理部门提交审批文件;

(2) 申请经营出境旅游业务的旅行社应当向国务院旅游行政主管部门提交经营旅行社业务满两年,且连续两年未因侵害旅游者合法权益受到行政机关罚款以上处罚的承诺书和经工商行政管理部门变更经营范围的企业法人营业执照。

2. 旅行社的业务范围

(1) 招徕、组织、接待。

招徕、组织、接待旅游者提供的相关旅游服务主要包括:①安排交通服务;②安排住宿服务;③安排餐饮服务;④安排观光游览、休闲度假等服务;⑤导游、领队服务;⑥旅游咨询、旅游活动设计服务。

(2) 委托服务。

旅行社还可以接受委托提供的旅游服务包括:①接受旅游者的委托,代订交通客票、代订住宿和代办出境、入境、签证手续等(出境、签证手续等服务应当由具备出境旅游业务经营权的旅行社代办);②接受机关、事业单位和社会团体的委托,为其差旅、考察、会议、展览等公务活动,代办交通、住宿、餐饮、会务等事务;③接受企业委托,为其各类商务活动、奖励旅游等,代办交通、住宿、餐饮、会务、观光游览、休闲度假等事务;④其他旅游服务。

3. 旅行社的业务分类

1) 按经营范围分类

按经营范围,旅行社的业务可分为国内旅游业务、入境旅游业务和出境旅游业务。

(1) 国内旅游业务。

国内旅游业务是指旅行社招徕、组织和接待中国内地居民在境内旅游的业务。

(2) 入境旅游业务。

入境旅游业务是指旅行社招徕、组织和接待外国旅游者来我国旅游,香港特别行政区、澳门特别行政区旅游者来内地旅游,台湾地区居民来大陆旅游,以及招徕、组织、接待在中国内地的外国人,在内地的香港特别行政区、澳门特别行政区居民和在大陆的台湾地区居民在境内旅游的业务。

(3) 出境旅游业务。

出境旅游业务是指旅行社招徕、组织和接待中国内地居民出国旅游，赴香港特别行政区、澳门特别行政区和台湾地区旅游，以及招徕、组织和接待在中国内地的外国人、在内地的香港特别行政区、澳门特别行政区居民和在大陆的台湾地区居民出境旅游的业务。

2) 按业务流程分类

按业务流程，旅行社的业务包括旅游服务采购、旅游产品开发、旅游产品销售和旅游接待。

(1) 旅游服务采购。

旅游服务采购是指旅行社向有关旅游供应商采购生产旅游产品所需产品的服务。旅游活动过程中需要如酒店、客运中心、游乐场所等产品，这些只能由相应的旅游供应商提供，为此旅行社需要向其进行采购，然后将这些产品组合成各类型旅游产品再向游客销售。

(2) 旅游产品开发。

旅游产品开发是指旅行社根据消费者需求，结合旅行社自身情况及旅游目的地资源和各种服务情况，开发和设计出适应旅游市场需求的产品。

(3) 旅游产品销售。

旅游产品销售是指旅行社通过各种销售渠道将开发出来的产品在市场上进行销售。旅游产品具有不可转移性和无形性特点，消费者在实际消费之前很难到旅游产品所在地对产品的质量进行检验，因此旅行社需要通过各种传播途径将旅游产品的相关信息传递给消费者，激发其购买欲望。

(4) 旅游接待。

旅游接待是指旅行社招徕的游客或受其他旅行社委托接待的游客在旅游目的地游览期间的食、住、行、游、购、娱等方面的接待服务。

4. 旅行社的性质

(1) 旅行社是以营利为目的的服务性企业。在旅游经营中，旅行社多是以有限责任公司或股份有限公司的组织形式运作，通过向游客提供服务的方式获取利润。除设计和销售旅游产品外，为游客提供全面的服务是旅行社的主要业务，可见服务性是旅行社的重要性质。

(2) 旅行社是中介服务机构。它通过代理旅行业务来获取收益，是沟通旅游产品生产者与消费者的中间商，从事的是旅游产品的流通环节，扮演中间人的角色。旅行社把交通、食宿、景点和服务等组成一条线路或项目，是旅游产品的销售者和代理者，在旅游企业之间扮演着联络者和协调者的角色。

(二) 旅行社的旅游产品及类型

1. 旅游产品的概念

旅游产品是旅行社面向旅游消费者市场，借助交通、住宿、餐饮、购物、娱乐、景点等设施和设备，根据旅游消费者需求，组成各类旅游线路并向旅游消费者提供的服务项目。

2. 旅游产品的类型

1) 按旅游产品形态分类

(1) 团体包价旅游。

团体包价旅游是旅行社事先计划、有组织地安排，面向游客推出的包揽旅游活动全程服务项目的形式。团体包价旅游是以团体的形式展开，由10名及以上游客组成，采取以总价

格形式一次性地收取全程费用的方式。

随着旅游市场的发展,如今的团体包价旅游会根据游客的需求变化,将包价项目进行相应的调整,具体类型如下。

①半包价旅游。它是在全包价基础上扣除行程中的每日午、晚餐费用的一种旅游包价形式。

②小包价旅游。它又称为选择性旅游,由非选择部分和可选择部分组成。非选择部分包括房费及早餐、客源地和目的地之间的交通费用,其费用由游客在旅游前预付;旅游活动的其余项目如导游服务、午晚餐、参观游览等均为可选择部分,游客可以根据自身需求自愿选择,其费用可由游客于旅游前预付,也可现付。

游客参加这样的团体包价游,有以下几个优点:第一,省钱,旅行社组织包价旅游产品时会批量购买相应的服务产品,价格上能享受优惠;第二,由旅行社专业人员带队,旅游团安全系数高;第三,省心省力,全程由旅行社组织安排,不需要游客操心。

(2)单项服务。

单项服务又称为委托代办业务,是根据旅游者的具体要求提供的按单项计价的服务,主要涉及当地单项委托、联程委托、国际联程委托等方式。旅行社可以根据顾客要求,为其提供翻译导游、交通集散地的接送服务、预订酒店房间、代办旅游签证、代订机票车票、代客联系游览参观项目、代办旅行保险等服务。

2)按旅行社服务方式分类

(1)预制旅游产品。

预制旅游产品是指旅行社为了招揽游客,事先设计组织、事先确定计划人数、出发时间、游览项目、活动过程及价格的旅游产品。

(2)定制旅游产品。

定制旅游产品是指旅行社接受游客委托,从游客的需求出发,单独设计行程,并提供报价、专项产品和服务(包含特种旅游服务、会议旅游服务等)。

二、旅游酒店知识

(一)旅游酒店的概念

旅游酒店是指以旅游接待设施为依托,通过向游客及所在社区提供住宿、餐饮、娱乐等综合服务来实现经济效益和社会效益的企业。在我国的酒店业统计中,一般将由文化和旅游部授权挂牌的星级酒店,统称为旅游酒店,其他价格比较低廉的住宿业,通常被称为社会旅馆。旅游酒店能够以间夜为单位向旅游客人提供配有餐饮及相关服务的住宿设施,按不同习惯旅游酒店也被称为宾馆、饭店、旅馆、旅社、宾舍、度假村、俱乐部、大厦、中心等。

(二)旅游酒店的类型

1. 根据酒店的客房数和规模划分

(1)超大型酒店:2000间客房以上。

(2)大型酒店:1000间客房以上。

(3)中大型酒店:500—1000间客房。

(4) 中型酒店:200—500间客房。

(5) 中小型酒店、小型酒店:50—200间客房。

2. 根据接待服务对象划分

(1) 商务型酒店。

商务型酒店主要以接待从事商务活动的客人为主。为了满足住店客人便于开展商务活动的需要,商务型酒店一般选择坐落于城市中心或商业中心,并且酒店设施完善、舒适、安全,服务质量和服务水准较高。

(2) 度假型酒店。

度假型酒店以接待休假的客人为主,多兴建在海滨、温泉、风景区附近,远离喧嚣闹市。度假型酒店集住宿、休闲、娱乐等多种功能于一体,要求有较完善的娱乐设备,能为客人提供娱乐和度假场所。

(3) 长住型酒店。

长住型酒店主要为长期居住的旅客提供公寓生活。为此,该类型酒店大多数客房以家庭式结构为主,趋向于提供更家庭化的环境和设施,一般都配备有厨房,厨房里至少要配备一个水池、一个冰箱、一个微波炉和一个炉灶,有些厨房也配备洗碗机和烤箱。

(4) 会议型酒店。

会议型酒店是指那些能够独立举办会议的酒店。这种类型的酒店是以接待会议客人为主的酒店,除食宿、娱乐外,还为会议提供接送站、会议资料打印、录像摄像、旅游等服务。要求有较为完善的会议服务设施(大小会议室、同声传译设备、投影仪等)和功能齐全的娱乐设施。

(5) 经济型酒店。

价格低廉、服务方便快捷是经济型酒店最大的特色。经济型酒店以大众旅游者和中小商务者为主要服务对象。客房为其主要经营项目,餐饮、康乐、会议等配套设施很少或没有,客房能提供标准化服务,价格低廉,性价比较高。

(三) 酒店的星级划分

1. 星级酒店划分类型

根据《旅游饭店星级的划分与评定》(GB/T 14308—2010),我国酒店以星级为划分标准,以酒店的建筑、装饰、设施设备及管理、服务水平为依据,分为一星级到五星级(含白金五星级)5个标准。星级标志由长城与五角星图案构成,一颗五角星表示一星级,两颗五角星表示二星级,三颗五角星表示三星级,四颗五角星表示四星级,五颗五角星表示五星级,五颗白金五角星表示白金五星级。最低为一星级,最高为白金五星级。星级越高,表示旅游酒店的规模越大、设备越奢华、档次越高。

(1) 五星级(含白金五星级)酒店。

这是旅游酒店的最高等级。设备十分豪华,设施非常完善,除了房间设施豪华外,服务设施也十分齐全,有各种各样的餐厅,较大规模的宴会厅、会议厅等,是社交、会议、娱乐、购物、消遣、保健等活动中心。

(2) 四星级酒店。

设备豪华,综合服务设施完善,服务项目多,服务质量优良,室内环境富有艺术感,客人不仅能够得到高级的物质享受,也能得到很好的精神享受。

(3) 三星级酒店。

设备齐全,不仅提供食宿,还有会议室、游艺厅、酒吧、咖啡厅、美容室等。这种属于中等水平的酒店在国际上较受欢迎,数量较多。

(4) 二星级酒店。

设备一般,除具有客房、餐厅等基本设施外,还提供邮电、理发等综合性服务,服务质量较好,属于一般旅行等级。

(5) 一星级酒店。

设备简单,具备食、宿两个最基本功能,能满足客人最简单的旅行需要。

2. 星评机构

(1) 星级评定工作由全国旅游饭店星级评定委员会统筹负责,其责任是制定星级评定工作的实施办法和检查细则,授权并督导地方旅游饭店星级评定机构开展星级评定工作,组织实施五星级饭店的评定与复核工作,保有对地方旅游饭店星级评定机构所评定饭店星级的否决权。

(2) 省、自治区、直辖市旅游饭店星级评定委员会按照全国旅游饭店星级评定委员会的授权和督导,组织该地区四星级饭店星级评定与复核工作,保有对该地区下一级旅游饭店星级评定机构所评饭店星级的否决权,并承担推荐五星级饭店的责任。同时,负责将该地区所评星级饭店的批复和评定检查资料上报全国旅游饭店星级评定委员会备案。

(3) 其他城市或行政区域旅游饭店星级评定委员会按照全国旅游饭店星级评定委员会的授权和所在地区省级旅游饭店星级评定委员会的督导,实施该地区三星级及以下饭店星级评定与复核工作,并承担推荐较高星级饭店的责任。同时,负责将该地区所评星级饭店的批复和评定检查资料逐级上报全国旅游饭店星级评定机构备案。

3. 评定原则

(1) 酒店所取得的星级表明该酒店所有建筑物、设施设备及服务项目均处于同一水准。如果酒店由若干座不同建筑水平或设施设备标准的建筑物组成,星评机构应按每座建筑物的实际标准评定星级,评定星级后,不同星级的建筑物不能继续使用相同的酒店名称。否则,星评机构应不予批复或收回星级标志和证书。

(2) 酒店取得星级后,因改造发生建筑规格、设施设备和服务项目的变化,关闭或取消原有设施设备、服务功能或项目,导致达不到原星级标准的,必须向原星评机构申报,接受复核或重新评定。否则,原星评机构应收回该酒店的星级证书和标志。

(3) 某些特色突出或极其个性化的酒店,若自身条件与本标准规定的条件有所区别,可以直接向全国旅游饭店星级评定委员会申请星级。全国旅游饭店星级评定委员会应在接到申请后一个月内安排评定检查,根据检查和评审结果给予评定星级的批复,并授予相应星级的证书和标志。

三、旅游景区知识

1. 旅游景区的概念

根据我国2003年发布的《旅游区（点）质量等级的划分与评定》(GB/T 17775—2003)，旅游景区的定义如下：旅游景区是以旅游及其相关活动为主要功能或主要功能之一的空间或地域，是指具有参观游览、休闲度假、康乐健身等功能，具备相应旅游服务设施并提供相应旅游服务的独立管理区。该管理区应有统一的经营管理机构和明确的地域范围。包括风景区、文博院馆、寺庙观堂、旅游度假区、自然保护区、主题公园、森林公园、地质公园、游乐园、动物园、植物园，以及工业、农业、经贸、科教、军事、体育、文化艺术等各类旅游景区。

2. 旅游景区的类型

（1）按照资源类型划分。

按照资源类型，旅游景区可分为自然类旅游景区、历史文化类旅游景区和人工型旅游景区。自然类旅游景区包括山川、河湖等自然风景区、森林公园、自然保护区等，如神农架、九寨沟、华山、三江并流等；历史文化类旅游景区是人类社会经济发展的产物，如故宫、长城、山西平遥古城等；人工型旅游景区主要是指主题公园，如迪士尼乐园等。

（2）按照功能和用途划分。

按照功能和用途，旅游景区可分为开发型旅游景区和遗产型旅游景区。开发型旅游景区如主题公园、旅游度假区等，主要突出其以营利为目的的经济功能。遗产型旅游景区以公共资源为依托，如风景名胜区、自然保护区、历史文物保护单位、森林公园、地质公园、水利风景区等，主要突出其保护功能，景区资源的社会文化与环境价值超过其经济价值。

（3）按照质量等级划分。

根据相关规定，一般从旅游交通（130分）、游览（235分）、旅游安全（80分）、卫生（140分）、邮电服务（20分）、旅游购物（50分）、综合管理（200分）、资源与环境保护（145分）八个方面，对旅游景区进行评分，全部项目满分为1000分，将旅游景区质量等级划分为五级，从高到低依次为AAAAA、AAAA、AAA、AA、A级旅游景区。其中AAAAA级景区需达到950分以上，AAAA级景区需达到850分以上，AAA级景区需达到750分以上，AA级景区需达到600分以上，A级景区需达到500分以上。

第二节 出行相关常识

一、出入境知识

（一）出入境有效证件

出入境证件，是指政府有关主管部门颁发给旅游者的，用于在旅行、旅游过程中证明旅游者合法身份的有效证件。任何主权国家或者地区，都实行严格的出境和入境检查制度，只有具备合法身份的人持有有效证件才有资格出入境。我国与出入境旅游直接相关的证件主

要有护照、签证、出入境通行证、旅行证等。

1. 护照

中华人民共和国护照是中华人民共和国公民出入国境和在国外证明国籍和身份的证件。护照是主权国家政府发给本国公民出国或在国外居留的证件,以证明该公民的国籍和身份。护照一般分为外交护照、公务护照和普通护照。

1) 外交护照

外交官员、领事官员及其随行配偶、未成年子女和外交信使持用外交护照。外交护照由外交部签发。

2) 公务护照

公务护照主要颁发给各级政府部门县(处)级以上官员、派驻国外的外交代表机关、领事机关和驻联合国组织系统及其专门机构的工作人员及其随行配偶、未成年子女等。

公务护照由外交部、中华人民共和国驻外使馆、领馆或者外交部委托的其他驻外机构以及外交部委托的省、自治区、直辖市和设区的市人民政府外事部门签发。

3) 普通护照

普通护照发给因前往外国定居、探亲、学习、就业、旅行、从事商务活动等非公务原因出国的公民。旅游者参加出国旅游活动持普通护照。

普通护照由公安部出入境管理机构或者公安部委托的县级以上地方人民政府公安机关出入境管理机构以及中华人民共和国驻外使馆、领馆和外交部委托的其他驻外机构签发。

公民申请普通护照,应当提交本人的居民身份证、户口簿、近期免冠照片以及申请事由的相关材料。

普通护照的有效期如下:护照持有人未满十六周岁的五年,十六周岁以上的十年。

2. 签证

签证是主权国家官方机构发给申请者出入该国国境或外国人在该国国内停留、居住的许可证明,是附签于申请人所持入出境通行证件上的文字注明,也是一个国家检查进入或经过这个国家的人员身份和目的的合法性证明。

1) 我国签证类别

各国签证的种类多又不尽相同。根据持照人身份、所持护照种类和访问事由不同,我国一般将签证分为外交签证、公务签证、礼遇签证和普通签证四种。有的国家根据来访者的事由将签证分为旅游、访问、工作、学习、定居等类别。

(1) 外交签证。

外交签证是一国政府主管机关依法为进入或经过该国国境应当给予外交特权和豁免的人员所颁发的签证。外交签证一般发给持外交护照人员。签证颁发国依据本国法规和国际惯例,给予持证人相当的方便、优遇、特权和豁免。

(2) 公务签证。

公务签证是一国政府主管机关依法为进入或经过该国国境应当给予公务人员待遇的人士所颁发的签证。有的国家将该种签证称为官员签证。公务签证一般发给持公务护照人员。

(3) 礼遇签证。

礼遇签证是一些国家政府主管机关依法为进入或经过该国国境可给予相应礼遇的人员所颁发的签证。这些人一般是身份高但又未持有外交护照的人员或已卸任的外国党政军高级官员及知名人士。签证颁发国家根据本国法规和国际惯例,给予持证人应有的尊重和礼遇。

(4) 普通签证。

普通签证是一国政府主管机关依法为因私人事务(包括工作、学习、探亲、旅游、商务活动、人才引进等非外交、公务事由)进入或过境该国的人员颁发的一种签证。普通签证一般发给持普通(因私)护照或其他有效国际旅行证件的人员。

旅游签证属于普通签证,在中国为 L 字签证。签证上规定持证者在中国停留的起止日期。10 人及以上的旅游团可发放团体 L 字签证。

2) 签证的办理

《中华人民共和国出境入境管理法》规定,外国人申请办理签证,应当向驻外签证机关提交本人的护照或者其他国际旅行证件,以及申请事由的相关材料,按照驻外签证机关的要求办理相关手续、接受面谈。

旅行社按照国家有关规定组织入境旅游的,可以向口岸签证机关申请办理团体旅游签证。

在特定情况下,确实来不及到上述机关办理签证手续者,可向公安部授权的口岸签证机关申请办理签证。许多国家为方便旅游者,允许旅游者在入境时直接向口岸签证机关申请办理签证,通常称之为"落地签"。

3) 免办签证的几种情形

(1) 中国政府与其他国家政府签订了互免签证协议。截至 2021 年 1 月,有 73 个国家和地区对中国持普通护照公民实行免签或落地签证政策。其中,与中国互免普通护照签证的国家和地区有 15 个,单方面对中国公民免签入境的国家和地区有 18 个,单方面允许中国公民办理落地签证的国家和地区有 40 个。

(2) 持有效的外国人居留证件。赴华学习、任职、就业的外国人和常驻外国记者,入境后必须到公安机关申请办理外国人居留手续。在居留许可有效期内,外国人可在华居留并多次出入境,无须另行办理签证。

(3) 过境免签。持联程客票搭乘国际航行的航空器、船舶、列车从中国过境前往第三国或者地区,在中国境内停留不超过 24 小时且不离开口岸,或者在国务院批准的特定区域停留不超过规定时限的外国人。

(4) 持与中国建交国家的普通护照已在香港、澳门的外国人,经在香港、澳门合法注册的旅行社组团进入广东珠江三角洲地区(指广州、深圳、珠海、佛山、东莞、中山、江门、肇庆、惠州市所辖行政区)旅游,且停留不超过 6 天。

(5) 经国务院批准,自 2018 年 5 月 1 日起,海南省实施 59 国人员入境免签政策。

(6) 国务院规定的可以免办签证的其他情形。

4) 签证的有效期、入境次数和停留期

签证的有效期是指签证本身的有效期限,即自签证颁发之日起到持证人可入境中国的

截止日期(以北京时间为准)。超过这一期限,该签证就是无效签证。

签证的入境次数是指持证人在签证有效期内可以进入中国国境的次数。入境次数用完或入境次数未用完、但已过有效期的签证,均为失效签证。如需前往中国,须重新申请签证。如持证人持失效签证来华,将被拒绝入境。

签证的停留期是指持证人每次入境中国后被允许在华停留的最长天数,即从入境之日起计算,持证人可在华停留的最长天数。

外国旅游者可在签证准予的在华停留期限内在中国旅游。停留期限到期,如需继续旅行,可向当地公安机关申请延长在中国的停留期限。旅行结束后,须在签证有效期内填写出境卡,经边防检查机关查验证件,加盖出境验讫章后出境。外国旅游者应当在签证准予停留的期限内从指定口岸出境。

3. 港澳居民来往内地通行证

港澳居民来往内地通行证,前身是港澳同胞回乡证,是具中华人民共和国国籍的香港特别行政区及澳门特别行政区居民来往中国内地所用的证件。新版港澳居民来往内地通行证于2013年1月2日起启用,由公安部出入境管理局签发。通行证为卡式证件,通行证的有效期分为5年和10年。申请人年满18周岁的,签发10年有效通行证,未满18周岁的,签发5年有效通行证。香港特别行政区及澳门特别行政区居民可以分别前往香港中国旅行社、澳门中国旅行社进行办证申请。

4. 台湾居民来往大陆通行证

台湾居民来往大陆通行证简称"台胞证",是中华人民共和国政府发给台湾居民来往大陆地区观光、商务、探视的身份证明,其作用类似于护照。台湾居民前往大陆时,需持台湾方面的护照出关,至大陆边检时,再以台胞证入境。自2015年7月1日起,台胞来往大陆免予签注,2015年9月15日,公安部宣布决定启用2015版台湾居民来往大陆通行证(简称电子台胞证、台胞卡),县级以上公安机关出入境管理部门自9月21日起开始受理电子台胞证的申请。台湾居民来往大陆通行证分为5年有效和3年一次有效两种,台湾居民在台湾地区、港澳地区和大陆地区均可申领台胞证。

5. 往来港澳通行证

往来港澳通行证,俗称双程证,是由中华人民共和国出入境管理局签发给中国内地居民因私往来香港或澳门地区旅游、探亲、从事商务、培训、就业、留学等非公务活动的旅行证件。2018年9月1日起,内地居民可在全国范围内任一公安出入境管理机构异地申请换(补)往来港澳通行证。往来港澳通行证未满十六周岁的有效期为5年,成人电子往来港澳通行证有效期为10年。

6. 大陆居民往来台湾通行证

大陆居民往来台湾通行证,是中国大陆地区居民往来中国台湾地区所持有的证件,有效期10年。2016年12月20日,中华人民共和国公安部发布公告,决定启用电子往来台湾通行证。2019年4月1日起,大陆居民往来台湾通行证,实行"全国通办"。

(二)出入境手续

1. 海关检查

海关检查是对出入境的货物、邮递物品、行李物品、货币、金银、证券和运输工具等进行监督检查和征收关税的一项国家行政管理活动,是为了维护国家主权和利益。保护本国经济发展查禁走私和违章案件,防止沾染病毒菌的物品入境而采取的检查措施。

根据《中华人民共和国海关法》和《中华人民共和国海关对进出境旅客行李物品监管办法》的规定,进出境旅客的行李物品必须通过设有海关的地点进出境,主动接受海关监管并按规定向海关申报。除有关法规规定免验者外,进出境旅客行李物品应交由海关按规定查验放行。海关验放进出境旅客的行李物品,以自用合理的数量为原则,对不同类型的旅客行李物品规定不同的范围和征税,免税的限量或限值旅客携带行李物品,应以"自用合理数量"为限。对于海关加封的行李物品,旅客不要擅自开拆或毁坏海关施加的封志。

海关通道分为申报(红色通道)和无申报(绿色通道)两种。不明海关规定或不知如何选择通道的旅客,应选择红色通道通关。

1)申报(红色通道)

红色通道也称"应税通道"。外国游客进入中国境内,一般须经申报通道通关,事先要填写"中华人民共和国海关进出境旅客行李物品申报单"向海关申报,经海关查验后放行。申报单应妥善保管,不得涂改,不得遗失。

2)无申报(绿色通道)

绿色通道亦称免税通道或无申报通道,携带无须向海关申报物品的游客和持有我国政府外交、礼遇签证的旅客及海关给予免验礼遇的旅客,可选择"绿色通道"通关,通关时应主动向海关出示护照和身份证件。

2. 卫生检疫

出入境卫生检疫工作指出入境检验检疫机构根据《中华人民共和国国境卫生检疫法》及《中华人民共和国国境卫生检疫法实施细则》,通过对出入境的人员、交通工具、运输设备以及可能传播检疫传染病的行李、货物、邮包等物品实施国境卫生检疫,防止传染病由国外传入或由国内传出,保护人体健康。出入境检疫对象都应当接受检疫。接受入境、出境检疫的人员,必须根据检疫医师的要求,如实填报健康申明卡,出示某种有效的传染病预防接种证书、健康证明或者其他有关证件,经出入境检验检疫机构许可方准入境或出境。

3. 边防检查

边防检查是为了维护中华人民共和国的主权、安全和社会秩序,便利出境、入境的人员和交通运输工具的通行而进行的检查。我国在对外开放的港口、航空港、车站和边境通道等口岸设立出入境边防检查站。边防检查的内容包括:护照检查、证件检查、签证检查、出入境登记卡检查、行李物品检查、交通运输工具检查等。

根据《中华人民共和国出入境边防检查条例》,我国的出境、入境边防检查工作主要由公安部主管,旅游者出境、入境时,必须按规定填写出境、入境登记卡,向边防检查站交验本人的有效护照或者其他有效证件,并接受边防检查站对其行李物品的检查,方可出境、入境。不按规定接受验证,拒绝接受边防检查的,边防检查站有权阻止其出境、入境。

4. 安全检查

安全检查的内容主要是检查旅客及其行李物品中是否携带枪支、弹药、易爆、腐蚀、有毒放射性等危险物品,是口岸检查的内容之一,是出入境人员必须履行的检查手续。安全检查事关旅客人身安全,所以不存在任何特殊的免检对象,所有外交人员、政府首脑和普通旅客,不分男女、国籍和等级,都必须经过安全检查,才允许登机。安全检查必须在旅客登机前进行,检查方式包括通过安全门使用磁性探测检查、红外线透视、搜身、开箱检查等。拒绝检查者不准登机,损失自负。

(三)我国部分限制入出境物品

1. 烟酒

来往港澳地区的旅客可携带免税香烟 200 支或雪茄 50 支或烟丝 250 克,免税 12%vol 以上的酒 1 瓶(不超过 0.75 升)。当天往返或短期内多次来往港澳地区的旅客可携带免税香烟 40 支或雪茄 5 支或烟丝 40 克,不准免税带进 12%vol 以上的酒精饮料;其他入境旅客携带免税香烟 400 支或雪茄 100 支或细丝 500 克,免税 12%vol 以上的酒 2 瓶(不超过 1.5 升)。

2. 旅行自用物品

非居民旅客及持有前往国家和地区本次入境签证的居民旅客携带自用物品限照相机、便携式收/录音机、小型摄影机、手提式摄录机、手提式文字处理机各一件,超出范围的,需向海关如实申报,并办理有关手续。经海关放行的旅行自用物品,旅客应在回程时复带出境。

3. 金、银及其制品

旅客携带金、银及其制品进境应以自用合理数量为限,其中超过 50 克的应填写申报单证,向海关申报;复带出境时,海关凭本次进境申报的数量核放。

入境旅客用带进的外汇在中华人民共和国境内购买的金银饰品(包括镶嵌饰品、器皿等新工艺品)携带、托运、邮寄出境,海关凭国内经营金银制品的单位开具的特种发货票(由中国人民银行统一印制,各地分行分发)查核放行。不能交验特种发货票的,不许携运、邮寄出境。

4. 外汇

出境人员携出金额在等值 5000 美元以内(含 5000 美元)的,不需申领携带外汇出境许可证,海关予以放行。出境人员携出金额在等值 5000 美元以上至 10000 美元(含 10000 美元)的,应当向银行申领携带外汇出境许可证,出境时,海关凭加盖银行印章的携带外汇出境许可证验放,对使用多张携带外汇出境许可证的,若加盖银行印章的携带外汇出境许可证累计总额超过等值 10000 美元,海关不予放行。出境人员携出金额在等值 10000 美元以上的,应当向存款或购汇银行所在地国家外汇管理局各分支局申领携带外汇出境许可证,海关凭加盖外汇局印章的携带外汇出境许可证验放。

入境人员携带外币现钞入境,超过等值 5000 美元的应当向海关书面申报,当天多次往返及短期内多次往返者除外。

5. 人民币

旅客携带人民币出入境,应当按照国家规定向海关如实申报。自 2005 年 1 月起,我国公民出入境、外国人入出境,每人每次携带的人民币限额为 20000 元。

6. 文物(含已故现代著名书画家的作品)

旅客携带文物入境,如需复带出境,请向海关详细报明,旅客携带出境的文物(含已故现代著名书画家的作品),须经文化行政管理部门鉴定。对在境内商店购买的文物,海关凭文化行政管理部门加盖章的鉴定标志及文物外销发货票查验放行;对在境内通过其他途径得到的文物,海关凭文化行政管理部门加盖的鉴定标志及开具的许可出口证明查验放行;未经鉴定的文物,不能携带出境。

7. 中药材、中成药

旅客携带中药材、中成药出境,前往国外的,总值限人民币300元;前往港澳地区的,总值限人民币150元。寄往国外的中药材、中成药,总值限人民币200元;寄往港澳地区的,总值限人民币100元。入境旅客出境时携带用外汇购买的、数量合理的自用中药材、中成药,海关凭有关发货票和外汇兑换证明放行。麝香、犀牛角、虎骨等及超出上述规定限值的中药材、中成药不准出境。

8. 旅游商品

入境旅客出境时携带用外汇在我国境内购买的旅游纪念品、工艺品,除国家规定应申领出口许可证或者应征出口税的品种外,海关凭有关发货票和外汇兑换水单放行。

9. 禁止进出境物品

1) 禁止进境物品

(1) 各种武器、仿真武器、弹药及爆炸物品。

(2) 伪造的货币及伪造的有价证券。

(3) 对中国政治、经济、文化、道德有害的印刷品、胶卷、照片、唱片、影片、录音带、录像带、微光视盘、计算机存储介质及其他物品。

(4) 各种烈性毒药:鸦片、吗啡、海洛因、大麻及其他能使人成瘾的麻醉品、精神药物。

(5) 带有危险性病菌、害虫及其他有害生物的动物、植物及其产品。

(6) 有碍人畜健康、来自疫区的以及其他能传播疾病的食品、药品或其他物品。

2) 禁止出境物品

(1) 列入禁止出境范围的所有物品。

(2) 内容涉及国家秘密的手稿、印刷品、胶卷、照片、唱片、影片、录音带、录像带、激光视盘、计算机存储介质及其他物品。

(3) 珍贵文物及其他禁止出境的文物。

(4) 濒危的和珍贵的动物、植物(均含标本)及其种子和繁殖材料。

二、交通客运知识

(一)航空客运

1. 民航运输飞行的形式

民航运输飞行主要有三种形式,即班期飞行、加班飞行和包机飞行。

班期飞行是按照班期时刻表和规定的航线,定机型、定日期、定时刻的飞行。

加班飞行是根据临时需要在班期以外增加的飞行。

包机飞行是按照包机单位的要求,在现有的航线上或以外进行的专用飞行。

2. 航班与班次

1) 航班

航班分为定期航班和不定期航班。定期航班是指列入航班时刻表,有固定时间运行的

航班。没有固定时刻的运输飞行,根据临时任务进行航班安排的为不定期航班。

始发站、经停站和终点站中有一站以上在本国国境的称为国际航班,始发站、经停站和终点站全部都在一国境内的称为国内航班。

航班又分为去程航班与回程航班。

2) 航班班次

航班班次指在单位时间内(通常用一个星期计算)飞行的航班数(包括去程航班与回程航班)。航班班次是根据往返量需求与运能来确定的。

3) 航班号

为便于组织运输生产,每个航班都按照一定的规律编有不同的号码以便于区别和管理,这种号码称为航班号。国内现行的航班号由执行飞行任务的航空公司的二字英语代码和四个阿拉伯数字组成。其中,第一个数字是执行飞行任务的航空公司的基地所在地区的数字代码,第二个数字是航班目的地归属的航空公司或管理局所在地的数字代码,第三、第四两个数字是航班序号。例如:CZ3257 是南方航空公司从广州至西安的航班。CZ 是南方航空公司;3 表示华南地区,南航的基地(总部)在广州,属华南地区;2 表示航班的目的地终点西安在西北地区,57 是航班序号。

我国国际航班的航班号由执行飞行任务的航空公司的二字英语代码和三个阿拉伯数字组成。其中第一位数字是航空公司的数字代码,后两位是航班序号,单数为去程,双数为回程。如 CA982,是中国国际航空公司由纽约飞往北京的回程航班。

4) 班期时刻表

班期时刻表是航空公司按照一定的秩序将其航线、航班和时刻汇编而成的小册子。班期时刻表会根据季节和市场需求进行调整或修正。我国每年制订两次,每年 4 月至 10 月使用夏秋季时刻表,11 月至次年 3 月使用冬春季时刻表。旅客可根据班期时刻表提供的航班时刻、机型、服务内容来选择所要乘坐的航班。

3. 客舱等级

飞机的座位是分舱位的,不同的舱位对应的机票价格和折扣不同,相应的服务也不一样。国内的航班分为头等舱(舱位代码为 F)、公务舱(舱位代码为 C)、经济舱(舱位代码为 Y),经济舱按照 B、K、H、L、M、Q、X、E 几种舱位代码分为不同的等级。

国际客票的舱位主要分为头等舱(舱位代码为 FA)、公务舱(舱位代码为 CDJ)、经济舱(舱位代码为 Y)。

4. 机票

机票,即飞机票,是人们乘坐飞机的一种凭证。机票实行实名制,即订购客票的人需要向航空公司或代理售票点提供乘机人的真实姓名和身份证号码、护照号码或者港澳台通行证号码,并出示证件,才能订到机票。

1) 订购机票

中国旅客须凭本人居民身份证或其他有效身份证件购票,并填写旅客订座单。外国旅客、华侨、港澳台胞购票,须凭有效护照、台湾同胞要持台湾居民来往大陆通行证或公安机关出具的其他有效身份证件购买机票,并填写旅客订座单。购买儿童票(2—12 周岁)、婴儿票 2 周岁以内,应提供儿童、婴儿出生年月的有效证明。机票只限票面上所列姓名的旅客使用,不得转让和涂改,否则机票无效,票款不退。

2) 电子客票

电子客票是传统的纸质机票的电子映像,是传统机票的一种替代品,可以实现机票的无纸化存储。旅客可使用电话、互联网及其他终端进行订座、付款。电子机票将航班信息、乘机人信息通过联网存储在航空公司的订座系统中。旅客登机时只需出示有效证件及电子票证编码,系统就会打印出登机牌和收据,即可登机。使用电子机票使旅客避免了保存、传送或遗失机票的麻烦,也节省了机票的印制、填写、回收等手续,降低了航空公司成本。

3) 定期机票(OK 票)和不定期机票(OPEN 票)

定期机票,也称 OK 票,指航班、座位等级、乘机日期和起飞时间都已订妥的机票。与其相反,不定期机票,也称 OPEN 票,指航班、座位等级、乘机日期和起飞时间都没有订妥的机票。所以 OPEN 票其实就是买了机票但是没有预订座位的票,购买机票而未预订座位,是不能登机的,只有既购买了机票,又订妥座位才能登机。国内航班一般是不会有 OPEN 票的,一般 OPEN 票会出现在国际航班上。回程 OPEN 票,有效期最长一年,若机票上的回程段标有"OPEN"字样,乘机人一旦确定了回程日期必须提前致电航空公司预订回程舱位,而且在航班起飞前 72 小时必须要向航空公司求证舱位是否有效。否则可能会遇到订不到希望的日期的机位或订不上同机票上舱位等级一致的机位的情况,特别是在航线旺季时可能会出现整月订不到机位的情况,从而给旅客带来经济损失。

4) 儿童票和婴儿票

儿童票是指年龄满 2 周岁但不满 12 周岁的儿童所购买的机票,票面价值是成人适用正常票价的 50% 左右,提供座位;婴儿票是指不满 2 周岁的婴儿应购买的机票,票面价值是成人适用正常票价的 10% 左右,不提供座位,一个成人旅客若携带婴儿超过一名时,超出的人数应购买儿童票。购买此类机票时,应出示有效的婴儿出生证明。

5) 机票有效期

机票的有效期为一年。定期机票自旅客开始旅行之日起一年内可以改签,不定期机票从开票之日起到确定日期为一年期限,确定日期后,还有一年的改签时限。

6) 机票改签和退票

机票改签包括两种:更改和签转。更改又称改期,指客人的行程不变,承运的航空公司不变的情况下的更改,包括同等舱位更改和升舱。同等舱位更改是指所更改航班的航空公司和舱位都相同;升舱是指所更改航班的航空公司相同,但所改的舱位折扣高于原定舱位的折扣。签转指在同一航空公司签转或不同航空公司之间签转。签转的两个航空公司之间必须有协议。改签产生具体的费用及差价按具体航空公司及其舱位规定办理。

根据 2018 年中国民用航空发布的《关于改进民航票务服务工作的通知》,航空公司要合理确定客票退改签收费标准,退票费不得高于客票的实际销售价格。要制定机票退改签收费"阶梯费率",即根据不同票价水平和时间节点等,设定合理的梯次收费标准,不能简单规定特价机票一律不得退改签。

据此,众多航空公司先后制定了机票退改签费用标准,自 2019 年起实行新的国内客票退改手续费收费标准。新标准由两档收费标准调整为四档,即实行"阶梯费率"。"航班起飞前 30 天(含)之前""航班起飞前 30 天(不含)至 14 天(含)""航班起飞前 14 天(不含)至 4 小

时(含)""航班起飞前4小时(不含)至航班起飞后",四个时间段内的退改手续费收费标准不同且时间计算精确到分钟。虽然不同航空公司收取的退票费率在不同时段各有不同,但总体来看,越早退改,手续费越低。

5. 乘机

1)乘机流程

乘坐国内航班的旅客一般应在班机起飞前2小时到达机场;乘坐国际航班的旅客一般应在班机起飞前3小时抵达机场,进入航站楼时,所有人及行李都要进行防爆检查,进入机场大厅后,确定所订机票的航班值机区域,凭个人身份证件办理登机手续和托运行李,领取登机牌。无行李托运游客凭身份证到自助值机设备上值机并打印登机牌。凭个人身份证件、登机牌、随身携带物品前往安检区进行安检,根据登机牌标示,前往对应的候机厅休息,然后准备登机。

国内航班一般起飞前30分钟机场停止办理登机手续,国际航班一般起飞前40分钟停止办理登机手续,具体截止办理时间以各出发地机场的规定为准。

2)行李

(1)民航允许持票旅客每人免费托运一定重量和体积的行李。

持成人或儿童票的头等舱旅客为40千克,公务舱旅客为30千克,经济舱旅客为20千克。持婴儿票的旅客,无免费行李额。

随身携带物品的重量,每位旅客以5千克为限。持头等舱客票的旅客,每人可随身携带两件物品;持公务舱或经济舱客票的旅客,每人只能随身携带一件物品。每件随身携带物品的体积均不得超过20厘米×40厘米×55厘米。超过上述重量、件数或体积限制的随身携带物品,应作为托运行李托运。重要文件和资料、外交信袋、证券、货币、汇票、贵重物品、易碎易腐物品,以及其他需要专人照管的物品,不得夹入行李内托运。

(2)禁止随身携带或者托运的物品。

枪支、军用或警用械具及其仿制品;爆炸物品,如弹药、烟火制品、爆破器材等及其仿制品;管制刀具;易燃、易爆物品,如火柴、打火机、酒精、油漆、汽油、煤油、苯、松香油、烟饼等。

腐蚀性物品,如盐酸、硫酸、硝酸、有液蓄电池等;毒害品,如氰化物、剧毒农药等;放射性物品,如放射性同位素等;其他危害飞行安全的物品,如有强烈刺激气味的物品、可能干扰机上仪表正常工作的强磁化物等。

(3)禁止随身携带但可托运的物品。

菜刀、水果刀、大剪刀、剃刀等生活用刀;手术刀、屠宰刀、雕刻刀等专业工具;文艺单位表演用的刀、矛、剑;带有加重或有尖钉的手杖、铁头登山杖、棒球棍等体育用品;以及斧、凿、锤、锥、扳手等工具和其他可以用于危害航空器或他人人身安全的锐器、钝器;超出可以随身携带的种类或总量限制的液态物品。

(4)行李赔偿。

旅客的托运行李全部或部分损坏、丢失,赔偿金额每千克不超过50元。如行李的价值每千克低于50元时,按实际价值赔偿。已收逾重行李费退还。

旅客丢失行李的重量按实际托运行李的重量计算,无法确定重量时,每一旅客的丢失行李最多只能按该旅客享受的免费行李额赔偿。

（二）铁路客运

1. 旅客列车种类

旅客列车可分为国际旅客列车和国内旅客列车。

在我国，依据运行速度的差异，停站次数和停站时间的不同，旅客列车可分为高速动车组列车、城际（市域）动车组列车、动车组旅客列车、直达特快旅客列车、特快旅客列车、快速旅客列车、普通旅客列车等类型。

（1）冠"G"字的高速动车组列车（列车时速为每小时300至380千米）。

（2）冠"C"字的城际高速列车（列车时速为每小时250至350千米）。

（3）冠"D"字的动车组列车（列车时速为每小时250至300千米）。

（4）冠"Z"字的直达特快旅客列车（列车时速为每小时140至160千米，沿途不停，一路直达）。

（5）冠"T"字的特快旅游列车（列车时速为每小时120至140千米）。

（6）冠"K"字的快速旅客列车（列车时速为每小时110至120千米）。

（7）车次序号为4位数的普通旅客列车。其中，以数字1、2、3、4、5为第一个数字的为普通旅客快车；以6、7、8、9为第一个数字的为普通旅客慢车。普通旅客列车的最快速度不超过每小时120千米。

（8）另外，冠"L"字的临时旅客列车，多在春运、暑运期间增开；冠"Y"字的临时快速旅游列车，在春游、秋游和节假日增开；还有在广深高速线上冠"S"字的广深列车。

2. 车票

1）车票类型

火车票，是乘客乘坐火车需出示的票据，主要由客票和附加票两部分构成。客票部分为软座、硬座。附加票部分为加快票、硬卧票、软卧票等。另外还有优待学生、儿童和伤残军人的半价票。

2）儿童客票

儿童的年龄为6周岁（含）以下或者身高1.2米（含）以下可以免票。儿童年龄为6—14周岁或者身高1.2—1.5米，满足年龄或身高二者之一的，应享受客票半价优待，购买儿童票。一名成人旅客可免费携带1名身高不足1.2米的儿童。如果身高不足1.2米的儿童超过1名时，1名儿童免票，其他的儿童应购买儿童票。超过1.5米的，应购买全价票。儿童票的座别应与成人车票相同，其到站不得远于成人车票的到站。身高不足1.2米的儿童单独使用卧铺时，应购买全价卧铺票。

3）购票方式

目前，铁路部门提供以下几种常见购票方式：

（1）窗口购票：铁路车站售票处和铁路客票代售点。

（2）网络购票：12306中国铁路客户服务中心网站和手机客户端。

（3）机器购票：铁路车站或指定地点的自动售票机。

（4）电话购票：可以通过电话预订车票，再到指定窗口付款、取票。

2012年起，全国所有旅客列车实行车票实名制，旅客须凭本人有效身份证件购买车票，

并持车票及购票时所使用的乘车人本人有效身份证件原件(免费乘车的儿童及持儿童票乘车的儿童除外)进站,进站时由铁路部门客运人员、公安人员进行查验。"票、证、人"信息一致,方可进站、乘车。自2022年6月1日起,铁路部门决定将铁路客票预售期调整为15天(含当天)。

4) 改签与退票

旅客购买了火车票之后,如果因为某些原因无法乘坐该车次,可以办理改签业务。办理改签时,应注意以下改签的时间限制:开车前48小时以上的车票,可以改签至预售期内的其他列车;开车时间48小时以内的车票,可以改签至发车前的其他列车和发车当天24:00前的其他列车;开车后的车票,可以改签至发车当天24:00前的其他列车。一张车票最多只能改签一次。对于已经办理了变更到站的车票,不能进行改签,只能退票后重新购票。

旅客如需退票,退票费如下核收:开车前8天(含)以上退票的,不收取退票费;票面乘车站开车时间前48小时以上的按票价5%计,24小时以上、不足48小时的按票价10%计,不足24小时的按票价20%计。

开车前48小时至8天期间内,改签或变更到站至距开车8天以上的其他列车,又在距开车8天前退票的,仍核收5%的退票费。

3. 旅客携带品规定

1) 免费携带品规定

旅客每人免费携带品的重量和体积:儿童(含免费儿童)10千克,外交人员35千克,其他旅客20千克。每件物品外部尺寸长、宽、高之和不超过160厘米,杆状物品不超过200厘米,乘坐动车组不超过130厘米,重不超过20千克。残疾人旅行代步的折叠式轮椅可免费携带并不计入上述范围。

2) 限量携带物品规定

(1) 包装密封完好、标志清晰且酒精体积百分含量大于或者等于24%、小于或者等于70%的酒类饮品累计不超过3000毫升。

(2) 香水、花露水、喷雾、凝胶等含易燃成分的非自喷压力容器日用品,单体容器容积不超过100毫升,每种限带1件。

(3) 指甲油、去光剂累计不超过50毫升。

(4) 冷烫精、染发剂、摩丝、发胶、杀虫剂、空气清新剂等自喷压力容器,单体容器容积不超过150毫升,每种限带1件,累计不超过600毫升。

(5) 安全火柴不超过2小盒,普通打火机不超过2个。

(6) 标志清晰的充电宝、锂电池,单块额定能量不超过100 Wh,含有锂电池的电动轮椅除外。

(7) 法律、行政法规、规章规定的其他限制携带、运输的物品。

3) 禁止托运和随身携带物品

国家铁路局、公安部公布的《铁路旅客禁止、限制携带和托运物品目录》中所列的各类枪支、子弹类(含主要零部件)、爆炸物品类、管制器具、易燃易爆物品、毒害品、腐蚀性物品、放射性物品、感染性物质、其他危害列车运行安全的物品,以及法律、行政法规、规章规定的其他禁止携带、运输的物品,都不能随身携带及托运。

(三)水路客运

1. 客轮

水路客运业务主要包括远洋航运、沿海航运和内河航运。水路客运提供的交通工具是客轮,分为渡轮、远洋客轮和邮轮等类型。大小不等的客轮设备设施差别很大,能提供不同的舱位供不同类型的乘客选用。

2. 船票

船票分为普通船票和加快船票,又分为成人票、儿童票(身高1.1—1.4米的儿童)和伤残军人优惠票。

退票应收退票费,必须在开船前办理。沿海航线应在客船规定开船时间2小时前办理,团体票须在开船24小时前办理;已办理托运的,先办理行李、包裹取消或变更托运手续后才能退票。

旅客在乘船前丢失船票的,应另行购买;上船后丢失船票的,如果能提供足够的证据,且通过确认则不需要补票,无法提供证明的,按有关规定处理。

3. 行李物品

乘坐沿海和长江客轮,持全价票的旅客可随身携带免费行李30千克,持半价票的旅客和免票儿童可携带免费行李15千克。每件行李的体积不得超过0.2立方米,长度不超过1.5米,重量不超过30千克。乘坐其他内河客轮,成人票和儿童票可免费携带的行李分别为20千克和10千克。

下列物品不准携带上船:法令限制运输的物品,有臭味、恶腥味的物品,会损坏、污染船舶和妨碍其他旅客的物品,如爆炸品、易燃品、自燃品、腐蚀性物品、有毒物品、杀伤性物品以及放射性物质等。

第三节 其他相关知识

一、货币知识

(一)外汇

1. 外汇概念

外汇是指以外币表示的可用于国际结算的一种支付手段,包括外国货币,外币有价证券、外币支付凭证以及其他外汇资金。我国对外汇实行由国家集中管理、统一经营的方针。人民币是中国法定货币。在中国境内,禁止外汇使用、流通、质押,禁止私自买卖外汇,禁止外币流通,商品买卖不得以外币计价结算。

2. 外汇兑换

境外游客来华时携入的外汇和票据金额没有限制,但数额较大时必须在入境时如实申报。为方便持兑人兑换,境外游客可以持有效身份证件在银行、机场航站楼内、提供货币兑换服务的酒店以及部分设置24小时货币兑入服务的自助兑换机等代兑机构进行兑换。兑

换机构将出具含有姓名、国籍、证件种类及号码、兑换日期、兑换币种及牌价的兑换水单,兑换水单的有效期限为 24 个月。如果游客离开中国时,兑换的人民币没有使用完,需要将其兑换成外币现钞时,可凭本人有效身份证件和原中国银行兑换水单办理。对于当日累计兑换不超过等值 500 美元(含)以及离境前在境内关外场所当日累计不超过等值 1000 美元(含)的兑换,可凭本人有效身份证件办理。

3. 在我国境内可兑换的外币

在中国境内可兑换的外币有英镑、港币、美元、瑞士法郎、新加坡元、瑞典克朗、挪威克朗、日元、丹麦克朗、加拿大元、澳大利亚元、欧元、菲律宾比索、泰国铢、韩国元、澳门元、新台币、新西兰元、俄罗斯卢布等。

(二)信用卡

信用卡是指记录持卡人账户相关信息,具备银行授信额度和透支功能,并为持卡人提供相关银行服务的各类介质。信用卡是由商业银行或信用卡公司对信用合格的消费者发行的信用证明。其形式是一张正面印有发卡银行名称、有效期、号码、持卡人姓名等内容,背面有磁条、签名条的卡片。持有信用卡的消费者可以到特约商业服务部门购物或消费,再由银行同商户和持卡人进行结算,持卡人可以在规定额度内透支。

信用卡有多种类型。按发卡机构不同,可分为银行卡和非银行卡;按发行对象的不同,可分为公司卡和个人卡;根据持卡人的信誉、地位等资信情况的不同,可分为普通卡和金卡;根据清偿方式的不同,可分为贷记卡和准贷记卡;根据信用卡流通范围的不同,可分为国际卡和地区卡。

目前,我国受理的主要外国信用卡有七种:维萨、万事达、JCB、运通卡、大莱卡、百万卡、发达卡。

二、安全常识

(一)高原旅游

1. 概念和症状

高原旅游是指前在海拔 3000 米(或以上)的地区进行活动。高原地区的特点是空气稀薄,气压低,氧气少,紫外线辐射强烈。生活在平原地区的人到高原后,会出现不同程度的高原反应症状,一般表现为头痛、气短、心悸、厌食、发热、头晕、乏力等。部分人因含氧量少而出现嘴唇和指尖发紫、嗜睡、精神亢奋、睡不着觉等不同的表现。部分人因空气干燥而出现皮肤粗糙、嘴唇干裂、鼻孔出血或积血块等表现。因此,凡是有严重的心脑血管疾病、肺部疾病的患者,均不可冒险来高原旅游。

2. 注意事项

(1)高原反应因人而异,初到高原时,每个人都会有轻微的高原反应,会自愈,不要动辄吸氧,以免形成依赖性。

(2)初到高原的时候,不可急速行走,更不能跑步,也不能做体力劳动。最好能用半天时间完全静养休息,第一天晚上要早休息,保证充足的睡眠。

(3)注意保暖,高原的昼夜温差非常大,而且早、晚气温偏低,即使在夏季也必须准备外套或毛衣,少洗或者不洗澡,避免感冒。

(4) 饮食应选择高热量、易消化食物,不可暴饮暴食,不可饮酒,晚餐时尤应注意不可饮食过量,以免增加胃肠负担。

(5) 旅行物品中准备好太阳帽、墨镜、唇膏、防晒霜以及其他护肤产品,避免因气候干燥、紫外线强,伤害到眼睛及皮肤。

(6) 高原旅游应保证充足的睡眠,及时消除疲劳,保证旅游顺利进行。

(7) 应尊重当地的宗教信仰和风俗习惯。

(二) 沙漠旅游安全知识

(1) 旅行社制定沙漠探险路线及方案时,应尊重客观事实,在确保生命安全的情况下制定出可行的旅行方案。

(2) 告知游客不要擅自离开团队,沙漠中气候多变,方向难辨,一旦走失,应在原地等待救援。

(3) 注意防晒。沙漠地区日照时间长,紫外线强烈。出发前应备齐防晒霜、遮阳帽、太阳镜、防晒衣等防护物品。在沙漠地区,高温暴晒不可避免,游客容易出现中暑症状。因此,游客出发前要保证充足的睡眠,避免游玩时出现体力不支的情况。勤喝水,少量多次,避免暴饮。需带上防暑降温药品,以备急用。

(4) 注意防沙。出发前应备好口罩、纱巾或面巾,穿轻便运动鞋,尽量避免穿凉鞋和高跟鞋进入沙漠,应给携带的电子产品套上塑料袋,以免设备损坏。

(5) 露营不要选择山丘或者沙丘的凹地处,这些地方起大风容易发生沙埋,要选择相对开阔的平地或者靠近植被的平地。万一遇见沙暴,不要到沙丘的背风坡躲避,否则有被沙子掩埋的风险。

(三) 冰雪旅游安全知识

(1) 防寒保暖。选择玩雪赏雪线路,应要做好保暖防冻的准备。最外层的衣服应具有防风性,可选羽绒服及毛皮质地的衣服;去高寒的地方一定要戴帽子,避免热量从头部和颈部散失。在冰天雪地中徒步,脸部及耳鼻和手要涂抹防冻油膏,鞋袜不要太紧,不要在雪地上久站不动,要用手掌勤摩擦脸部和五官,以增加血液循环和提高体温,避免冻伤。

(2) 注意滑雪安全。滑雪是一项速度快、技术含量高的运动,极易发生意外伤害事故,因此应选择安全防护设施齐全的滑雪场,并将个人防护设备佩戴齐全。导游在滑雪前,应告知游客做好必要的防护措施,遵守滑雪场的规章制度,进入与自己滑雪水平相当的滑道。滑雪时应控制好速度,注意与他人保持一定的距离,切勿过快、过猛。

(3) 增强体力。要想在冬季旅游不受寒冷气候的伤害,增强自身防寒能力是必不可少的。人体在寒冷环境中要维持体温,就必须提高代谢,加之旅游中要消耗不少体力,必须增加营养物质的摄取量才能满足人体需要,因此应多摄入瘦肉类、蛋类、鲜鱼、豆制品等能让人体补充热量的食物。

(四) 漂流安全知识

(1) 导游应告知游客,漂流时不可将贵重物品(如首饰、现金)及带尖或开刃的利器和皮鞋带上船,如带手机或照相机拍照,须事先用防水袋装好。

(2) 导游应提醒游客上船前要仔细阅读漂流须知,听从船工的安排,穿好救生衣,找到安全绳。

(3) 漂流船通过险滩时要听从工作人员的指挥,不要随便乱动,不要在落差和流速大的河段打闹、戏水。

(4) 漂流过程中不得随便下船游泳,不得远离船体独自行动,不要用手、脚支撑石头,以免受到伤害。如遇翻船,不用慌张,要沉着,救生衣的浮力足以将人托付在水面上。

(5) 高血压、心脏病患者以及孕妇等不适宜参加漂流运动。

(五)温泉旅游安全知识

(1) 避免空腹、饭后、酒后泡温泉,泡温泉与吃饭时间至少应间隔1小时。

(2) 选择适应自身的高、中、低温的温泉池,一般从低温到高温,每次15—20分钟即可。

(3) 温泉不宜长时间浸泡,否则会有胸闷、口渴、头晕等现象。在泉水中感觉口干、胸闷时,应上池边休息或喝点饮料补充水分。

(4) 皮肤干燥者浸泡温泉之后最好立刻抹上滋润乳液,以免肌肤水分大量流失引起不适。

(5) 泡完温泉后不必再用清水冲洗,但是强酸性温泉和硫化氢温泉刺激性较大,可以再冲洗一下,以防皮肤受到刺激而产生过敏反应。

(6) 高血压、心脏病患者泡温泉时应留意身体情况。起身时应谨慎、缓慢,以防血管扩张、血压下降导致头昏眼花而跌倒。

(六)研学旅行安全知识

(1) 导游应根据行程安排,配合学校,制定安全应急预案,内容涉及研学的每一个环节、每一个步骤、每一个人,明确应急事故的处理程序和方法。

(2) 导游应配合学校做好安全管理人员安全教育和安全培训专项工作,明确安全管理责任人员及其工作职责。

(3) 加强对研学旅行的主要对象——中小学生的安全防范意识、应急处理能力、学生心理健康等方面的安全教育,在研学旅行的行前、行中根据行程安排及时进行安全提示与警示,详细告知学生相关注意事项及紧急情况的应对措施,强化学生的安全防范意识。

(4) 导游需要加强研学过程中对交通的安全防范,向学生宣讲交通安全知识和紧急疏散要求,组织学生安全有序地乘坐交通工具。

(5) 导游应详细告知学生入住注意事项,宣讲住宿安全知识,带领学生熟悉逃生通道,开展巡查、夜查工作,注意住宿、餐饮的安全防范。

(6) 导游应提前制定就餐座位表,组织学生有序进餐,在学生就餐时做好巡查工作,确保餐饮质量。

三、时差与温度、度量衡换算

(一)国际时差

英国格林尼治天文台每天所报的时间,被称为国际标准时间,即"格林尼治时间"。人们在日常生活中所用的时间,是以太阳通过中央子午线的时刻——"正午"为标准来划分的。

每个地点根据太阳和子午线的相对位置确定本地时间,称"地方时"。地球每 24 小时自转一周(360°),每小时自转 15°。自 1884 年起,国际上将全球划分为 24 个时区,每个时区的范围为 15 个经度,即每个时区的经度相隔 15°。以经过格林尼治天文台的零度经线为标准线,从西经 7.5°到东经 7.5°为中时区,又称为零时区。然后从中区的边界线分别向东、向西每隔 15°各划一个时区,而最后的十二区和西十二区都是半时区,合起来称为东西十二区。各时区都以该区的中央经线的"地方时"为该区共同的标准时间。各时区之间时间差 1 小时,向西晚 1 小时,向东早 1 小时。

北京位于东经 115.7°至 117.4°,划在东八区,该区的中央经线为东经 120°,因此,"北京时间"是以东经 120°的地方时作为标准时间。中国幅员辽阔,东西横跨 5 个时区(从东五区到东九区),为方便起见,以北京时间作为全国的标准时间。

世界主要城市与北京时差表如表 4-1 所示。

表 4-1 世界主要城市与北京时差表

城市名称	时差数/小时	城市名称	时差数/小时
中国香港、马尼拉	+0	赫尔辛基、开罗、布加勒斯特、开普敦、索非亚	−6
首尔、东京	+1		
悉尼、堪培拉	+3	斯德哥尔摩、巴黎、柏林、日内瓦、华沙、布达佩斯、罗马、维也纳、雅温得	−7
惠灵顿	+4		
新加坡、雅加达	−0.5		
河内、金边、曼谷	−1	伦敦、阿尔及尔、达喀尔	−8
仰光	−1.5	里约热内卢	−11
达卡	−2	纽约、华盛顿、渥太华、巴拿马城、哈瓦那	−13
新德里、科伦坡、孟买	−2.5		
卡拉奇	−3	芝加哥、墨西哥城	−14
迪拜	−4	洛杉矶、温哥华	−16
德黑兰	−4.5	安克雷奇	−17
莫斯科、巴格达、内罗毕	−5	夏威夷(檀香山)	−18

注:北京零点时与世界主要城市相比,"+"表示比北京时间早,"−"表示比北京时间晚。各地时间均为标准时间。
(资料来源:赵爱华、朱斌、张岩《导游业务》,中国旅游教育出版社,2016 年版。)

(二)温度换算知识

世界上温度的测量标准有两种:摄氏度(℃)、华氏度(℉)。在我国,习惯以摄氏度测算温度。

摄氏度与华氏度之间的换算公式如下:

$$摄氏度 = 5 \div 9 \times (华氏度 - 32)$$
$$华氏度 = 摄氏度 \times 9 \div 5 + 32$$

例如,将 90 ℉换算成摄氏度,则

$$5 \div 9 \times (90 - 32) = 5 \div 9 \times 58 = 32.2 \ ℃$$

即 90 °F 等于 32.2 ℃。

例如,将 60 ℃ 换算成华氏度数,则

$$60 \times 9 \div 5 + 32 = 108 + 32 = 140 \text{ °F}$$

即 60 ℃ 等于 140 °F。

（三）常用度量衡换算知识

世界上的度量衡有公制、英制和美制,中国还有市制,在应用时需进行换算。

1. 长度

1 千米(公里) = 2 市里 = 0.6214 英里

1 海里(英制) = 3.7040 里 = 1.15 英里 = 1.853 公里

1 市里 = 0.5 公里 = 0.3107 英里

1 米 = 3 市尺 = 3.2808 英尺 = 1.0936 码

1 英里 = 1760 码 = 5280 英尺 = 1.6093 公里 = 3.2187 市里

1 市尺 = 10 市寸 = 0.3333 米 = 1.0936 英尺

1 英尺 = 0.3048 米 = 0.9144 市尺 = 12 英寸

1 码 = 3 英尺 = 0.9144 米 = 2.7432 市尺

2. 面积

1 平方千米(公里) = 1000000 平方米 = 0.3861 平方英里 = 100 公顷 = 1500 市亩

1 平方英里 = 640 英亩 = 2.5900 平方公里

1 公顷 = 10000 平方米 = 15 市亩 = 2.4711 英亩

3. 容积

1 升 = 1 公升 = 1 立升 = 1 市升 = 0.2200 加仑(英)

1 加仑(英) = 4 夸脱(英) = 4.5461 升

4. 重量

1 吨 = 1000 千克 = 0.9842 英吨 = 1.1023 美吨

1 千克 = 2 斤 = 2.2046 磅(常衡)

1 磅 = 16 盎司 = 0.4536 千克 = 0.9072 斤

1 盎司(金衡) = 155.5 克拉 = 0.622 两

1 克拉(宝石) = 0.2 克

知识拓展　　海南离岛旅客免税购物政策

2011 年 3 月 16 日,财政部发布《关于开展海南离岛旅客免税购物政策试点的公告》,2011 年 4 月 20 日起,海南省试点执行,成为继冲绳岛、济州岛和马祖、金门之后,第四个实施该政策的区域。2020 年 6 月 29 日,财政部、海关总署、税务总局联合发布《关于海南离岛旅客免税购物政策的公告》,对海南离岛免税购物政策进行了进一步调整,具体内容如下。

(1) 离岛免税政策是指对乘飞机、火车、轮船离岛(不包括离境)旅客实行限值、限量、限品种免进口税购物,在实施离岛免税政策的免税商店(以下称离岛免税店)内或经批准的网上销售窗口付款,在机场、火车站、港口码头指定区域提货离岛的税收优惠政策。离岛免税政策免税税种为关税、进口环节增值税和消费税。

(2) 本公告所称旅客,是指年满16周岁,已购买离岛机票、火车票、船票,并持有效身份证件(国内旅客持居民身份证、港澳台旅客持旅行证件、国外旅客持护照),离开海南本岛但不离境的国内外旅客,包括海南省居民。

(3) 离岛旅客每年每人免税购物额度为10万元人民币,不限次数。免税商品种类及每次购买数量限制,按照本公告附件执行。超出免税限额、限量的部分,照章征收进境物品进口税。

旅客购物后乘飞机、火车、轮船离岛记为1次免税购物。

(4) 本公告所称离岛免税店,是指具有实施离岛免税政策资格并实行特许经营的免税商店,目前包括:海口美兰机场免税店、海口日月广场免税店、琼海博鳌免税店、三亚海棠湾免税店。

具有免税品经销资格的经营主体可按规定参与海南离岛免税经营。

(5) 离岛旅客在国家规定的额度和数量范围内,在离岛免税店内或经批准的网上销售窗口购买免税商品,免税店根据旅客离岛时间运送货物,旅客凭购物凭证在机场、火车站、港口码头指定区域提货,并一次性随身携带离岛。

(6) 已经购买的离岛免税商品属于消费者个人使用的最终商品,不得进入国内市场再次销售。

(7) 对违反本公告规定倒卖、代购、走私免税商品的个人,依法依规纳入信用记录,三年内不得购买离岛免税商品;对于构成走私行为或者违反海关监管规定行为的,由海关依照有关规定予以处理,构成犯罪的,依法追究刑事责任。

对协助违反离岛免税政策、扰乱市场秩序的旅行社、运输企业等,给予行业性综合整治。

离岛免税店违反相关规定销售免税品,由海关依照有关法律、行政法规给予处理、处罚。

(8) 离岛免税政策监管办法由海关总署另行公布。

(9) 本公告自2020年7月1日起执行。财政部公告2011年第14号、2012年第73号、2015年第8号、2016年第15号、2017年第7号,及财政部、海关总署、税务总局2018年公告第158号、2018年第175号同时废止。

(资料来源:《关于海南离岛旅客免税购物政策的公告》财政部 海关总署 税务总局公告2020年第33号。)

案例分析

旅游团托带洋酒入境被查处

　　一个来自东莞的旅游团结束了他们的澳门游后,在导游李某的带领下,于19时36分左右经珠海横琴口岸入境。该旅游团30余名游客在通关时均选择了无申报通道,貌似平常的旅游团通关,却被细心的海关工作人员发现了异常——该团游客每人均携带了规格、包装都一模一样的洋酒。海关经进一步问询发现,洋酒都不属于游客本人,是带团导游在过关前交给随团游客的,称帮忙把酒带过关后可减免部分团费,游客由于不了解国家规定,以为这是举手之劳便答应了。

　　导游李某游说旅游团游客分散携带洋酒入境最终没能逃过海关的严密监管。此次随团游客及导游32人共带进了700毫升木盒包装的"30年百龄坛"洋酒33瓶。经了解,这种洋酒在内地超市售价每瓶约为2500元。

　　(资料来源:https://news.sina.com.cn/o/2012-06-08/133624559334.shtml,略有修改。)

思考:
1. 该案例中,导游有何过失?
2. 我国有哪些关于烟酒入出境的规定?

章节测验

工作程序篇

GONGZUO CHENGXU PIAN

第五章

团队工作程序及服务质量

学习导引

旅游团队是通过旅行社或旅游服务中介机构，采取支付综合报价或部分报价的方式，有组织地按照预订行程计划进行旅游消费活动的游客群体。导游团队服务集体的工作好坏决定着旅游接待质量的高低。导游服务集体的任务是实施旅游接待计划，为游客提供或落实食、住、行、游、购、娱等方面的服务，保证团队旅游活动的顺利进行。由于导游服务集体中的各成员工作范围和工作重点的不同，他们的服务内容也会有所差别。本章主要介绍了地陪、全陪、领队、景区景点导游的职责；地陪、全陪、领队、景区景点导游提供优质规范服务的重要性；地陪、全陪、领队、景区景点导游服务的程序。

学习目标

通过本章的学习，重点掌握以下知识要点：
1. 领队服务程序和服务质量要求。
2. 地陪导游服务程序和服务质量要求。
3. 全陪导游服务程序及服务质量。
4. 景区景点导游服务程序及服务质量。

章节思政点

1. 通过规范化的团队工作程序内容的学习，引导学生遵守相关程序和规则、遵守社会秩序、尊重社会公德，重合同、守信誉，不做违反法律和社会道德的事情，做一个守秩序、守规则、讲诚信的社会劳动者。
2. 通过导游服务的集体协作共事，培养学生良好的集体主义价值观和良好的团队共赢意识。

1. 你能分清领队、全陪、地陪和景区景点导游工作的区别吗？
2. 你能找出领队和全陪工作的共同之处吗？

第一节 领队服务程序及质量

领队是指受海外旅行社委派，全权代表该旅行社带领旅游团从事出境旅游活动的工作人员。领队既是旅游团的服务工作人员，也是旅游团的代言人和领导者。领队陪同游客由居住地出发到旅游目的地，结束整个游程后，再与游客一同返回到居住地，负责监督接待旅行社，落实旅游合同执行情况，并协助当地导游的工作，共同完成旅游接待任务，在旅行社之间、游客和全陪及地陪之间起着沟通和桥梁作用。

一、准备工作

（一）出行前业务准备

（1）核对护照/通行证与机票，包括中英文姓名、前往国家或地区等。

（2）核对机票与行程，包括国际段和国内段行程、日期、航班、转机间隔时间等。

（3）核对证件与团队名单，各项一一对应，核对好实际出境旅游人数与团队名单是否一致。

（4）核对证照内容，包括姓名、性别、签发地等是否一致，签证/签注是否与前往国/地区相符，签证的有效期、签证水印及签字等。

（二）出团所需物资准备

（1）证件、机票、已办妥手续的团队名单（一式四联）。

（2）团队计划、发团通知书。

（3）国内外重要联系电话。

（4）客人房间分配表。

（5）游客胸牌、行李标签。

（6）旅行社社旗、胸牌、名片。

（7）领队日记、旅行社服务质量跟踪表、导游领队带团情况反馈表。

（8）旅行包（核对该团是否提供）。

（9）各国出入境卡。

（10）备用金。

（11）随身日用品（如闹钟、计算器、签字笔、剪刀、信封等）。

（12）常用药品（感冒药、镇痛剂、止泻药、胃肠药、消炎药、晕车药等）。

二、接待服务

(一) 开好出境旅游行前说明会

出境旅游行前说明会是领队在团队出境前必须做的一项重要工作。开好出境旅游行前说明会,能减少旅游过程中麻烦事件的发生,保证旅游团旅游活动的顺利进行。因此,作为领队,一定要认真对待。

1. 说明会的内容

(1) 欢迎词:感谢大家对本旅行社的信任,选择参加我们的团队。

(2) 领队自我介绍:表明为大家服务的工作态度,并请大家对领队的工作予以配合和监督。同时介绍领队的职责和服务范围,具体包括协助游客出入境,配合并监督境外导游服务,协调游客与境外导游的关系,处理紧急事件等。

(3) 对每位客人提出要求:注意统一行动,强化时间观念及相互之间团结友爱。

(4) 行程说明:按行程表统一介绍,但必须强调行程表上的游览顺序有可能因交通等原因发生变化。同时说明哪些活动属于额外付费项目,介绍额外付费活动并强调其特殊性,注意用词及表达技巧。

(5) 通知集合时间及地点:通常要比国际航班离港时刻提前3小时,在机场或港口指定位置集合;如乘火车或汽车,也要在发车时间1小时前到达指定位置集合。

(6) 对目的地的气候地理、生活习惯、风土人情做必要介绍。对境外接待标准略做说明(含酒店、用餐、用车等)。提醒客人准备衣物、常用药品等。自备洗漱用品和拖鞋(在境外最好不要用酒店提供的)等。

(7) 对购物安排做好事先说明和必要的铺垫。

(8) 货币的携带与兑换:中国海关目前规定每位出国旅游人员携带不超过等值5000美元外币现钞出境,无须申报。

(9) 卫生检疫:出境人员填写健康申明卡,出示某种传染病的预防接种证书、健康证明或其他有关证件。

(10) 人身安全:告诫客人在境外要注意安全,特别是在海滨或自由活动时。

(11) 财物保管:告诫客人不要把财物、证件放在旅游车上,并向客人讲解在酒店客房如何保管贵重物品、如何使用酒店提供的保险箱,以及在旅途中托运行李时,如何保管贵重物品和易损物品等基本旅游知识。

(12) 出入国境时注意事项:告知有关国家的法律和海关规定,说明过关程序及有关手续。

(13) 告知客人如有开通国际漫游,出境后如何使用。

2. 说明会上应落实的事项

(1) 分房。

(2) 客人所缴纳费用的构成。

(3) 是否有单项服务等特殊要求。

(4) 是否有清真餐食。

（二）办理中国出境手续再次向客人致欢迎词

向客人介绍过关程序，并选择一名客人负责把其他客人统一集合在一起（当领队办理各项手续时）。

（1）比集合时间提前5—10分钟抵达。

（2）填写健康申明卡，出示某种传染病的预防接种证书、健康证明或其他有关证件，过卫生检疫。

（3）引导需购买航空保险的团员自行购买保险。

（4）引导需海关申报的团员至海关申报处申报。

（5）协助团员托运行李并办理登机手续（最好提前取下当日乘机联，小心不要多撕），统计托运行李数，务必清点准确，并保存好行李牌。

（6）按名单顺序集合、清点人数。

（7）将名单交给边检人员。让团员持护照/通行证按名单顺序排好队、依次通过边检。提醒团员注意一米线，维持秩序，尊重现场工作人员。

（8）待最后一名团员通过后，边检自留一页，并在其他页加盖检验章后，交回领队保管。入境时依此核查。

（9）过安检、候机、登机。

（三）办理国外入境手续

到达旅游目的地后，办理有关入境手续，通常称为"过三关"，即卫生检疫、证照查询、海关检查。通常，目的地国家或地区的E/D卡及海关申报单可以在飞往该国的航班上取得。领队统一领取后分发给团员，并进行填表指导。领队不得拒绝为团员代填表格。

下机后，领队带领团员至移民关卡，告知团员将填写完毕的E/D卡夹在护照签证页交予边检关员审验。提醒团员务必注意秩序，在规定距离外安静等候，礼貌通过。如系团队签证，应先行收齐团员护照和E/D卡，与团体签证（有时应持复印件换领原件）一同交予移民官审验并核对电脑记录。完成后，将护照按签证名单顺序发还给团员，依次通过关卡。此时务必提醒游客妥善保管加盖有入境章的E/D卡剩下部分，出境时需要提供，如有遗失将会造成很大麻烦。

查询行李到达的传输带号码，带领客人领取行李。领队如先于团员通过移民关卡，应回头照顾团员，并请已过关的团员协助取行李。必须提醒团员检查各自行李，如有损毁、丢失等情况，必须立即通知机场工作人员，离开机场后，再有任何损失只能由团员自行承担。

至海关检查处，如没有需要申报的物品，直接递交海关申报单即可。当海关要求检查时，请团员配合立即开箱受检，但可请求海关官员抽验数件予以通行方便。同时告诫其他团员切勿远离，因国外机场环境复杂，走散后寻找不易。如有需要申报的物品，应引导团员至申报查验处，请海关官员查验。完毕后出关，带领团员与当地接待人员联络，上车前清点人数。

某些国家或地区，需再次收齐全团护照，到达酒店后交由当地接待人员保管或者保存于酒店保险箱。至此，办理国外的入境手续才算完成。

如在公路上通过国界，则应将团员证件收齐，团员坐在位上不动，请求移民单位派员上车检查，通常只核对人数，一般不检查行李。

（四）到达目的地国

安排境外旅游服务团队到达旅游目的地后，领队应马上与接待社导游进行接洽，清点行李与团员人数，与导游一起安排客人入住酒店。介绍酒店的服务设施和可能的收费项目，如何使用房间内部电话，以及领队或导游的房间号和联络方式。

新入住一处酒店后，领队必须随导游查看房间。待安排妥当后，领队须及时与导游核对行程计划，商定游览计划和时刻表，必要时可拜访接待社的负责人，以示尊重和友好。

在境外旅游期间，领队应尽量与导游、司机搞好关系，共同协作，把旅游活动安排好，让客人满意。如遇导游或司机提出无理要求，或者有侵犯客人利益行为时，如随意增加收费景点、延长购物时间或增加购物次数、降低服务标准等，领队应及时与导游交涉，维护客人的正当权益，必要时向接待社投诉并向国内组团社报告。

（五）办理国外离境手续

通常都是先办登机和托运手续，由当地导游人员协助，保存好行李牌。分发登机牌时，领队应先告诉客人航班号、登机门、登机时间，叮嘱客人一定要在约定时间前赶到登机门。某些地区机场税另设，应告知团员首先出示机场税。

若为团队签证，团员首先应按照签证名单顺序排队，领队将签证交予移民官，让团员持护照、出境卡依次通过。若为非团队签证，只需指引团员至各 Foreign Passport 处，持护照和出境卡分散过关即可。

某些国家或地区，外国游客可以享受购物退税。如有此种情况，领队应事先了解退税程序，根据各地不同要求，过关时协助团员办理退税（如澳大利亚要求客人在免税店购买的免税物品，必须封装完好，手提至海关查验并缴纳单据）。候机厅内的免税店不在此列。

提醒客人提前抵达候机厅并按时登机。

（六）办理中国入境手续

飞往国内的航班上可以领取健康申明卡和入境卡，均为中文，领队可指导团员填写。其中，健康申明卡必须填写，如按团队名单入境，入境卡可不填。

下机后，首先上交健康申明卡。然后要求客人按照出境时的团队名单排队入境，出示护照。领队持名单率先通过，并告知团员至何处领取行李。待全部团员通过后，收回加盖入境章的名单，交回公司。如不按名单入境，客人需填写入境卡，自己持照通行，但应听从现场工作人员的指挥。领取托运行李并检查无损后过海关。如有需补税款的物品应主动申报。

回程前，请注意告知每位团员，未经检疫的动植物、反动物品、淫秽物品等不得带入境。

（七）回程时有关事务的处理

旅行社服务质量跟踪表要收回。领队日记、导游领队带团情况反馈表必须认真详细填写，含酒店名称、每日餐厅名称、购物商店名称等相关情况。请注意，填写旅行社服务质量跟踪表应留给客人充足的时间。

致告别词。感谢各位团员在旅途中的支持和配合，表达对接待过程中及自身服务上仍存在不足的歉意及改进的愿望，希望大家能再次选择本旅行社的旅游服务。如有需要，可以分发名片及交换联络方式。

报账。回国后，应在三个工作日内报账，报账时应交回旅行社服务质量跟踪表、领队日记、导游领队带团情况反馈表、全陪日志、发团通知书及报销单据。

三、突发情况处理

（一）遇到团员脱团或滞留不归情况

如在带团过程中遇到团员脱团或滞留不归情况时，领队应立即通知当地旅行社组织查找，并通知国内组团社人员。若查找无果，领队应通知国内组团社更改计划，向边防机关提供报告等，并尽量减少损失。同时配合当地旅行社，报告国外有关部门，按照要求填写报告，处理可能影响整个团队行程的团队签证、机票、团队名单等事宜。安抚其他团员情绪，保证其他团员继续行程。

（二）突发事故

如在带团过程中遭遇突发事故，造成人员伤亡，领队应在第一时间通知国内组团社，然后积极主动配合当地旅行社救助处理，向大使馆寻求紧急援助。做好伤员的救治，以及其他团员的安抚工作。

第二节　地陪导游服务程序及服务质量

地陪导游服务程序是指地陪在当地接待旅游团时应遵循的服务流程和标准。游客是否满意、旅游接待计划能否圆满完成在很大程度上取决于各站地陪的导游服务质量。

一、准备工作

地陪从接到旅行社下发的接待计划书开始，进入服务准备，到前往接站地点之前，均为准备阶段。地陪接到接待任务后，必须充分做好各方面的准备工作，这是地陪顺利完成接待任务的重要前提，也是地陪在接待过程中的基础性工作和头等大事。"凡事预则立，不预则废"，做好充分而完备的准备工作，可以保证地陪在导游服务中掌握充分的主动权，遇事可以做到心中有数，处变不惊，从而有计划、有步骤地开展各项服务工作，确保游客有一段满意的旅程。

（一）熟悉接待计划

接待计划（见表5-1）既是组团社根据与游客签订的旅游合同（协议）而制定的各项旅游活动安排，又是组团社委托有关地方接待社组织落实旅游团活动的契约性文件，同时也是导游了解旅游团基本情况和安排当地活动日程的主要依据。接待计划分为入境旅游团接待计划和国内旅游团接待计划。

地陪在接到旅游团接待计划后，应认真阅读、思考，详细、准确地了解旅游团在当地的活动项目和要求，对其中的重点或疑难点要做记录，阅读接待计划时应熟知旅游团基本信息：

(1) 计划签发单位名称、联系人姓名及联系方式，全陪姓名、电话号码或其他联络方式（如微信、QQ、钉钉）。

(2) 客源地组团社名称，领队姓名、电话号码或其他联络方式（如微信、QQ、钉钉）。

表 5-1　接待计划

旅行社(公章)

线路：　　　　　　　　　　　　　　　　　　　No：

组团社名称及团号		来自国家、地区或城市		全陪	
接待社团号				地陪	
总人数		男	用车情况	司机	导游
儿童		女			

时间	游览项目及景点	用餐	入住宾馆
D1 　月　日　时　分		早餐： 中餐： 晚餐：	
D2 　月　日　时　分		早餐： 中餐： 晚餐：	
D3 　月　日　时　分		早餐： 中餐： 晚餐：	
D4 　月　日　时　分		早餐： 中餐： 晚餐：	
D5 　月　日　时　分		早餐： 中餐： 晚餐：	
D6 　月　日　时　分		早餐： 中餐： 晚餐：	
订票计划	飞机： 火车： 轮船：		
备注			

签发日期：　　年　　月　　日　　　　　签发人：　　　　　　导游签名：

(3) 组团社标志或提供给团队成员的标志物。

(4) 旅游团名称、团号(境外组团社/国内组团社)、电脑序号。

(5) 旅游团等级(豪华、标准、经济)和费用结算方式。

(6) 旅游团住宿标准(房间数、床位数、是否有大床房)、用车情况、游览项目、餐食标准。

(7) 游客人数(男性人数、女性人数、儿童人数)、性别、国别或属地、年龄、饮食习惯,以及旅游团成员的职业、文化层次、宗教信仰等。

(8) 旅游团抵离本地情况:抵离时间、所乘交通工具类型、航班(车次、船次)和使用的交通港(机场、车站、码头)名称。

(9) 旅游团交通票据情况:赴下一站交通票是否订妥,有无变更,更改后的落实情况,有无返程票。

(10) 特殊要求和注意事项:有无住宿、用车、游览、餐食等方面的特殊要求;有无增加额外收费项目、行李车费用等特殊情况;有无特殊游客,如团内有无2周岁以下婴儿或12周岁以下儿童,有无持老年证、学生证或残疾证的游客,是否需要提供残疾人服务等。

(二)落实接待事宜

落实接待事宜是地陪在旅行社计调工作基础上重新进行的一次再确认手续。此项事务的落实,可以最大限度地减少旅行社的失误,从而使导游服务工作变得更加主动。

1. 核对团队日程安排表

地陪应根据接待计划安排的日程(电子行程单),认真核对接待社编制的旅游团在当地活动日程表中所列日期、出发时间、游览项目、就餐地点、风味餐品尝、购物、晚间活动、自由活动和会见等项目。如发现有出入,应立即与本社有关人员联系核实,以免实施时出现麻烦。

2. 落实旅游车辆

地陪应在接团前与旅游汽车公司或车队联系,确认为该团在本地提供交通服务的车辆的车型、车牌号和司机姓名;接大型旅游团时,车上应贴有编号或醒目的标记;确定与司机的接头地点,并告知活动日程和具体时间。

3. 落实住宿及用餐

熟悉旅游团所住酒店的位置、概况、服务设施和服务项目;核实该团游客所住房间的数目、级别、是否含早餐等;与各有关餐厅联系,确认该团日程表上安排的每一次用餐情况,如团号、人数、餐食标准、日期、特殊要求等。

4. 落实行李运送

旅游团游客的行李通常随旅游车一起运输,但是如果旅游团在合同中要求提供行李车,地陪应与行李车司机联系,告知旅游团抵达的时间、乘坐的交通工具、抵达地点和下榻的酒店。

5. 了解不熟悉的参观游览点

对新的旅游景点或不熟悉的参观游览点,导游应事先了解其概况,如开放时间、最佳行车路线和游览路线、具体游览景点情况、游览方式、游览注意事项、厕所位置、休息场所、停车场位置等,以保证游览活动顺利进行。提前核实景点门票优惠政策、景点内收费项目、景区内演出或表演的场次和时间等。

6. 核实旅游团(者)离开当地的出票情况

地陪应主动与计调部门联系,核实旅游团(者)离开当地的交通工具出票情况,并核实航班(车次、船次)确定的出发时间,以便在接待中安排好旅游团(者)离开酒店前往机场(车站、码头)及托运行李出客房的时间。

7. 与全陪联系

地陪应提前与全陪取得联系,了解该团有何变化情况,对在当地的安排有何要求。告知全陪行程中景点对游客的优惠政策和需要携带的相关证件,以及相关的注意事项。若接待的入境旅游团是首站抵达,地陪应与全陪联系,约定见面时间和地点,一起提前赴机场(车站、码头)迎接旅游团。

8. 掌握有关联系电话号码

地陪应备齐并随身携带有关旅行社各部门、餐厅、酒店、车队、剧场、购物商店、组团人员和其他导游的联系电话。

(三)语言和知识准备

在接团前,地陪应根据所接旅游团的特点(如专业旅游团、特种旅游团)做好有关专业知识和语言方面的准备。

1. 专业知识准备

地陪应根据接待计划确定的参观游览项目,做好有关知识和资料的准备,尤其是计划中所列新开放的景点资料的准备。接待有专业要求的团队如地质考察团队、经济考察团队、佛教团队等,要做好相关专业知识、词汇的准备。地陪还应做好当前热门话题、国内外重大新闻以及游客可能感兴趣话题的准备。

2. 语言准备

若接待的是入境旅游团,地陪还要做好语言翻译和外语词汇的准备。在语音、语调、语法和用词等表达技巧方面,注意表达清楚、生动和流畅。

(四)物质准备

地陪上团前,要做好接团的有关物质准备。

(1)地陪在出发前,应到旅行社相关部门领取旅游团接待计划表(电子行程单)、旅游服务质量反馈表、旅游团名单、旅游团费用结算单等。

(2)地陪应准备好必备的工作物品,包括导游证、导游旗、扩音器、接站牌、旅游车标志、宣传资料、行李牌(或行李标签)、工作服等。

(3)地陪必备的个人物品包括手机,洗漱用品,换洗衣服,防护用品(雨伞、遮阳帽、润喉片),常备药物,记事本与工作包等。

(五)形象准备

地陪的自身美不仅关系其个人形象,更重要的是关系到目的地和旅行社的形象,为了给游客留下良好的印象,地陪在上团前要做好与所从事的职业相应的仪容仪表方面的准备。

(1)着装要符合导游的身份,要方便导游服务工作。

(2)衣着要整洁、大方、自然,佩戴首饰要适度,不浓妆艳抹。

（3）上团时，必须佩戴导游证。

（六）心理准备

地陪需要具备良好的心理素质，在接团前做好以下几方面的心理准备。

1. 准备面临艰苦复杂的工作

地陪带团时，不仅要按照正常的工作程序为游客提供热情的服务，还要为游客提供个性化的服务，满足游客提出的合理的特殊服务需求。同时，不管地陪在带团前做怎样的准备和预测，旅游接待服务的综合性使导游接待工作中总会出现各种出乎导游意料之外的问题或事故，使得导游接待服务显得艰苦而又复杂。地陪要有面临这种艰苦复杂工作的心理准备。

2. 准备承受抱怨和投诉

地陪在带团过程中经常会遇到这样一些情况：尽管地陪已尽其所能、热情周到地为旅游团服务，但由于游客的文化层次、性格、职业、年龄、习惯等的不同，总会有一些游客挑剔、抱怨、指责地陪的工作，甚至会提出投诉。对于这些情况，地陪只有有了足够的心理准备，才能够冷静而顺利地继续为游客服务。

3. 准备面对形形色色的"精神污染"和"物质诱惑"

地陪在接团过程中，经常要与各种各样的游客接触，还要同一些商家打交道，他们的言行举止可能有意无意地传播某些不健康的内容，甚至用不正当利益来进行诱惑。因此，对于这些言行，地陪应有充分的思想准备，坚持兢兢业业带团，堂堂正正做人。

二、接站服务

接站服务是指地陪提前半小时到达机场（车站、码头）迎接旅游团前后所提供的各项服务。它在导游服务中至关重要，因为这是地陪在游客面前的首次亮相，应提供准时、热情、友好的接待服务，给游客留下美好的第一印象。

（一）旅游团抵达前的服务安排

1. 确认旅游团所乘交通工具抵达的准确时间

接团当天，地陪应及早与旅游团全陪或领队联系。出发前，要向机场（车站、码头）问讯处问清飞机（火车、轮船）到达的准确时间（一般情况下应在飞机预计抵达时间前2小时，火车、轮船预计抵达时间前1小时向问询处询问），尤其是在天气恶劣的情况下，应随时掌握旅游团的动向，了解其抵达的准确时间。

2. 与旅游车司机联系

确定该团所乘的交通工具抵达的准确时间以后，地陪应与旅游车司机联系，与其商定出发时间，确保旅游车提前半小时抵达接站地点，并告知司机旅游团活动日程和具体时间。到达接站地点后，与司机商定旅游车具体的停车位置。

3. 与行李员联系

若为旅游团配备了行李车，地陪应提前与行李员联系，告知旅游团的名称、人数和行李运送地点。

4. 提前到达接站地点

地陪应提前半小时到达机场（车站、码头），并明确了解接团用车停放位置。

5. 再次核实旅游团抵达的准确时间

地陪提前到达机场(车站、码头)后,要再次核实旅游团抵达的准确时间。如果该团抵达时间推迟太久,地陪要及时通知司机、行李员、酒店、餐厅等。

6. 持接站牌或导游旗迎候旅游团

旅游团所乘飞机(火车、轮船)抵达后,地陪应在旅游团出站前,持接站牌或导游旗站立在醒目的位置,热情迎候旅游团。如果持接站牌,接站牌上要写清团名、团号、领队或全陪姓名;接小型旅游团或无领队、全陪的旅游团时要写上游客姓名。

(二) 旅游团抵达后的服务

1. 主动认找旅游团

旅游团出站时,地陪应尽快找到旅游团。认找旅游团的方法是地陪站在出站口明显的位置,举起接站牌或导游旗,以便领队、全陪或游客前来联系,同时地陪也应从游客的民族特征、衣着、组团社的标志、人群规模等分析判断并主动上前询问,认找自己应接待的旅游团队。询问内容包括组团社名称、全陪姓名、游客国别或属地、大致旅游线路、旅游团人数等。

如该团无领队和全陪,地陪应与该团成员核对团名、游客国别或属地、团员姓名等,一切相符后才能确定是自己应接的旅游团。如果旅游团实到人数与计划人数不符,地陪要及时通知旅行社并向酒店退掉多余房间或增订房间。

2. 集中清点行李

找到旅游团后,地陪应提醒游客拿取行李、提醒游客核对行李件数是否无误、提醒游客检查行李是否完整无损。如果行李还没到或行李有破损,地陪应协助当事人到机场登记处或其他有关部门办理行李丢失或赔偿申报手续。

3. 集合登车

(1) 导游要提醒游客带齐行李和随身物品,引导游客前往旅游车停车处。游客上车时,地陪要恭候在车门一侧,帮助行李物品较多的游客顺利上车,对年老体弱者、孕妇、儿童、残疾人给予必要的搀扶或协助。

(2) 上车后,地陪应协助游客就座;检查、整理游客放在行李架上的行李物品,以免行车途中行李物品从行李架上滑落砸伤游客;礼貌清点人数,最好默数或颔首点数,切不可用手指点数;确认游客到齐坐稳后请司机开车。

(三) 赴酒店途中服务

如果入境旅游团或者国内旅游团到达当天没有参观游览项目,从机场(车站、码头)出来后,旅游车会把旅游团送往下榻酒店。旅游车一开动,地陪的讲解服务就正式开始了。此时是地陪与游客的第一次见面,彼此互不相识,这就需要地陪尽快投入角色,营造和谐氛围,缩短彼此之间的心理距离,给游客留下美好的第一印象,使游客对地陪产生信任感。在前往下榻酒店的行车途中,地陪要做好以下几项讲解服务。

1. 致欢迎词

欢迎词的内容应视旅游团的性质及其成员的文化水平、职业、年龄、性别、民族、居住地区等情况而定,欢迎词的语气、表达方式也要根据游客情况的不同而灵活改变。

欢迎词一般应包括以下内容。

（1）代表接待社、本人及司机欢迎游客光临本地旅游。
（2）介绍自己的姓名、所属单位。
（3）介绍司机。
（4）希望语：表示提供服务的诚挚愿望，希望得到全团的配合。
（5）祝愿语：预祝游客旅行愉快、顺利。

【欢迎词示例】

各位来自××（城市）的团友：

大家下午好！

首先我代表×××旅行社、司机张师傅和我本人对各位团友来××（城市）观光旅游表示欢迎。我是本次旅游活动的导游，我姓陈，我国著名笑星演员陈佩斯的陈，大家可以叫我"小陈"或"陈导"，当然，小陈也真心地希望能像陈佩斯一样给大家的旅途带来更多的欢声笑语。在我右手边的是我们的司机张师傅（讲这句话时，可适当配合右手的手势）。本次旅游活动就由小陈和张师傅共同为大家提供服务，我们会尽量让大家吃得满意、住得舒服、玩得开心，使本次旅游活动成为大家一次难忘的旅游经历。大家在这几天的旅行中，如果有什么问题或困难，请尽管提出来，我们会竭尽所能为大家解决。同时，小陈和张师傅也真心地希望我们的工作能得到大家的配合和支持。

在此，小陈和张师傅预祝大家旅行愉快！

2. 调整时间

接待入境旅游团，如果客源地与我国存在时差，地陪要介绍两国（两地）的时差，请游客调整时间。

3. 首次沿途导游

地陪要认真做好首次沿途导游，这不仅可以满足游客初到一地的好奇心和求知欲，而且也是地陪展示自己气质、学识、语言水平的大好时机，有利于地陪树立良好形象，增进游客对地陪的信任感和满足感，为此后旅游活动的顺利开展打好基础。首次沿途导游的内容主要包括以下几点：

（1）本地概况介绍。

地陪应在行车途中向游客介绍本地的概况，包括地理位置、行政区划、气候、人口、风俗物产、居民生活、文化传统、历史沿革等。

（2）风光风情导游。

地陪应在行车途中对道路两边的人、物、景做好风光风情导游，以满足游客初到一地的求知欲。风光风情的讲解要简明扼要，语言节奏要明快清晰，景物取舍要恰当，要见人说人、见物说物，与游客的观赏同步。可适当采用类比的方法使游客听后有亲切感和对比感。为此，地陪要反应灵敏，把握好时机。

（3）介绍下榻的酒店。

在旅游车到达酒店之前，地陪还应向游客介绍他们下榻酒店的基本情况，包括酒店的名称、位置、距机场（车站、码头）的距离、星级、规模、主要设施设备与使用，以及入住手续和注意事项等（如途中行车距离短，这部分内容也可在游客进入酒店后再行介绍）。

4. 宣布当日或次日的活动安排

在首次沿途导游后,地陪应尽快与领队、全陪商量当日或次日活动安排,包括叫早时间、早餐时间和地点、集合时间和地点、旅行线路等,商定后地陪应向游客宣布当日或次日的活动安排,并提醒游客做好必要的参观游览准备。

5. 宣布集合时间、地点和停车地点

旅游车驶进下榻酒店后,地陪应在游客下车前向其讲清下次集合的时间、地点(一般在酒店大堂)和停车地点,让其记住旅游车的颜色、车型和车牌号,并提醒他们将手提行李和随身物品带下车。与此同时,要再次跟司机确认第二天旅游团出发的时间,提醒司机提前到达酒店。

三、入店服务

《导游服务规范》要求:旅游团(者)抵达酒店时,导游应及时办妥住店手续,热情引导游客进入房间和认找自己的大件交运行李,并进行客房巡视,处理旅游团(者)入住过程中可能出现的各种问题。

(一)协助办理入住手续

游客进入酒店后,地陪应安排游客在大堂的指定位置休息。请领队或全陪收齐游客证件,与游客名单一起交给酒店前台,尽快协助领队或全陪办理好住店登记手续。

拿到房间号和房卡(钥匙)后,请领队根据准备好的分房名单分发房卡,如旅游团无领队,可请团长分房。如旅游团既无领队又无团长,则请全陪分房。并把分房情况迅速登记下来,再请酒店前台人员将登记的分房名单复印两份,一份交酒店保存,另一份地陪留存,以便掌握领队、全陪和游客的房间号。

(二)介绍酒店设施

进入酒店后,地陪应向全团介绍酒店内的外币兑换处、中西餐厅、娱乐场所、商品部、公共洗手间、紧急出口处等位置,并讲清住店注意事项,提醒游客做好贵重物品或钱款的寄存。

(三)带领游客用好第一餐

(1)地陪应在约定就餐时间前到达餐厅,了解菜肴准备情况、餐桌(椅)安排情况等;待游客到达餐厅后,地陪应主动引领游客入座;将领队或全陪介绍给餐厅经理或主管服务人员,告知旅游团的特殊要求。

(2)用餐过程中,地陪要巡视旅游团的用餐情况,解答游客在用餐中提出的问题,监督餐厅是否按订餐标准提供服务并解决可能出现的问题。

(3)如果用餐后旅游团当天还有活动安排,地陪应在旅游团用餐期间,向游客告知餐后集合时间、集合地点、旅游车车牌号等。如果用餐后,旅游团当天没有活动,地陪应在旅游团用餐结束解散前,再次向全团宣布第二天的活动安排以及集合时间、地点,并与领队、全陪商定第二天的叫早时间。地陪应将叫早时间告知酒店前台。

(4)用餐后,地陪应严格按照实际用餐人数、标准、饮用酒水数量,与餐厅结账,并索要正规发票。

（四）处理游客入住后有关问题

游客进门时可能会遇到门锁打不开，进入房间后可能会遇到浴室没有热水、房间不干净或有虫害、电话线或网络线不通等问题，地陪应及时与酒店联系，迅速解决，并向游客说明情况，表示歉意。

（五）照顾行李进房

确保游客带着自己的行李进入房间。配备行李车的旅游团，游客进房后，地陪要等到该团行李运抵酒店后与行李员、领队、全陪一起核对行李，然后交给酒店行李员，督促其尽快将行李送到游客的房间。若个别游客未拿到行李或拿到的行李有破损，地陪应尽快查明原因，采取相应的措施。

（六）确定叫醒时间

地陪在结束当天活动离开酒店之前，应与领队确定第二天的叫醒时间，并将确定的叫醒时间通知酒店前台，由前台做好电话叫醒服务。

四、核对商定日程

在旅游团抵达目的地前，地陪应通过微信、QQ或电话与全陪就旅游活动日程进行初步沟通，当旅游团抵达后，地陪应与全陪、领队面对面地正式核对商定活动日程。如果团队抵达后是直接去游览点的，核对商定团队行程的时间、地点一般可选择在行车途中；如果团队是先前往酒店的，一般可选择在首次沿途导游途中进行，也可在酒店入住手续办理完毕后进行，地点宜在公共场所，如酒店大堂等。

商谈日程的对象应根据旅游团的性质而定，对于一般旅游团，地陪应与领队、全陪商谈；对于重点团、专业团、交流团，除领队、全陪外，地陪还应请团内有关负责人一起参加商谈。如果旅游团没有领队，则可与全团游客一起商定。

对商定日程中可能出现的不同情况的处理如下。

1. 对方提出较小的修改意见

（1）及时向旅行社有关部门反映，对合理且可能的项目，应尽力予以安排。

（2）需要加收费用的项目，地陪要事先向领队或游客讲明，按有关规定收取费用。

（3）对确有困难无法满足的要求，地陪要详细解释、耐心说明。

2. 对方提出的要求与原计划的日程有较大变动，或涉及接待规格

对于这种要求，地陪一般会予以婉言拒绝，并说明我方不方便单方面不执行合同。如领队和全体游客提出的要求确有其特殊理由，地陪必须请示旅行社有关领导，按领导指示而定。

3. 领队（或全陪）手中的旅行计划与地陪的接待计划有部分出入

地陪应及时报告旅行社查明原因，以分清责任。若是接待方的责任，地陪应实事求是地向领队和全体游客说明情况并致歉，及时做出调整。若责任不在接待方，地陪也不应指责对方，必要时，可请领队向游客做好解释工作。

五、参观游览服务

参观游览（Sightseeing）活动是旅游团的整个行程中最重要的活动，是游客旅游的根本目的，也是导游服务工作的中心环节。参观游览过程中的地陪服务，应努力使旅游团参观游览全过程安全、顺利；使游客详细了解参观游览对象的特色、历史背景等其他令人感兴趣的问题。为此，地陪必须认真准备、精心安排、热情服务、生动讲解。

（一）出发前的服务

1. 做好出发前的准备

地陪应准备好导游旗、电子导游证、导游身份标识和必要的票证。与司机联系，督促其做好出车的各项准备工作。核实旅游团午餐、晚餐安排情况。

2. 提前到达出发地点

出发前，地陪应提前10分钟到达集合地点。地陪一方面可以礼貌地招呼早到的游客，与游客适当寒暄，拉近与游客之间的距离；另一方面可以在时间上留有余地，以应对紧急突发事件。同时，地陪提前到达也会给游客一种以身作则的感觉。

3. 核实实到人数

若发现有游客未到，地陪应向全陪、领队或其他游客问明原因，设法及时找到未到游客；若有的游客想留在酒店或不随团活动，地陪要问清情况并妥善安排，必要时报告酒店有关部门。

4. 提醒注意事项

地陪要在出发前向游客报告当日的天气情况，讲明游览景点的地形、行走线路的长短等，使游客心中有数。必要时提醒游客带好衣服、雨具和替换的鞋子等。

5. 准时集合登车

游客到齐后，地陪应站在车门一侧，一边热情地招呼游客上车，一边帮助老弱者登车。待游客全部上车坐好后，地陪要再次清点人数，并检查游客的随身物品是否放置妥当，待所有游客坐稳后，先提醒大家系好安全带再请司机开车出发。

（二）赴景点途中的服务

1. 重申当日活动安排

开车后，地陪要向游客重申当日的活动安排，包括游览景点的名称，到达景点所需时间，午、晚餐时间和地点等，还要视情况介绍当日国内外重要新闻。

2. 沿途风光导游

在前往景点途中，地陪应进行沿途风光介绍。如果在这之前，地陪还没有向游客做本地概况、风土人情的介绍，此时可以适当穿插，以加深游客对旅游目的地的了解，并回答游客提出的问题。讲解中要注意所见景物与介绍同步，并留意游客的反应，以便对其中的景物做更为深入的讲解。

3. 介绍游览景点

在即将到达游览景点前，地陪应将游览景点的总体概况向游客做简要介绍，包括名称由来、历史价值、成因、景观特征等,从而使游客对游览景点有一个总体认识并激起游客旅游的欲望,这样也避免到达景点后游客集聚景点大门却只是聆听与眼前所见不太相关的景点总体概况介绍的尴尬,同时也可节省到达目的地后的讲解时间。

4. 活跃气氛

如前往景点的路途较长,地陪可同游客讨论一些他们感兴趣的热点话题,或组织适当的娱乐活动,如猜谜语、讲故事等,以活跃途中气氛。

(三)抵达景点后的导游服务

1. 交代游览中的注意事项

抵达景点时,地陪在下车前要讲清和提醒游客记住旅游车的型号、颜色、标志、车牌号和停车地点以及开车时间。尤其是下车和上车不在同一地点时,地陪更应提醒游客注意。在景点示意图前,地陪应讲明游览线路、游览所需时间以及集合时间和地点等。地陪还应向游客讲明游览中的注意事项,如禁止吸烟、不能拍照等。

2. 游览中的导游讲解

地陪应对景点的历史背景、特色、地位、价值等方面的内容进行讲解。讲解内容要正确无误、繁简适度;讲解方法要有针对性,因人而异;讲解内容的安排上要有艺术性,讲解好比讲故事一样,有开始、有发展、有高潮、有结局;讲解语言要丰富生动,要把感情融到讲解内容中,用声情并茂的语言形式表达出来。

在景点游览过程中,地陪应保证在计划的时间与费用内让游客能充分地游览、观赏,做到讲解与引导游览相结合,适当集中与分散相结合,劳逸适度,并应特别关照老弱病残游客。

3. 注意游客安全

地陪应留意游客的动向,防止游客走失和治安事故的发生。在景点讲解过程中,地陪应时刻观察周围的环境和注意游客的动向,使游客自始至终环绕在自己周围或跟随在前后。注意游客的动向并观察周围的环境,随时清点人数,防止游客走失和意外事件的发生。

(四)回程中的导游服务

当天的旅游活动结束后,在返回酒店的途中,地陪应做的主要工作有以下几点。

1. 回顾当天活动

返程中,地陪要将当天参观游览的内容,用画龙点睛的方法做简要小结,必要时可做补充讲解,并回答游客的有关问题,以加深游客对当日活动的印象。

2. 进行风光导游

如旅游车不从原路返回酒店,地陪应进行沿途风光导游。如果游客经过一天的参观游览活动露出疲惫之态,地陪可在做完一天旅游活动的简要回顾之后让大家稍事休息。

3. 提醒注意事项

若当晚旅游团无活动安排,游客可能会自行外出活动,地陪要事先提醒游客最好结伴同行,并带上酒店的卡片以防迷路。

4. 宣布次日活动日程

返回酒店下车前,地陪要向游客宣布次日的活动日程、出发时间、集合地点等。提醒游

客下车时带好随身物品,并率先下车,站在车门一侧照顾游客下车,随后将游客送回酒店。

5. 安排叫早服务

如旅游团需要叫早服务,地陪应安排妥当。与全陪、领队确认当日工作完成后方可离开酒店。

六、其他服务

游客外出旅游,游固然是最主要的内容,但是食、购、娱等项目恰到好处的安排能使旅游活动变得丰富多彩,加深游客对旅游目的地的印象。因此,在安排食、购、娱等旅游活动时,地陪同样应该尽心尽力地提供令游客满意的其他服务。

（一）餐饮服务

1. 自助餐的服务

自助餐是旅游团常见的一种用餐形式,游客可以根据自己的口味,各取所需,因此深受游客欢迎。在用自助餐时,地陪要强调自助餐的用餐要求,提醒游客自助餐的用餐礼仪,注意节约、卫生,一般不可打包带走。

2. 风味餐的服务

旅游团的风味餐有计划内和计划外两种。计划内风味餐是指包含在团队计划内,其费用团款中已含的风味餐;计划外风味餐则是指未包含在团队计划内,因游客临时决定而需现收费用的风味餐。计划内风味餐按团队计划安排即可;而计划外风味餐应先收费用,后向餐厅预订,或者是地陪向游客推荐风味餐厅,指引去该餐厅的路线,由游客自己前去。

风味餐作为当地的一种特色餐食是当地传统文化的组成部分,宣传、介绍风味餐是弘扬民族饮食文化的一种活动。因此,在旅游团用风味餐时,地陪应加以必要的介绍,如风味餐的历史、特色、人文精神等。这样能使游客既饱口福,又饱耳福。

在用计划外风味餐时,作为地陪,不是游客出面邀请不可参加。受游客邀请一起用餐时,则要处理好主宾关系,不能反客为主。

3. 宴请服务

宴请活动包括宴会、冷餐会和酒会等。作为地陪,要重视宴请礼仪,着装应符合宴请活动,按照就餐安排的座次入座,同时提醒自己不能放松服务这根"弦"。要正确处理好自己与游客的关系,既要与游客共乐,又不能完全放松自己,举止礼仪不可失常。

（二）购物服务

购物是游客的一项重要活动,也是增加旅游目的地旅游收入的一条重要渠道,地陪应严格按照《中华人民共和国旅游法》的规定来操作,根据接待计划规定的购物次数、购物场所和停留时间带领游客购物,不擅自增加购物次数和延长停留时间,更不得强迫游客购物。对于不愿参加购物活动的游客,要做出妥善安排,如安排他们就近参观其他景点,或安排他们到环境较好的地点休息等候等。

游客购物时,地陪应向全团讲清停留时间和有关购物的注意事项,并介绍本地商品的特色及有关商品知识。入境游客购物时,地陪不仅要承担翻译工作、做好商品的促销,并且当游客要求办理托运时,还要向他们介绍托运的手续以及海关对游客携带物品出境的有关规定,并予以相应的协助。对商店不按质论价、以次充好、销售伪劣商品和不提供标准服务的行为,地陪应向商店负责人反映,以维护游客的利益。事后还可向旅行社报告,通过旅行社进行交涉,以免再次出现此类问题。

对于在景点游览过程中遇到小贩强拉强卖的情况,地陪有责任提醒游客不要上当受骗,不能放任不管。

(三)娱乐服务

1. 计划内的文娱活动

对于计划内安排的文娱活动,地陪应陪同前往,并向游客简单介绍节目内容和特点。到达演出场所后,地陪要引领游客入座,并自始至终和游客在一起,介绍有关演出设施与位置,解答游客的问题。在游客观看演出过程时,地陪要对入境游客做好剧情介绍和必要的翻译工作。演出结束后,要提醒游客不要遗留物品并带领游客依次退场。在大型娱乐场所,地陪要提醒游客不要走散,随时注意游客的动向与周围的环境,了解出口位置,以便发生意外情况时能及时带领游客撤离。

2. 计划外的文娱活动

对游客要求观看的计划外的文娱节目,地陪应告知演出时间、地点和票价,可协助他们购票,但一般不陪同前往。对于游客要观看格调低下的不健康的文娱节目,地陪应有礼貌地劝阻。

七、送站服务

旅游团结束本地的参观游览活动后,地陪应做到使游客安全、顺利离站,遗留的问题能得到及时和有效的处理。旅游团的送行服务既是把全程接待工作推向高潮的机会,也是对前段服务工作不足的一种补救,地陪不能有丝毫的放松与懈怠。地陪应做到确保全团游客准时、安全地离开,应做到像重视迎接服务一样重视送团服务,做到有始有终,并妥善、及时地处理一些遗留问题和善后事宜。

(一)送行前的工作

1. 核实交通票据

旅游团离开的前一天,地陪应再次核实团队离开的交通票据,即航班号(车次、船次)、起飞(开车、起航)时间、离港离站地点(机场、车站、码头)等。如果全陪、领队或游客带有返程机票,地陪应提醒或协助其提前72小时确认机票。如果航班(车次、船次)和时间有变更,地陪应问清计调部门是否已通知下一站,以免造成漏接。了解本地和下一站次日的天气情况,以向游客做适当提示。

若是乘飞机离境的旅游团,地陪除了要核实上述内容,还应掌握该团机票的种类,并提醒领队和游客提前准备好海关申报单,以备海关查验。

2. 商定集合出发时间

由于司机对路况比较熟悉,所以出发时间一般先由地陪与司机商定,然而为了安排得更合理,地陪还应与领队、全陪商议,商定后应及时通知游客。

3. 商定出行李时间

在商定集合、出发时间后,地陪应与全陪、领队商量好出行李时间,商定后通知游客及酒店行李房,同时提醒游客行李打包和托运的有关注意事项。

4. 商定叫早和早餐时间

地陪应与领队、全陪商定叫早和早餐时间,并通知酒店有关部门和游客。如果该团早上离店时间较早,地陪应与酒店协商,请酒店提前准备好早餐或请酒店提供早餐外带。

5. 协助酒店提醒游客办理结账

旅游团离店前,地陪应提醒、督促游客尽早与酒店结清有关账目,如洗衣费、长途电话费、食品饮料费等。若游客损坏了客房设备,地陪应协助酒店妥善处理赔偿事宜。

地陪应将旅游团的离店时间及时通知酒店前台,提醒其及时与游客结清账目。

6. 及时归还证件

一般情况下,地陪不应保管旅游团的证件,用完后应立即归还游客或领队。尽管如此,离店前一天,地陪还是应检查自己的物品,看是否保留有游客的证件、票据等,如有应立即归还,当面点清。

(二)离店服务

1. 集中交运行李

离开酒店前,地陪要按商定好的时间与酒店行李员办好行李交接手续。游客的行李集中后,地陪应与领队、全陪共同确认托运行李的件数(包括全陪托运的行李),检查行李是否上锁、捆扎是否牢固、有无破损等,然后交付酒店行李员,填写行李运送卡。行李件数一定要当着行李员的面点清,同时告知领队和全陪。

2. 办理退房手续

地陪应在中午12:00以前办理退房手续(Check Out),并收齐房卡(钥匙)或提醒游客将房卡(钥匙)交回酒店前台,核对用房实际情况后按规定结账签字。

3. 集合登车

上车后、车开前,地陪应再次询问游客是否遗漏物品,是否结清个人费用,提醒游客再次检查证件、钱物,确定无误后方可离开酒店。

(三)送行服务

1. 致欢送词

在旅游车开往机场(车站、码头)的途中,如有需要,地陪可酌情对沿途景物进行讲解。快到机场(车站、码头)时(也可到机场、车站、码头后),地陪要致欢送词,以加深与游客的感情。致欢送词的语气应真挚,富有感染力。欢送词的内容主要包括以下几点。

(1)回顾语:在去机场(车站、码头)的途中,地陪应对旅游团在本地的行程,包括食、住、行、游、购、娱等各方面做一个概要性的回顾,目的是加深游客对这次旅游经历的体验。

(2)感谢语:对游客及领队、全陪、司机的合作表示感谢。若旅游活动中有不尽如人意之处,可借此机会表示真诚的歉意。

(3)征求意见语:诚恳地征询意见和建议。

（4）惜别语：表达友谊和惜别之情。
（5）祝愿语：表达美好的祝愿，期待再次相逢。

【欢送词示例】

各位团友：

  时间过得很快，一眨眼的工夫，我们这两天的常州之旅已经接近尾声。在这两天，我们游览了有"东南第一丛林"之美誉的天宁寺、领略了有"东方侏罗纪"之称的中华恐龙园的惊险与神奇、品尝了令邓小平同志都赞叹不已的天目湖特产"天目湖鱼头"，这一路上我们留下了太多的欢声笑语，总的来说，我们这次常州之旅取得了圆满成功。这里首先要感谢各位团友，你们的宽容和随和使我们的旅途充满了欢乐，也使我的工作变得非常轻松；我也要感谢我们的领队和全陪，正是有了你们的配合和支持，我们的行程才如此的圆满和顺利；我还要感谢我的同事司机张师傅，正是他的安全、准时，我们的时间和浏览项目才得以保障。当然，由于我能力所限，在这两天的活动中或许也存在令大家不太满意的地方，在此，小陈向各位真诚道歉，还请大家多多谅解和包涵。两天的时间说起来并不长，但两天的同吃、同住、同游、同乐使我们这个大家庭充满了友谊和理解，在即将与大家分别的这一刻，小陈心里真是非常的舍不得，但天下无不散之筵席，小陈再舍不得大家也不得不和大家说再见了。小陈真心地希望我们能再次相逢，重温友谊的温馨。最后，小陈祝大家身体健康、工作顺利、心想事成！

  致完欢送词，地陪可将旅游服务质量评价意见表（见表5-2）分发给游客，请其现场填写，在游客填写完毕后如数收回，向其表示感谢并妥善保留。

表5-2 旅游服务质量评价意见表

亲爱的女士、先生：

  为提高旅游产品质量，我们非常感谢您对我们提供的服务所提出的宝贵意见。您的反馈是对我们工作的大力支持，谢谢！

填表说明：

（1）请您准确填写旅游团团号和日期。
（2）请您在所列项目中评价等级栏内打"√"标记。
（3）请您将填好的意见表交还导游。

旅游团号：   抵达日期：

项目	评价	很满意	满意	一般	不满意
餐饮	服务				
	餐饮质量				
	环境卫生				
住宿	宾馆服务				
	设施设备				
	环境卫生				
游览参观	环境秩序				
	环境卫生				

续表

项目	评价	很满意	满意	一般	不满意
行车	司机服务				
	车况				
	卫生				
购物	商店服务				
	商店管理				
	商品质量				
导游	服务				
	讲解				

陪同签名： 　　　　　　　　领队签名：

2. 提前到达机场（车站、码头），照顾游客下车

旅游车到达机场（车站、码头）后，下车时，地陪要提醒游客带齐随身行李物品，并照顾游客下车，等游客全部下车后，要再检查一下车内有无游客遗留的物品。

地陪带团到达机场（车站、码头）必须留出充裕的时间。按照要求，出境航班一般提前3小时或按航空公司规定的时间抵达机场；乘国内航班一般提前2小时抵达机场；乘火车、轮船一般提前1小时抵达车站、码头。

3. 办理离站手续

（1）移交行李和交通票据。

到达机场（车站、码头）后，地陪应迅速与行李员联系。行李到达后，地陪应与领队、全陪、游客交接行李，并清点核实。地陪如果提前取好了票据，应清点无误后交给全陪（无全陪的团交给领队），请其清点核实。如没有提前办理票据，地陪应协助游客持有效证件取票并办理行李托运手续。

（2）协助办理登机手续。

送国内航班（火车、轮船）时，地陪应协助办理离站手续；送出境旅游团时，地陪应在核实行李后，将行李交给每位游客，由游客自己办理行李托运手续，必要时可协助游客办理购物退税手续，并向领队或游客介绍办理出境手续的程序，将旅游团送往安检区域。

（3）送别。

当游客进入安检区域时，地陪应热情地与他们告别，并祝他们一路平安。旅游团过安检口进入隔离区后，地陪方可离开。

4. 与司机结账

送走旅游团后，地陪应按旅行社的规定与司机办理结账手续，或在用车单据上签字，并妥善保留好单据。

八、后续工作

送走旅游团后，地陪还需要做好游客的善后服务以及旅行社要求的陪团结束后的有关工作。

（一）处理遗留问题

地陪下团后，应认真、妥善地处理好旅游团的遗留问题，按有关规定办理游客托办的事宜，必要时请示领导后再办理。

（二）结账

地陪要按照旅行社的具体要求在规定的时间内，填写清楚有关接待和财务结算的表格，连同保留的单据、活动日程表等按规定上交有关人员，并到财务部门结清账目。

（三）接团小结

地陪应养成每次下团后总结本次出团工作的良好习惯，认真填写导游日志，实事求是地汇报接团情况，尤其是突发事件。这样既有利于地陪业务水平的提高，又有利于旅行社及时掌握情况，发现不足，以便不断提高接待质量。

（四）提交物品

地陪应提交导游日志及旅游服务质量评价表，并及时归还从接待社所借的物品。

第三节　全陪导游服务程序及服务质量

全陪是受组团社委派，作为组团社的代表，在领队和地陪的配合下实施接待计划，为旅游团（者）提供全旅程陪同服务的导游。全陪作为组团社的代表，应自始至终参与旅游团队全旅程的活动，负责旅游团移动中各环节的衔接，监督接待计划的实施，协调领队、地陪、司机等旅游接待人员的协作关系。全陪导游服务流程是指全陪自接受了旅行社下达的旅游团（者）接待任务起至送走旅游团（者）整个过程的工作程序。

一、准备工作

全陪的工作时间长，与游客和领队相处的时间长，途经多地，工作内容较为繁杂。因此，在服务前做好充分、细致的准备工作，是全陪导游服务工作的重要环节和保障之一。

（一）熟悉接待计划

1. 熟悉旅游团的基本情况

（1）熟记旅游团的名称（或团号）、游客国别或属地、人数和领队姓名。

（2）了解旅游团成员的姓名、职业、性别、年龄、民族、宗教信仰和特殊要求等。

（3）掌握团内有身份或较有影响的成员、特殊游客（如记者、旅游商、残疾人、儿童、老人等）的情况。

2. 熟悉旅游团的行程计划

（1）记下旅游团所到各地接待社的名称、联系人、联系电话和地陪的联系电话。

（2）记下旅游团抵离旅游线路上各站的时间、所乘交通工具，以及交通票据是否订妥或是否需要确认、有无变更等情况。

(3)了解旅游团在各地下榻酒店的名称、位置、星级和特色等。

(4)了解行程中各站的主要参观游览项目,根据旅游团的特点和要求,准备好讲解和咨询时要解答的问题。

(5)了解全程各站安排的文娱节目、风味餐食、计划外项目及是否收费等。

(6)了解重点团是否有特殊安排,如座谈、宴请等。

旅行社出团计划表如表5-3所示。

表5-3 旅行社出团计划表

编号:　　　　　　　　　　　　　　　　　　　　　　　　　　　　　年　月　日

国别:	在中国旅游时间:	团队等级:	团队类型:
境外组团社:	团号: 领队姓名: 团队人数:	领队姓名: 电话:	团队人数: 成人: 儿童: 男: 女:
国内组团社:	团号:	联系人: 电话/传真:	全陪: 电话:
国内接待社:	上海××接待社　联系人: 电话: 海南××接待社　联系人: 电话: 云南××接待社　联系人: 电话:	地陪: 电话: 地陪: 电话: 地陪: 电话:	

中国境内行程安排					
线路名称					
城市	抵离时间/地点/交通		酒店	用餐	活动内容
上海					
海南					
云南					
国内组团计调:(签名)				电话/传真:	
注意事项和特殊要求:					
任务完成情况及说明:					

(二)知识准备

由于全陪同游客相处时间较长,除了要做好生活服务,还要解答游客的各种问题,甚至可能要做一些专题讲解,因此做好有关知识准备十分必要。

(1)有关沿途各站的政治、经济、历史、地理、民俗风情、游览景点等方面的概况介绍。

(2) 当前的热门话题、国内外重大新闻等旅游团感兴趣的话题,全陪可以把它作为一个专题进行细致、深入、全面的准备,以便行程中选择合适的时间展开专门的讨论。

(3) 旅游途中活跃气氛的节目的准备。

(4) 如果是专业旅游团队,全陪还须在该专业知识方面做相应准备。

(三) 物质准备

上团前,全陪要做好必要的物质准备,携带必备的证件和有关资料,主要包括:

(1) 必带的证件:本人身份证、导游证、边防通行证等。

(2) 所需结算单据和费用:旅游团往返交通票据、费用结算单、支票、团款等。

(3) 其他物品:旅游团接待计划、日程表、分房名单、旅游宣传品、旅行社标志、纪念品、全陪日志、导游旗、游客意见反馈表、名片等。

(四) 个人物品

全陪带团在外,出门时间较长,需带足个人物品,尤其是自己的手机、充电器、备用药品等。

(五) 与首站接待社联系

根据需要,全陪接团前一天应与首站接待社取得联系,互通情况,妥善安排好接待事宜。

二、首站(入境站)接团服务

首站接团服务要使旅游团抵达后能立即得到热情友好的接待,让游客有宾至如归的感觉,这也是全陪与游客建立良好关系的基础。为此,全陪要与地陪密切配合。

(一) 迎接旅游团

迎接入境旅游团时,全陪应在接团前一天与首站接待社联系,了解接待工作的详细安排情况。全陪要与首站地陪一起提前30分钟到达接站地点,迎候旅游团。全陪要协助地陪认找应接的旅游团,防止错接。接到旅游团后,全陪要向领队和游客问好,进行自我介绍,并介绍地陪,然后应立即询问和确认该团实到人数。若实到人数与接待计划有出入,应及时通报组团社,由组团社再通知各站接待社。

若迎接的是首站国内旅游团,全陪也应提前30分钟到达与游客事先约定的集合地点,手举旅行社社旗等候游客的到来,同时确认司机是否已经提前到达。

(二) 首站讲解

为了使初次或即将踏上异地的游客心情放松和知悉旅途的安排,全陪应重视首站介绍,要在简明扼要的讲解中尽快与游客建立起信任关系,主要包括如下内容。

(1) 致欢迎词。

全陪应代表组团社和个人向游客致欢迎词,其内容一般包括:表示欢迎,自我介绍并将地陪介绍给全团,真诚地表达提供全程服务的意愿,预祝旅行顺利、愉快等。

(2) 全程安排概述。

全陪应将各站的主要安排(包括下榻的酒店、风味餐和主要景点等)向游客做简要介绍,

对于沿线可能存在的住宿或交通问题也要让他们适当了解,使其有心理准备。

(3) 向游客说明行程中的注意事项并希望得到大家的支持与配合。

三、入住酒店服务

为使游客进入酒店后尽快办妥入住手续,顺利进入客房,全陪应该做到以下四点。

(一) 协助领队办理入住手续

全陪应和领队、地陪一起向酒店前台提供旅游团的团名、游客名单、游客的证件和住房要求,主动协助领队办理旅游团入住手续。

(二) 请领队分配住房

(1) 请领队分配住房,全陪要掌握住房分配名单,并与领队互通各自房间号以便联系。

(2) 如无领队,而旅游团是单位组团的话,则请旅游团负责人分配住房。

(3) 如无领队,而旅游团又是散客成团,则由全陪根据观察合理分配住房。

(4) 全陪应提醒游客在前台办理贵重物品及钱款的寄存手续。

(三) 引导游客及行李进房

全陪应与地陪一起热情引导游客进入房间,并及时向酒店前台反映和协助处理游客就客房设施、卫生等方面提出的问题。如旅游团行李是专门运送的,则全陪应与地陪、酒店行李员一起将行李分送到游客房间,并与游客核实,行李分发是否准确无误并无损坏。

(四) 照顾游客住店期间的安全和生活

全陪应将自己的房间号和联系电话告知游客,以便联系。全陪还要掌握酒店前台电话号码及地陪的联系方法,如果地陪不住酒店,全陪要负起照顾旅游团的安全和生活的责任。

四、核对商定日程

全陪在核对商定日程中应本着"服务第一、宾客至上、遵循合同、平等协商"的原则。在进行日程商定时,主要遵循以下工作流程。

(1) 全陪与领队、地陪商谈日程时,应将各自持有的旅行计划进行对照,一般以组团社的接待计划为准。

(2) 核对商定日程时应尽量避免大的变动。

(3) 如果变动较小而又能予以安排,可主随客便。

(4) 若变动较大而又无法安排,应做详细解释。

(5) 如遇难以解决的问题(如领队提一些对计划有较大变动的提议或全陪手中的计划与领队或地陪手中的计划不符等情况)应立即反馈给组团社,并给予领队及时的答复。

(6) 如果领队和游客坚持更改计划且有特殊理由,全陪应及时请示组团社再做决定。

(7) 详细日程商定后,请领队向全团正式宣布。

五、沿途各站服务

沿途各站服务,全陪应使接待计划得到全面顺利的实施,各站之间有机衔接,各项服务准确到位,游客人身与财产安全得以保护,突发事件能够及时有效地处理;协助安排好游客在各地的食、住、行、游、购、娱等各项活动。

(一)联络工作

全陪要做好各站间的联络工作,架起联络沟通的桥梁。

(1)做好领队与地陪、游客与地陪之间的联络、协调工作。

(2)做好旅游线路上各站之间,特别是上一站与下一站之间的联络工作。当实际行程和计划有出入时,全陪要及时通知下一站。

(二)协助地陪工作

(1)全陪应主动把旅游团的情况通报给地陪,如旅游团饮食要求、旅游团成员的兴趣爱好、旅游团成员特性、个别比较挑剔的游客的个性及要求、旅游团在上一站旅游的情况等,以便地陪能采取更主动、更有效、更有针对性的工作方法。

(2)进入酒店后,全陪应协助领队办理入住登记手续,并掌握住房分配名单;如果地陪不住酒店,全陪要担负起照顾旅游团的责任。

(3)在景点游览时,地陪带团前行,全陪应殿后,招呼滞后的游客,并不时清点人数,以防走失。如果有游客走失,一般情况下应由全陪和领队分头寻找,而地陪则带领其他游客继续游览。如果游览中需要登山,而少数老年游客不愿爬山,全陪应留下来照顾他们,地陪则带领其他游客登山。

(4)旅游活动中若有游客突然生病,通常情况下由全陪及患者亲友将其送往医院,地陪则带团继续游览。

(三)检查督促各站服务质量

全陪代表的是组团社和游客的利益。一旦接待社或地陪在接待服务中没有按标准提供服务,游客首先就会投诉组团社,组团社的名誉则必定受损。因此,全陪应监督各站执行旅游团计划的情况及各地服务质量,对接待工作有意见和建议(如购物活动太多、擅自增加自费景点、在规定景点分配时间过短)时应诚恳向地陪提出;如活动安排与前几站明显重复,应建议地陪做必要的调整;如发现有降低质量标准、克扣费用的行为,要及时提出和制止,必要时向组团社反馈意见。

(四)维护和保障游客安全

(1)游览活动中,全陪要注意观察周围的环境,留意游客的动向,协助地陪圆满完成导游讲解任务,避免游客走失或发生意外。

(2)提醒游客注意人身和财产安全。每次上车应积极协助地陪、领队清点人数,提醒游客不要遗忘随身携带的贵重物品(如钱包、照相机、摄像机等)。

(3)游客重病住院、发生重大伤亡事故、发生失窃案件、丢失护照及贵重物品时,要迅速向组团社汇报请示。

(4)游客丢失护照、钱、物等,应请有关单位或部门查找;如确属失窃,应办好有关保险索赔手续。

(五)生活服务

(1)出发、返回、上车、下车时,要协助地陪清点人数,照顾年老体弱的游客上下车。

(2) 按照"合理而可能"的原则,帮助游客解决旅行过程中的一些疑难问题。

(3) 使气氛融洽,使旅游团团员有强烈的团队精神。

(六) 讲解服务

作为全陪,在长途旅行时,尤其是两站之间需要乘坐较长时间的汽车、火车时,全陪要提供一定的讲解服务。

(七) 为游客当好购物顾问

和地陪相比,全陪因自始至终和游客在一起,感情上会更融洽一些,也更能赢得游客的信任。因此,在很多方面(诸如购物等),游客会更多地向全陪咨询,请全陪帮忙拿主意。在这种时候,全陪一定要从游客的角度考虑,结合自己所掌握的旅游商品方面的知识,为游客着想,当好购物顾问。

六、离站、途中、抵站服务

(一) 离站服务

旅游团离开每一地前,全陪都应为本站送站与下站接站的顺利衔接做好以下工作。

(1) 提前提醒地陪再次核实旅游团离开本地的交通票据以及离开的准确时间。

(2) 离开前,要向游客讲清航空(铁路、水路)有关行李托运和手提行李的规定。

(3) 协助领队和地陪清点行李,与行李员办理交接手续。

(4) 离站前,要与地陪、旅游车司机话别,对他们的热情工作表示感谢。

(5) 到达机场(车站、码头)后,应与地陪交接交通票据和行李托运单,点清、核实后妥善保存。

(6) 进入候机厅后,如遇旅游团所乘航班延误或取消的情况时,全陪应立即向机场有关方面进行确认。当航班延误或取消的消息得到民航部门的证实后,全陪应主动与相关航空公司联系,协同航空公司安排好游客的餐饮或住宿问题。

(二) 途中服务

途中服务始于旅游团通过机场(车站、码头)的安全检查,进入候机厅(候车室、候船室),结束于飞机(火车、轮船)抵达下一站,旅游团走出机场(车站、码头)。在整个环节中,全陪应做到以下几点。

(1) 如果旅游团乘长途火车(轮船),全陪应事先请领队分配好铺位,无领队的旅游团,则由全陪负责此项工作。上车(船)后,应立即找餐厅负责人订餐,告知游客人数、餐饮标准和游客的口味等。

(2) 如果旅游团乘坐飞机,全陪应协助游客办妥登机、安检和行李托运等相关手续,并适时引导游客及时到登机牌注明的登机口依次登机。

(3) 如有晕机(车、船)的游客,全陪要给予重点照顾。若有游客突发疾病,全陪应第一时间寻求飞机、火车或轮船上乘务员的帮助,也可以通过所乘交通工具上的广播系统,在乘客中寻找医生对其进行初步急救,并设法通知下一站有关方面(急救中心、旅行社)尽早落实车辆,以便到站后争取时间送患者到就近医院救治。

(4) 长途旅行中,全陪应在旅行途中加强与游客之间的信息沟通,了解游客的最新需求动态,回答游客的各种问题,征求他们对旅游服务质量的评价并组织一些活动活跃气氛。

(5) 全陪要提醒游客注意长途旅行中的人身和财产安全,乘坐火车(轮船)时,与车厢(船舱)乘务员联系,请他们协助做好游客的安全工作,下机(车、船)时提醒游客带好随身物品,保管好自己的交通票据和行李托运单。

(6) 若交通工具不正常运行时,全陪应与交通部门和组团社保持有效沟通,并安抚好游客的情绪,适时安排和引导游客登机(车、船)。

(三)抵站服务

抵站服务是指全陪带领旅游团从上一站抵达下一站时所提供的有关服务工作。

(1) 通报旅游团信息。

全陪应在离开上一站之前应向下一站通报旅游团的信息,内容包括旅游团离开上一站和抵达下一站的确切时间,所乘的航班号(车次、船次),有无人员变动、游客的要求、全陪的意见与建议等。

(2) 带领旅游团出站。

在游客乘坐的交通工具抵达下一站前,全陪应通知游客整理好随身物品,做好下机(车、船)的准备。下机(车、船)后,清点人数,手举组团社社旗,带领游客从指定的出口出站。

(3) 做好与地陪的接头工作。

出站前,全陪应与地陪进行联系,出站后,手举组团社社旗,寻找地陪,并向地陪问好,将地陪介绍给领队和游客,然后将旅游团行李牌交给地陪,与地陪一起带领游客登车。

(4) 转告游客有关情况。

全陪应客观如实地将旅游团游客的有关情况(如游客的情绪、身体状况、要求等)转告地陪,协助地陪做好接待工作。如果全陪带领的是入境旅游团,而有的城市或景点没有相应的外语导游,全陪应主动承担起导游讲解和翻译工作。

七、末站(离境站)服务

末站(离境站)服务是全陪服务中的最后环节,全陪要使游客顺利离开末站(离境站),在游客心中留下良好的印象。

(一)协助落实工作

如需接待社代订出境或返程交通票据,在旅游团游览时,全陪应自始至终关心交通票据的落实情况。一般全陪最迟应在旅游团离境或离站前一天从地陪处拿到交通票据。

(二)提醒游客带好自己的物品和证件

(1) 全陪应与地陪一起帮助游客结清各种账单。

(2) 提醒游客带好自己的行李物品。

(3) 如是出境旅游团,还需提醒游客带好回乡证或护照、签证、海关申报单、购物发票和证明。

(三)做好回头客的营销工作

全陪应根据一路上对游客的了解,对其中有意愿再次出游的游客进行必要的营销工作,适当介绍一些他们感兴趣的线路和景点,希望他们下次出游时再次与本组团社联系,自己将继续为之服务。

（四）送别旅游团

游客登车后，全陪应再次提醒他们带好随身物品和证件。抵达机场（车站、码头）后，应提醒游客各自携带好行李。当游客即将进入安检区域时，全陪应热情地与他们一一握手道别，并与地陪一起目送他们离开。

（五）结清旅游团账目

全陪要与地陪结清旅游团在当地活动期间的账目。结账的方式有两种：一是现结，即在旅游团离开的前一天与地陪当面结清团款，并向接待社收取发票；二是全陪给地陪的单据签字，由地陪携带签字单据回接待社，接待社凭借单据向组团社索要团款。

八、后续工作

全陪服务的后续工作与地陪服务的工作相同，如处理旅游团遗留问题、报销、做好总结、填写全陪工作小结（见表 5-4）、整理存档材料等。除此之外，全陪还应做好旅游团的售后服务。如果是国内团队的话，旅游团成员大都是组团社所在地的居民，因此，旅游行程结束游客各自返回温馨之家后，全陪应电话联系或上门回访，以加深与游客的感情，争取回头客。

表 5-4　全陪工作小结

单位/部门		团号	
全陪姓名		组团社	
领队姓名		国籍	
接待时间	年　月　日至　年　月　日	团队人数	（含　岁儿童　名）
途经城市			

团内重要客人、特别情况及要求：

领队或游客的意见、建议和对旅游接待工作的评价：

该团发生问题和处理情况（意外事件、游客投诉、追加费用等）：

续表

全陪意见和建议：

全陪对全过程服务的评价：		合格		不合格	
行程状况	顺利	较顺利		一般	不顺利
客户评价	满意	较满意		一般	不满意
服务质量	优秀	良好		一般	比较差
全陪签字		部门经理签字		质管部门签字	
日期		日期		日期	

第四节 景区景点导游服务程序及服务质量

景区景点导游即讲解员，指受景区景点委派或安排，为游客提供景区景点导游讲解服务的人员。要做好景区景点的导游服务和讲解，讲解员需要对其服务的景区景点乃至该景区景点的所在地区有较全面、深入的了解及相应的专业知识。

一、准备工作

讲解员想要做好服务工作，也需要做好各方面的准备工作主要包括以下几点。

（一）业务准备

讲解员在接待前应做好的业务准备工作主要包括以下几方面。

（1）了解所接团队或游客的有关情况。接待前，讲解员要认真查阅核实所接待团队或贵宾的接待计划及相关资料，熟悉该群体或个体的总体情况，从而使自己的讲解更有针对性；对于临时接待的团队或散客，讲解员同样也应注意了解游客的有关情况，以便使自己的讲解更能满足游客的需要。

（2）预先了解来访游客所在地区或国家的宗教信仰、风俗习惯和禁忌。

（3）对游客特殊需要的讲解内容应事先进行准备。

（4）提前了解服务当天的天气和景区景点的道路情况。

（5）应急预案的准备。应该在带团前对游览中可能发生的各种意外做出处理预案，备好有关联系电话，这样当意外发生时才能从容应对、妥善处理。

（二）知识准备

讲解员的知识准备主要包括以下几方面。

（1）熟悉并掌握本景区景点讲解内容所需的知识和相关情况。

（2）根据游客对讲解的时间长度、认知深度的不同要求，讲解员应对讲解内容做好两种

及以上讲解方案的准备,以适应不同旅游团队或个体游客的不同需要。

(3)掌握必要的环境保护和文物保护知识以及安全知识。

(4)熟悉本景区的有关管理规定。

(三)语言准备

讲解员的讲解应在以普通话为普遍使用的语言的基础上,根据游客的文化层次做好有关专业术语的解释;对于外籍客人,外语讲解员应准备相应语言词汇的讲解服务。

(四)物质准备

讲解员上岗前应做好的物质准备工作主要有以下几方面。

(1)佩戴好本景区讲解员的上岗标志。

(2)如有需要,准备好无线讲解设备。

(3)需要发放的相关资料,如景区导游图、景区景点介绍等。

(4)接待团队时所需的票证。

(五)形象准备

形象主要体现在人们的仪容仪表和言行举止上,讲解员的形象应符合以下几点。

(1)着装整洁、得体,有明确着装规定的景区应根据景区的要求穿着工作服或指定服装。

(2)饰物佩戴及发型应以景区的要求为准,女讲解员一般以淡妆为宜。

(3)言谈举止应文明稳重,自然而不做作。

(4)讲解活动中可适度使用肢体语言,力避无关的小动作。

(5)接待游客应热情诚恳,符合礼仪规范。

(6)工作中应始终情绪饱满,不抽烟,不进食。

(7)注意个人卫生。

二、导游讲解服务

导游讲解是景区导游服务的核心工作,讲解员应按照景区导游讲解服务规范,为旅游团(者)提供高质量的导游讲解服务。

(一)致欢迎词

当旅游团(者)抵达景区后,讲解员应主动迎上前去,向游客表示欢迎,致欢迎词。欢迎词的内容主要包括:代表本景区对游客表示欢迎;介绍本人姓名及所属单位;表达景区对提供服务的诚挚意愿;表达希望游客对讲解工作给予支持配合的意愿;预祝游客旅游愉快。

(二)景区景点导游讲解

(1)在景点景区大门前总体介绍景点景区的基本概况,包括历史背景、总体布局等。

(2)在游览示意图前,向游客讲解本次旅游活动的旅游路线,大致所需时间、参观游览的有关规定和注意事项。

(3)带领游客按参观游览路线进行分段讲解。讲解应视游客的不同类型和兴趣、爱好有所侧重,积极引导游客参观和观赏,注意掌握游览节奏,注意游客集中听讲解和自由活动时间的合理安排。

（4）结合有关景物或展品向游客宣传环境、生态系统或文物保护知识，并解答游客的问询。

（5）注意游客动向与安全。

（三）送别服务

参观游览结束后，景区讲解员要向游客致简短的欢送词，内容包括对游客参观游览中给予的合作表示感谢，征询游客对导游讲解以及景区景点建设与保护的意见和建议，欢迎游客再次光临。

知识拓展　　出境旅游领队行前说明会

一、欢迎词

各位远道而来的游客朋友们，大家好！感谢大家对我们××国际旅行社的信任，选择参加我们的旅游团。

二、领队自我介绍

很高兴成为你们这次出境旅游的领队，我叫张勇，大家可以叫我张导，或者叫我小张。很乐意为大家服务，也请大家对我的工作予以配合和监督。这里呢，说明一下我们领队的工作职责和服务范围，主要是协助各位游客的出入境、配合并监督境外导游服务，协助游客与境外导游的沟通，处理紧急事件等，总之，大家在旅游的过程中，有什么问题，尽管找我，我会为大家提供全程服务。

三、对游客的要求

好的，说完了我的责任，顺便提醒下各位游客需要遵守的要求，首先，希望大家注意统一行动。我们在异国他乡游览时，如果不统一行动，单独出走的话，很容易丢失，到时候会很麻烦，大家一定要注意这点。其次，就是时间问题。大家都知道，国与国之间有时差的问题，所以出门时请注意调好自己时间，以免造成时间混乱。最后，还有不容忽视的一点，各位游客，我们从五湖四海聚集到一起，是一种缘分，所以在旅游过程中，大家要互相帮助、互相照顾。好了，就这三点要求，大家能做到吧。

四、行程说明

接下来，小张要在这里说明一下我们这次意大利之游的旅游行程概况。

1. 行程亮点

★威尼斯大运河

威尼斯传统的赛船会是大运河上每年都举行的重大庆典，绝对值得观看，另外，大运河贯穿了威尼斯城市的同时，也串起了威尼斯60%以上的主要景点，是威

尼斯的"灵魂之河"。

★罗马圆形竞技场

参观竞技场最好是在傍晚，夕阳给竞技场染上一层火红的色彩，强烈的光影对比勾勒出竞技场雄浑的形态，也凸显出它肃杀悲壮的神态。

★古罗马广场

威尼斯广场到圆形竞技场之间巨大的古罗马广场，曾经是古罗马时代市民生活的中心。

★梵蒂冈博物馆

博物馆内所展示的巨作使它毫无争议地成为世界较大较辉煌的壁画博物馆之一。

★米兰大教堂

雄踞在市中心的米兰大教堂始建于1386年，历经500余年才完工，被誉为意大利最壮丽的哥特式建筑。

2. 行程概要

我们的旅游集合和出发时间是2019年×月×日，集合地点是首都国际机场，航班是中国国航CA939，起飞时间是11:30。好了，接下来说一下具体的行程吧。（略）

3. 备注说明

（1）报价包含：

酒店费用：行程表上所列或同级酒店（以两位成人共享一房为原则，若产生单房需补单房差）。

膳食费用：行程中所含餐食。

交通费用：采用专车，及行程内所列的各种交通工具；往返机票含机场税及离境税。

游览项目费用：行程表上所列各项游览项目及入场费用。

司机、导游费用：全程都有优秀的司机、导游服务。

（2）报价不包含：

个人旅游保险（本公司建议旅客购买旅游保险，以保障旅客利益）。

行程以外的观光节目或自费活动项目。

各国酒类、汽水、洗衣、电报、电话及一切私人性质的费用。

因罢工、台风、航班取消或更改时间，交通延阻及其他不在本公司控制范围内情况所导致的额外费用。

导游小费：200元/人。

4. 通知集合时间及地点

这里小张再次提醒大家一下，我们的飞机是×月×号11:30在首都国际机场起飞,请大家注意时间,提前3小时到机场集合。

五、注意事项

(一)出境前准备工作

(1)备好身份证、护照、机票、信用卡。

(2)备好旅游手册。

(3)备好药品。

(4)备好现金。

(5)备好照相机及电池。

(6)备好雨伞、防晒霜、驱蚊水。

(7)备好牙刷、牙膏、拖鞋。

(8)根据天气情况备好适宜的衣物。

(9)备好手机(开通国际漫游)、充电器、转接插头。

(二)出入境注意事项

(1)请提前3小时到机场办理登机手续。国际航班的值机柜台在飞机起飞前1小时准时关闭。

(2)为方便进出海关,请勿携带生、熟动植物制品和中药材。

(3)托运行李中请勿携带现金、照相机、摄像机、珠宝首饰等贵重物品。

(4)包括指甲剪和塑料刀叉一类的物品请放入托运行李携带,邀请函请随身携带。

(5)如照相机、摄像机、手提电脑为新购物品,请在海关申报,并携带发票备查。

(6)护照有效期需自抵达目的国之日算起超过六个月,因私护照延期请到发照公安机关办理。

(7)请核对签证、机票和护照是否名字相符,否则不能出境。

(8)请在行程中配合导游的工作,准时集合,以免耽误行程。

(9)在入住酒店后,现金和贵重物品请存放在房间或酒店的保险箱内。

六、其他工作

(1)分房:

林峰、金齐宝一组,林通、陈伟一组,程良玉、鲍志远一组,李伦伦、李陈一组,徐开峰、管亮亮一组,赵星辰、胡园一组,阮文强、张家扬一组。

(2)客人所缴纳费用的构成。

(3)是否有单项服务等特殊要求。

(4)是否有清真餐食。

七、结束语

好了。我说完了,大家还有什么问题要问吗?如果没有,那我们就×月×号见吧。这是我的联系方式,手机号码138×××××××××,QQ号×××××××××。再见!

(资料来源:根据相关资料整理。)

案例分析

该听谁的?

某旅游团当天下午乘机飞行了3小时,终于从A市抵达B市。地陪小王在机场接到团队后,马上宣布直接从机场去一个餐厅用晚餐,然后再赴客人所下榻的酒店休息,回酒店后就不再安排其他活动了。客人们认为不妥,要求先入住酒店,休息半个小时后再外出用餐。小王解释说,先回酒店休息后再出来用餐,那时正值交通高峰期,如果遇上堵车,花费在路上的时间就太长了。客人坚持要求先回酒店,提议休息后再去用餐。小王则回答说,如果推迟用餐时间,他和司机当晚回家就很迟了,第二天早上出发时间必须推迟。双方各执一词,最后没能达成统一。后来在全陪的协调下,大家同意先回酒店,休憩1小时后再外出用餐。

思考:
小王的做法是否正确?你认为应该怎样做?

章节测验

第六章

散客工作程序及服务质量

学习导引

随着社会经济的发展，人们的旅游需求趋向个性化。近年来，散客旅游迅速发展，已成为国内、国际旅游业的主要形式之一。在我国，无论是入境旅游、出境旅游还是国内旅游，散客都占有很大的比重，已成为我国旅游客源市场的重要组成部分。本章主要介绍散客旅游的特点，了解团队旅游和散客旅游的区别，掌握散客旅游的服务程序，从而能够在散客旅游的服务接待方面更有针对性。

学习目标

通过本章的学习，重点掌握以下知识要点：
1. 散客旅游的含义和特点。
2. 散客旅游与团队旅游的区别。
3. 散客旅游服务程序和服务质量要求。

章节思政点

1. 散客旅游的游客要求多样性强、随机性大，要培养学生具有优质服务、勤学向上的服务意识，树立良好的职业道德。
2. 散客旅游的要求灵活多变，要培养学生端正服务态度，树立全心全意为人民服务的思想。
3. 散客旅游的要求和想法与时俱进，要培养学生养成终身学习的意识。

课前测验

1. 你知道散客旅游和团队旅游在人数上的区别吗？
2. 你出门旅游会选择团队旅游还是散客旅游呢？为什么？

第一节 散客旅游的内涵和特点

一、散客旅游的含义

散客旅游又称自助或半自助旅游。它是由旅游者自行安排旅游行程,零星现付各项旅游费用的旅游形式。一般分为自助游和定制游两种。前者是指个人、家庭或亲朋好友一起,不使用旅行社的服务而自定行程、自主安排各项旅游事宜的旅游活动;后者是指个人、家庭或亲朋好友一起,自行安排旅游行程但部分使用旅行社服务(如订房、订票等)的旅游活动,也可以是旅行社根据散客所提具体要求而设计的完整的定制旅游产品。

近年来,散客旅游迅速发展,已成为国际旅游业和我国旅游业的主要形式。散客旅游的发展是旅游市场成熟的标志之一,说明游客自主旅游的意识日趋增强,旅游消费观念日趋成熟。散客往往比团体游客更注重旅游服务的效率和质量。这一情况尤其要引起旅行社和导游的注意,提供针对性服务,满足散客的旅游需求。散客旅游之所以越来越受到游客的青睐,除了它的旅游形式比团队旅游灵活、伸缩性强、自由度大以及可供游客自由选择等原因,还与以下因素有关。

(一)游客自主意识增强

随着我国国内旅游的发展,游客的旅游经验得到积累,他们的自主意识、消费者权益保护意识不断增强,更愿意根据个人喜好自主出游或结伴出游。

(二)游客内在结构改变

随着我国经济的发展,社会阶层产生了变化,中产阶层逐渐扩大,改变了游客的经济结构;青年游客增多,他们往往性格大胆,富有冒险精神,旅游过程中带有明显的个人喜好,不愿受团队旅游的束缚和限制。

(三)交通和通信的发展

现代交通和通信工具的迅速发展,为散客旅游提供了便利的技术条件。随着我国汽车进入家庭步伐的加快,人们驾驶自己的汽车或租车出游十分盛行。现代通信、网络技术的发展,也使得游客无须通过旅行社来安排自己的旅行,人们越来越多地借助于网上预订和电话预订。

(四)散客接待条件改善

世界各国和我国各地区,为发展散客旅游都在努力调整其接待机制,增加或改善散客接待设施,通过旅游咨询电话、计算机导游显示屏等为散客提供服务。我国不少旅行社已经在着手建立完善的散客服务网络,并运用现代化促销手段,为散客旅游提供详尽、迅捷的信息服务,有的旅行社还专门设立接待散客的部门,以适应这种发展趋势。

二、散客旅游与团队旅游的区别

(一)旅游方式

团队旅游的食、住、行、游、购、娱一般都是由旅行社或旅游服务中介机构提前安排的。而散客旅游则不同,自助游的散客外出旅游的计划和行程都是由自己来安排的,定制游的散客则会采取委托旅行社采购部分旅游项目。

(二)游客人数

团队旅游一般由10人及以上的游客组成。而散客旅游以人数少为特点,一般由10人以下的游客组成。可以是单个的游客也可以是一个家庭,还可以由几位好友组成。

(三)服务内容

团队旅游是有组织地按预订的行程、计划进行旅游。而散客旅游的随意性很强,变化多,服务项目不固定,而且自由度大。

(四)付款方式和价格

团队旅游是通过旅行社或旅游服务中介机构,采取支付综合包价的付款方式,即全部或部分旅游服务费用由游客在出游前一次性支付或者是支付大部分。而散客旅游的付款方式一般是零星现付,即购买什么、购买多少,按零售价格当场现付。

由于团队旅游的人数多、购买量大,在价格上有一定的优惠,而散客旅游是零星购买,相对而言,数量较少,因此,散客旅游服务项目的价格比团队旅游服务项目的价格会贵一些。另外,散客按每个服务项目的零售价格支付,而团队旅游在某些服务项目(如机票、住宿)上可以享受折扣或优惠,因而相对便宜。

(五)服务难度

散客旅游常常没有领队和全陪,有些散客服务是预先委托的,但大部分则是临时委托旅行社安排其旅游活动,游客之间也互不相识,而且往往时间紧迫,导游没有时间做准备。因此,与团队旅游相比,散客导游服务的难度要大得多、复杂得多、琐碎得多。

三、散客旅游的特点

(一)规模小

散客旅游多为游客本人单独出行或与朋友、家人结伴而行,因此与团队旅游相比,散客旅游的规模小。

(二)批次多

散客旅游发展迅速,选择散客旅游形式的游客人数大大超过团队游客人数。各国、各地都在积极发展散客旅游业务,为其发展提供了各种便利条件,使散客旅游得到更长远的发展。旅行社在向散客提供旅游服务时,由于其规模小、总人数多的特征,从而形成了批次多的特点。

(三)要求多

散客中不乏消费水平较高的游客,他们不仅要求多,而且对服务的要求也高。

（四）变化大

散客在出游前对旅游计划的安排往往缺乏周密细致的考虑，因此在旅游过程中常常需要随时变更其旅游计划，导致更改或取消出发前向旅行社预订的服务项目，并要求旅行社为其预订新的服务项目。

（五）自由度大

散客由于没有集体行动的限制，一切都根据自己的需要和意愿来行动，想走就走，想歇就歇，因而自由度大。

（六）预订期短

与团队旅游相比，散客旅游的预订期比较短。由于散客旅游要求旅行社提供的或是全套定制旅游服务，又或是一项或几项服务，有时是在出发前临时提出的，有时是在旅行过程中遇到的，他们往往要求旅行社能够在较短时间内安排或办妥相关的旅游业务，从而对旅行社的工作效率提出了更高要求。

第二节　散客旅游规范服务流程

散客旅游与团队旅游在接待工作和接待程序上有许多相似的地方，但也有不同之处。地陪不能全盘照搬团队旅游的导游服务程序，而应掌握散客服务特点。

散客部随时都在办理接待散客的业务，按散客的具体要求提供办理单项委托服务的事宜。一般情况下，柜台工作人员会用电话通知散客部计调人员，请其按要求配备地陪和车辆，并填写"旅游委托书"。地陪按委托书（即接待计划）的内容进行准备。

一、接站服务

（一）服务准备

导游接受旅行社派发的迎接散客的任务后，应认真做好迎接的准备工作，它是接待好游客的前提。

1. 认真阅读接待计划

导游应明确迎接的日期，航班或车次的抵达时间，散客姓名、人数和下榻的酒店，有无航班或车次及人数的变更，提供哪些服务项目，是否与其他游客合乘一辆车至下榻的酒店等。

2. 做好出发前的准备

导游要准备好迎接散客的欢迎标志（接站牌）、地图、随身携带的电子导游证、导游身份标识、导游旗；检查所需票证，如餐单、游览券等。

3. 联系交通工具

导游要与计调部门确认司机姓名并与司机联系，约定出发时间、地点，了解车型、车牌号。

4. 与游客联系

导游应在接站前与游客联系，确认接站地点和时间。

(二)接站服务

接站时要使散客受到热情友好的接待,有宾至如归之感。

1. 提前到机场(车站、码头)等候

导游若迎接的是乘飞机来的散客,应随时通过航班动态查询软件查询航班动态,确保在航班抵达前30分钟到达机场,在国际或国内进港隔离区门外等候;若是迎接乘火车或轮船而来的散客,应提前30分钟在出口等候。

2. 迎接散客

由于散客人数少,出港旅客很多,往往稍一疏忽,就会出现漏接(散客自行乘车前往酒店或被他人接走),因此在飞机(火车、轮船)抵达时,导游应通过电话、短信或其他社交软件联系散客,并与司机站在不同的出口易于被接散客发现的位置举牌等候,以便其前来联系,导游也可根据散客的民族特征上前询问。

确认迎接到该接的散客后应主动问候,并介绍所代表的旅行社和自己的姓名,对其表示欢迎。询问所接散客在机场(车站、码头)是否还有需要办理的事情,并给予必要的协助。询问其行李件数并进行清点,帮助其拿取行李和引导其上车。

如果没有接到应接的散客,导游应该:

(1) 询问机场(车站、码头)工作人员,确认本航班(车次、船次)的乘客已全部下车或在隔离区内已没有出港旅客。

(2) 导游(如有可能与司机一起)在有可能的范围内寻找(至少30分钟)。

(3) 与散客下榻酒店联系,查询其是否已自行到达酒店。

(4) 若确实找不到应接的散客,导游应与计调人员电话联系并告知情况,进一步核实其抵达的日期和航班(车次、船次)及是否有变更的情况。

(5) 当确定迎接无望时,须经计调部或散客部同意方可离开机场(车站、码头)。

(6) 对于未在机场(车站、码头)接到散客的导游,回到市区后,其应前往散客下榻的酒店前台,确认散客是否已入住酒店。如果散客已入住酒店,必须主动与其联系,并表示歉意。

(三)沿途导游服务

在从机场(车站、码头)至下榻酒店的途中,导游对散客应像对团队一样进行沿途导游。

(1) 介绍所在城市的概况。

(2) 介绍下榻酒店的地理位置和设施。

(3) 介绍沿途景物和有关注意事项等。

(4) 对于散客,沿途导游服务可采取对话的形式进行。

(四)入住酒店服务

入住酒店服务应使所接散客进入酒店后尽快完成入住登记手续,导游应热情介绍酒店的服务项目及住宿的有关注意事项,与散客确认日程安排及离店的有关事宜。

1. 帮助办理住店手续

(1) 散客抵达酒店后,导游应帮助散客办理酒店入住手续。

(2) 按接待计划向散客明确说明酒店将为其提供的服务项目,并告知散客离店时要现付的费用和项目。

(3) 记下散客的房间号。

(4) 散客行李抵达酒店后,导游负责核对行李,督促行李员将行李运送到散客的房间。

2. 确认日程安排

(1) 导游在帮助散客办理入住手续后,要与散客确认日程安排。

(2) 当散客确认后,将填好的安排表、游览券及下站的飞机(火车、轮船)票交与散客,并让其签字确认。

(3) 如散客参加旅行社组织的"一日游",应将游览券、游览徽章交给散客,并详细说明各种票据的使用方法,集合时间、地点,以及"一日游"的导游召集散客的方式,在何处等车、上车等相关事宜。

(4) 对于有送机(车、船)服务项目的散客要与其商定好离站时间和送站安排。

3. 提前订购机票

(1) 若散客将乘飞机去下一站,而散客又不需要旅行社为其提供机票时,导游应叮嘱散客要提前预订机票,并通过电话或网络确认机座。

(2) 当散客确定了乘机时间并告知导游后,导游应当及时向散客部或计调部报告,以便提前派人、派车为其提供送机服务。

4. 推销旅游服务项目

导游在迎接散客的过程中,应询问散客在本地停留期间还需要旅行社为其提供何种服务,并表示愿竭诚为其提供服务。

(五) 后续工作

迎接散客完毕后,导游应及时将同接待计划有出入的信息与特殊要求反馈给散客部或计调部。

二、导游服务

散客一般文化水平比较高,旅游经验也比较丰富,在旅游中更加注重文化内涵,对旅游服务的要求也高,因此要求导游有较高的素质,有高度的工作责任心,能多倾听他们的意见,并在此基础上做好组织协调工作。

(一) 出发前的准备

(1) 出发前,导游应做好相关的准备工作,如携带游览券、导游旗、宣传材料、游览图册、电子导游证、导游身份标识、名片等,并与司机联系,确定好集合的时间、地点,督促司机做好有关准备工作。

(2) 导游应提前15分钟抵达集合地点并引导散客上车。如果散客分住不同的酒店,导游应偕同司机按事先与散客约定的接站时间到各酒店接散客。将他们全部接到后,再驶往游览景点。根据接待计划的安排,导游必须按照规定的线路和景点带领散客游览。

(二) 沿途导游服务

散客的沿途导游服务与全包价旅游团大同小异。初次与游客见面时,导游应代表旅行社、司机向游客致以热烈的欢迎,表示愿竭诚为大家服务,希望大家予以合作,多提宝贵意见和建议,并祝大家旅行愉快、顺利。

除做好沿途导游服务外,导游应特别向游客强调在游览中注意安全。

（三）现场导游讲解

(1) 抵达游览景点后,导游应对景点的历史背景、特色等进行讲解,语言要生动,富有感染力。对于散客,导游可采取对话的形式进行讲解,这样会显得更加亲切自然。

(2) 游览前,导游应向游客提供游览线路的合理建议,由其自行选择,但需要提醒其记住上车时间、地点和车型、车牌号。

(3) 游览时,导游应注意观察散客的动向和周围的情况,以防散客走失或发生意外事故。

(4) 游览结束后,导游要随车将散客一一送回各自下榻的酒店。

（四）其他服务

(1) 由于散客的自由活动时间较多,导游应当好他们的参谋和顾问。

(2) 介绍或协助安排晚间娱乐活动,将可观赏的文艺演出、体育比赛、宾馆酒店的活动告诉散客,请他们自由选择。可以协助散客订票、订车,同时应提醒散客注意安全。

(3) 应引导散客去健康的娱乐场所。

（五）后续工作

(1) 若接待任务书或委托书中注明参观游览需现场收费,导游应向散客收取现金或让其在线支付,并及时将收取的费用交旅行社财务部。

(2) 接待任务完成后,导游还应及时将接待中的有关情况反馈给散客部或计调部,或填写零散游客登记表。

三、送站服务

当散客结束在本地的活动后,导游应根据接受的送站任务为他们提供送站服务,让他们安全、顺利地离开当地。

（一）服务准备

1. 详细阅读送站计划

导游接受送站任务后,应详细阅读送站计划,明确所送游客的姓名、离开本地的日期、所乘航班(车次、船次)以及游客下榻的酒店,有无航班或车次与人数的变更,是否与其他游客合乘一辆车去机场(车站、码头)。

2. 做好送站准备

导游必须在送站前 24 小时与游客确认送站时间和地点,可通过微信、QQ、短信或电话告知游客具体的送站时间和地点,请游客确认。要备好游客的机票(车票、船票)或网络订票凭证,同散客部或计调部确认与司机会合的时间、地点、车型及车牌号。

导游必须为需送站的散客到达机场(车站、码头)留出充裕的时间。按照要求,出境航班一般提前 3 小时或按当地机场规定的时间到达;乘国内航班一般提前 2 小时到达;乘火车、轮船一般提前 1 小时到达。

（二）到酒店接散客

按照与散客约定的时间,导游必须提前 20 分钟到达散客下榻的酒店,协助其办理离店手续,交还房卡,付清账款,清点行李,提醒散客带齐随身物品,然后照顾客人上车离店。

若导游到达散客下榻的酒店后,未找到应送的客人,导游应到酒店前台了解客人是否已离店,并通过微信、QQ、短信或电话联系客人,视情况决定是继续等待还是返回,或者前去接送下一批客人。

若需送站的散客与住在其他酒店的散客合乘一辆车去机场(车站、码头),导游要严格按约定的时间顺序抵达各个酒店。途中如果遭遇严重交通堵塞或其他极特殊情况,需调整原来约定的时间顺序和行车线路,导游应及时打电话将时间上的变化情况通知在酒店等候的客人,必要时可以请示计调部,请客人采取其他措施前往机场(车站、码头)。

(三)到站送客

在送散客赴机场(车站、码头)途中,导游应向其征询在本地停留期间的感受及对服务的意见和建议,并代表旅行社向其表示感谢。

到达机场(车站、码头)后,导游应提醒和帮助散客带好行李与物品,协助其办理离站手续(如取票、换登机牌、办理行李托运等)。

导游同散客告别前,应向机场人员确认航班是否准时起飞。若航班延时起飞,应主动为散客提供力所能及的帮助。若确认航班准时起飞,导游应将散客送至安检区域入口处同其告别,热情欢迎下次再来。若散客将再次返回本地,要同散客约好返回等候的时间和地点。

送别散客后,导游应及时结清所有账目,将有关情况反馈给散客部或计调部。

知识拓展　　　　团队落　散客升

借用《资本论》的一句名言,团队生来就是旅游,然而团队从来都不是旅游的全部。进入大众旅游全面发展新阶段以后,散客和自助旅行者更是旅游市场的基本盘,也是市场主体创业创新的核心支撑。与团队旅游者相比,散客和自助旅行者更加强调安全、品质和个性化,他们不是不需要旅行服务,而是需求的形式发生了根本性的变化。那些无视变化或者跟不上变化的市场主体,就像《骆驼祥子》里车夫祥子的黄包车、《神鞭》中小贩傻二的"神鞭",无论多么努力和辉煌,终是不敌汽车和枪弹一样,被市场淘汰是必然的事情。

相信很多人和我一样,看到去哪儿网发布的《2022年暑期小众目的地高星酒店预订增幅Top10》,可能要对着地图查找这些地级市到底在哪儿:鹤岗、汉中、克拉玛依、保亭、海东、延安、辽阳、荆门、文昌、伊春。还有春节机票增幅的前十位城市也是出乎很多人的预料:荔波、凯里、鸡西、乌兰察布、九寨沟、澳门、乌海、五大连池、佳木斯、宜宾。这与年轻人的"反向旅游"或者"躺平旅游""摆烂旅游"有关,他们不再跟团走传统的旅游线路,也不再跟着所谓的意见领袖(KOL)去那些热门的旅游城市或者景区打卡,甚至不屑于做攻略,而是找一个性价比超值的四五线小城市或是冷门的目的地,随心所欲地待上几天。文化和旅游部数据中心监测显示:多达 83.5% 的旅游者会主动错峰出游,选择新兴目的地和景区游玩。按照传统的旅游理论,很难解释他们的旅游行为,也很难将其纳入传统旅游业者的视野。好在是旅游者定义旅游业,而不是相反。传统的理论解释不了,自有新的理论出来解释,传统的业者服务不了,自有创业创新者入场。

(资料来源:节选自戴斌《一鲸落 万物生——2022年中秋、国庆节假日旅游市场数据解读》,略有修改。)

案例分析

我到底哪里做错了?

地陪王小姐在陪同一对老年夫妇游览三亚南山寺时工作认真负责,在两个半小时内向游客详细讲解了不二法门、南山寺、海上观音圣像等。老人提出了一些有关佛教的问题,王小姐说:"时间很紧,现在先游览,回酒店后我一定详细回答你的问题。"游客建议她休息,她都回绝了。虽然很累,但她很高兴,认为自己出色地完成了导游讲解任务。然而,出乎她意料的是那对老年夫妇不仅不表扬她,反而写信给旅行社领导批评了她。她很委屈,但领导了解情况后说老年游客批评得对。

思考:
为什么说老年游客批评得很对?应该怎样接待老年游客?

章节测验

传统技能篇
CHUANTONG JINENG PIAN

第七章

导游语言及讲解技能

学习导引

语言是导游工作的重要工具,讲解能力更是导游的重要基本功。本章首先介绍了导游语言的内涵、形式、特点,接着介绍了导游讲解的原则、方法,最后介绍了实地导游讲解的具体要领。

学习目标

通过本章的学习,重点掌握以下知识要点:
1. 导游语言的形式。
2. 导游语言的特性。
3. 导游讲解原则和要求。
4. 导游讲解的常用技法。
5. 实地导游讲解的要领。

章节思政点

1. 语言是人类特有的传递信息、交流思想的工具。导游语言是以语音为外壳、词汇为材料、语法为结构、情感为内涵的工作语言。高质量的导游语言源于导游持续的学习和积累,更源于导游内心的"爱"。

2. 在工作过程中,导游要厚植家国情怀、人文素养和科技素养,树立正确的"三观",当好祖国文化、山水的宣传者和代言人,当好社会正能量的传播者。

课前测验

1. 今天的导游与20年前的导游相比较,你认为有哪些新变化?
2. 你认为导游讲解可借用的外力有哪些?

第一节 导游语言

一、导游语言的内涵

语言是人类用来传情达意、交流思想的特有工具。通常认为,语言的构成有三要素,即语音、语法和词汇。随着人类社会的不断发展,人类的语言也在不断地发展,出现了许多行业性语言,导游语言就属于行业性语言,即导游工作时的语言。

通常认为,导游语言有广义和狭义之分。狭义的导游语言指导游的口头语言,即导游与游客进行交流、指导游客游览以及讲解时所使用的口头语言。广义的导游语言是导游在服务过程中熟练掌握和运用,具有一定意义并能引起互动的一种符号,这里不仅包括口头语言,还包括态势语言、书面语言等。

二、导游语言的形式

（一）口头语言

1. 口头语言的重要性

口头语言是导游语言中使用频率最高的语言形式,导游不管是交流还是讲解都需要使用到口头语言。在实际生活当中,人们多注重口头语言的语音和语义,而忽略了口头语言的其他的要素。事实上,规范的口头语言除语音、语义外,还包括词汇和语法。

2. 口头语言的表达技巧

（1）音量。

音量是指声音的强弱程度。在工作过程当中,导游的音量既不能过高,也不能过低,音量大小要适中。首先,导游可以根据游客人数和不同的时空环境来调节音量,比如游客人数多时音量要大一些,反之音量则小一些。在室外环境嘈杂时音量要大一些,在室内或是周边相对安静时音量则可小一些。其次,导游也可根据讲解的内容来调节音量,对于一些重要的信息或是要强调的内容等,可以加大音量,对于无关紧要的信息,可以音量稍微小一点。

（2）语调。

语调即说话时的腔调,指讲话时语调的升降、高低的配置。语调不同表示不同的语气和情感,语调一般分为升调、平调和降调。升调表示兴奋、激动、惊叹、疑问等感情状态,平调多表示平静、庄重、冷漠等感情状态,降调则表示肯定、赞许、期待、同情等感情状态。语调被称为声音的表情,同一句话用不同的语调说出来具有完全不同的含义。导游的语言要讲究语调变化,一篇解说词语调上要高低起伏、抑扬顿挫,这样才会有音乐般的节奏感。

（3）语速。

语速指说话时语流速度的快慢。导游的语速不能过快,也不能过慢,更不能一成不变。如果语速过快,会使游客跟不上导游的思维,达不到好的交流效果,语速过慢,则会使游客听起来着急并感到厌烦,同样,一成不变的语速也会使人乏味。导游要根据所讲的内容和游客的情况来控制自己的语速,做到快慢合理、灵活调整。

(4) 停顿。

停顿是指说话时语言上的间歇或暂时地中断,必要的、适当的停顿可以突出说话者的节奏感,更好地吸引游客。导游讲解中的停顿通常分为语义停顿、暗示省略停顿、等待反应停顿、强调语气停顿等类型,导游可以根据不同的情况,使用不同的停顿类型。

(二) 态势语言

态势语言又被称为体态语言、动作语言、肢体语言等,其称呼较为多样,但都是用表情、动作或者体态来交流的辅助工具,是一种伴随性的语言。态势语言有独特的作用,不仅可以传递有声语言无法传递的信息,还可以起到补充和强化有声语言的作用。

1. 表情语

表情语是通过人的面部表情来传递情感和信息的体态语言。人们内心的想法会通过不同的表情流露出来,对导游而言,较重要的表情语是目光语和微笑语。

(1) 目光语。

俗话说"眼睛是心灵的窗户",通过眼睛可以观察到人们内心的各种情感。相对于其他体态语言,目光语是一种更复杂、更微妙、更富有表现力的语言。导游在目光语的运用过程中要注意以下问题:一是目光注视的方式。导游的目光一般情况下应该是正视和环视,导游大多以平行的视线接触旅游者,传递的信息是平等自信、坦诚认真、理智庄重的。在讲解过程当中要避免仰视和俯视,仰视给人以傲慢、目中无人的感觉,俯视则会让游客感觉导游缺乏自信,会怀疑导游经验不足。二是目光注视的部位。导游在面对游客时,一般来说目光应注视游客面部从两眼到嘴部之间的区域,这个区域被称为社交注视区,它传达的是一种礼貌、友好、庄重的信息。三是目光重视的时间。根据相关调查,导游与游客交谈或讲解时,双方视线接触的时间应占全部时间的40%左右,时间过长会令游客局促不安,是一种失礼的行为,时间过短,少于20%,游客则会感觉自己被忽视,是一种不礼貌的行为。

(2) 微笑语。

微笑也被称为"世界通用语""交际世界语"。微笑是不需要翻译的,它在世界各民族人民的交流当中语义基本相同。在日常生活中,人们可以通过面部略带笑意来进行信息传递。微笑语的内涵非常丰富,既可以表示友好、愉快、欢迎、尊重、欣赏,又可表示歉意、拒绝、否定等口头语言不便或不能传达的含义。在工作当中特别是初次与游客见面时,导游主动且亲切的微笑能消除游客的陌生感和不安感,缩短双方的心理距离。在游览过程当中,导游的微笑能说服游客接受其意见,化解彼此的误解和不愉快。微笑还可以美化导游的形象,是导游平和、淳朴、真诚、自信的外化,所以微笑被称为"解语之花""忘忧之草",导游应该以自己真诚的微笑,带给游客一段难忘的旅游经历。

2. 体态语

体态语就是以人的身体姿态所传递的信息,不同的体态传递的信息是不一样的。"站如松,坐如钟,行如风",这是中国人自古以来对于人们在公共场合正确体态的一种规范要求。对导游而言,比较重要的姿态语主要有站姿、坐姿和走姿。

3. 手势语

手势语是指通过手部动作所传递的信息,包括握手、招手、手指动作、手的指引等。人的一切心理活动都伴有多多少少的手势,因此,手势作为信息传递方式,不仅可以表达一个完整的概念,还能强调口语的语义,甚至表达口语以外的含义。较常见的手势语有握手、手指语、挥手和招手等。

(1) 握手。

握手是交际双方右手彼此相握以传递信息的手势语,初次见面时握手表示欢迎,告别时握手表示欢送,还可以向别人表示祝贺、理解、鼓励、感谢等。导游握手时要注意握手的礼仪和禁忌。

(2) 手指语。

手指语是指通过手指的各种动作所传递的信息,是一种较为复杂的伴随语言,可以传递多种信息。手指语受文化差异的影响较多,同样一个动作在不同文化背景下可能有截然相反的内涵,比如竖起大拇指在中国表示赞扬,在日本表示男性,在法国、澳大利亚、英国、新西兰等国通常表示请求搭车,而在一些特殊场合是侮辱人的意思;伸出食指和中指在中国表示数字,在英国、美国等国家此动作因像字母"V"而表示胜利;用拇指和食指做 OK 手势,在日本表示金钱,在讲英语的国家表示"OK、对、好"等,但在法国表示没有或微不足道,而在巴西、希腊和一些阿拉伯国家,这个手势表示诅咒或是一种粗俗下流的动作;伸出小指在日本表示女人、女孩子、恋人,在菲律宾表示小个子,在泰国、沙特阿拉伯表示朋友,在缅甸、印度表示去厕所,而在美国、韩国、尼日利亚等国表示打赌。

(3) 招手和挥手。

招手和挥手多用于远距离打招呼。手心向下招手,在中国表示请过来,在英国表示再见。手心向上打招呼,在中国表示不礼貌地唤人过来,在英国则表示请人过来,而在日本则用于唤狗。招手和挥手多为向观众表示致意或再见,有时候说话或演讲激动时挥动手臂用以加强语气和表达力。

(4) 讲解手势。

导游讲解手势不仅能强调或解释讲解的内容,而且能生动地表达讲解语言所无法表达的内容,使讲解生动形象,使游客看得见、悟得着。常见的讲解手势有以下几种:一是情意手势,即用来表达导游讲解的情感,使之形象化、具体化。比如导游在说"我国的社会主义现代化建设一定会取得成功"时,可有力地挥动一下握拳的手,既可渲染气氛,又有助于情感的表达。二是指示手势,用来指示具体的对象。导游在讲解中经常需要用到指示手势来告知游客所见的景观。三是象形手势,用来模拟不同形状的物品。比如导游讲到"西瓜重5千克"时,就可用手比成一个球形。

在哪种情况下用哪种手势应视讲解内容而定。在手势的运用上必须注意:第一,要简洁易懂;第二,要协调合拍;第三要富有变化;第四,要节制使用;第五,不要使用对方忌讳的手势。

4. 服饰语

服饰是通过服装和饰品来传递信息的一种语言。服装能造就一个人,服饰语能显示一个人的气质修养、兴趣爱好、精神状态、文化层次和生活习惯,它有很多构成要素,如色彩、款式、质地等,其中,色彩是第一要素。服装色彩的巧妙运用能使人产生满意的效果,如浅色有扩张作用,瘦削的人穿浅色服装可产生丰腴的效果;深色给人以收缩感,适合较胖的人穿着。

黑、白、灰是配色中的安全色,它们最容易与其他色彩搭配并取得良好效果。色彩本身还具有浓厚的感情成分,深色让人感觉庄重深沉,浅色给人以轻松舒展之感。白色纯洁、蓝色恬静、红色热情、黄色明亮,导游可根据不同的场合选择不同颜色的服装。导游除遵循着装配色原则之外,还应遵循 TPO 原则。另外,导游也要注意装饰物的运用,在工作当中不应佩戴过多饰品,如果非戴不可,也应含而不露,切忌花枝招展。

(三) 书面语言

导游讲解主要体现为口头语言,但背后也是以一定的书面语言为基础。书面语言是导游讲解时的底稿,这份底稿的撰写需要导游有较强的专业知识背景和书面语言知识。对新时代的复合型导游和专业型导游而言,书面语言尤为重要。不管是制作短视频还是主题类旅游活动的推广和策划,都需要有较强的文案撰写、策划能力,书面语言在导游工作中的作用日益重要。

三、导游语言的特性

导游语言除了规范,还应满足以下基本特性。

(一) 准确性

准确性是导游语言的重要特性,导游语言要做到准确性,必须注意以下几个方面。

1. 态度严肃认真

严肃认真的态度是导游语言准确性的前提。首先,导游要树立"游客为本、服务至诚"的行业理念,不断提高自己的服务意识,抱着对旅游企业、对国家、对自己负责的态度,实事求是地用恰当的语言进行讲解和表达。其次,导游要有好学精神,认真对待讲解的每一个词语,使之能够与时俱进,并确切地反映客观实际。

2. 内容准确

首先,导游要了解和熟悉所讲的内容,这是运用好导游语言的基础,如果导游对景点的情况不了解、不熟悉,则很难表达清楚、准确,更谈不上流畅、优美了。在熟悉景点的基础上,导游所讲的内容要符合客观实际,即使是神话传说、民间故事也应当有所本源,不能信口雌黄、胡编乱造。其次,对于国家的方针政策不能随便解释,景点中涉及的数据和史实必须准确无误,不能张冠李戴,对于自然和人文景观的价值更不能随意评判。最后,导游所讲的内容必须是健康向上的、无害的,不可庸俗下流、消极颓废。另外,导游应当注意语气的文雅,表现出应有的气质和修养。

3. 语言运用准确

首先,遣词造句正确。遣词造句正确是导游语言运用的一个关键,导游要做到语言规范,用词贴切,遣词造句正确,词语组合搭配恰当,注意词义的褒贬是否与具体的情景相吻合。其次,词语组合得当。要按照语言规律和习惯进行词语的有机组合和搭配,使之符合规范,搭配相宜,这样才能准确地表达意思。例如,导游在向游客做自我介绍时说:"我代表旅行社和我自己对于大家的到来表示热烈的祝贺。"这里的"热烈"与"祝贺"就属于搭配不当,所以语言运用要准确。

(二)逻辑性

1. 语言要符合逻辑规律

逻辑性即导游的思维要符合逻辑规律,要保持导游语言前后的连贯性。

2. 语言要有层次感

导游的语言要有层次感,导游要确定讲解的顺序及讲解的内容之间的逻辑关系,做到层层递进,条理清晰,脉络分明。

3. 掌握必要的逻辑方法

导游的语言要具有逻辑性,必须学习一些基本的逻辑方法。主要的逻辑方法有比较法、分析法与综合法、抽象法、演绎法与归纳法等。

(1)比较法。

比较法就是比较两种或两种以上同类事物的异同或高低的方法。人们常说"有比较才有鉴别",只有通过比较,才能对事物有所区分。在导游语言中,应用比较法的场合很多。例如,"长江是中国第一长河,世界排名第三"就是通过比较得出的结论,因为长江的长度仅次于南美洲的亚马孙河和非洲的尼罗河。

(2)分析法与综合法。

分析法是把一件事物、一种现象或一个概念分成较简单的组成部分,然后找出这些部分的本质属性和彼此之间的关系。综合法则是把分析的对象或现象的各个部分、各种属性组合成一个统一的整体。

(3)抽象法。

抽象法又称概括法,是从许多事物中舍弃个别的、非本质的属性,抽出共同的、本质属性的方法。

(4)演绎法与归纳法。

演绎法与归纳法都是推理的方法,演绎法是由一般原理推出关于特殊情况下的结论,其中三段论就是演绎的一种形式。归纳法是由一系列具体的事实概括出一般原理。

(三)生动性

要使口语表达生动形象,导游除了要把握好语音、语调,还要善于运用比喻、比拟、夸张、映衬、引用等修辞手法。

1. 比喻

比喻就是用类似的事物来打比方的一种修辞手法。在导游语言中,比喻可以使抽象事物形象化,也可以使讲解的自然景观形象化或者是人物形象更加鲜明,当然,还可以激发丰富的想象,提升讲解质量。

2. 比拟

比拟是通过想象把物拟作人或把甲物拟作乙物的修辞手法。在导游语言中,最常用的是拟人。譬如:"迎客松位于九宫山狮子坪公路旁,其主干高大挺直,修长的翠枝向一侧倾斜,如同一位面带微笑的美丽少女向上山的游客热情招手。"迎客松是植物,赋予人的思想感

情后,会"面带微笑",能"热情招手",显得既贴切又生动。

比拟的手法在描述景物或讲述传说故事时常用,而在介绍景点和回答问题时一般不用。运用比拟手法时,导游要注意表达恰当、贴切,要符合事物的特征,不能牵强附会;另外,还要注意使用场合。

3. 夸张

夸张是在客观真实的基础上用夸大的词句来描述事物,以唤起人们丰富的想象的一种修辞手法。

4. 映衬

映衬是把两个相关或相对的事物或同一事物的两个方面并列在一起以形成鲜明对比的修辞手法。导游在讲解中运用映衬的手法可以增强口语表达效果,激发游客的情趣。譬如:"太乙洞(咸宁)厅堂宽敞、长廊曲折,石笋耸立、钟乳倒悬,特别是洞中多暗流,时隐时现、时急时缓,水声时如蛟龙咆哮,闻者惊心动魄;时如深夜鸣琴,令人心旷神怡。"这里"宽敞"和"曲折","耸立"与"倒悬","隐"和"现","急"与"缓","蛟龙咆哮"和"深夜鸣琴"形成强烈的对比,加深了游客对洞穴景观的印象。

5. 引用

引用是指用一些现成的语句或材料(如名人名言、成语典故、诗词寓言等)来说明问题的一种修辞手法。导游在讲解中经常运用这种方法来增强语言的表达效果。引用包括明引、意引和暗引三种形式。

四、导游交际语言

在工作当中,导游需要同游客以及相关接待单位的有关人员进行接触,其语言表达方式、表达方法和表达技巧对接触效果会产生影响,因此,导游必须加强学习,不断提高自己的交际语言水平。

(一)见面称谓技巧

1. 交际关系型

交际关系型称谓主要包括"各位游客""诸位游客""各位团友""各位嘉宾"等,这类称谓的特点是角色定位准确,强调了导游与游客在交际中的角色关系,通常情况下,既公事公办又落落大方,使用频率最高。

2. 套用尊称型

套用尊称型称谓是在各种场合都比较实用的社交通称,各个阶层、各种身份都可以使用,比如"各位女士,各位先生""女士们,先生们"这类称谓都为尊称型,使用的范围广泛,回旋的余地较大,一般对外国旅游团使用更好。

3. 亲密关系型

亲密关系型称谓一般较热情友好,注重强化平等亲密的交际关系,易于消除游客的陌生感。如"各位朋友们""亲爱的朋友们"等。当然,同别人交谈或打招呼时也可采用职务加上姓相称,比如张教授、王医生等。

总之,在称谓当中,把握三点要求:一是得体,二是尊重,三是通用。

（二）自我介绍技巧

1. 与旅游团初次接洽时的自我介绍

导游与旅游团初次见面时，常常首先要与旅游团的团长、领队或负责的游客见面接洽，尽管导游有身份标识或是导游旗，但也得做简短的自我介绍，目的在于让对方能够很快确认导游身份。与旅游团初次接洽的自我介绍要注意以下两点：首先，热情自信、态度诚恳。导游要清晰地报出自己的姓名、单位、身份，同时要热情友善、面带微笑、态度诚恳、充满自信，特别要注意态度，如果态度冷淡或者敷衍应付，就会让人产生不信任感，不利于双方的进一步合作。其次，自我介绍内容不可过长，要繁简有度。一般情况下，初次与团长、领队和全陪碰面时，导游的自我介绍应是简单的，讲清自己的姓名、单位、身份即可，不需过多牵涉其他事情。待游客集中或是去酒店途中，可面对游客进行详细的自我介绍。

2. 致欢迎词的自我介绍

在接到旅游团离开机场、车站、码头赴酒店途中，导游会向游客致欢迎词，欢迎词的重要内容之一就是自我介绍。这里的自我介绍需要导游认真准备，自我介绍是欢迎词的重要内容，可以彰显导游的讲解能力，留下良好的第一印象。导游的自我介绍风格和方法各有不同，通常有自谦式、调侃式、幽默式等。

（三）交谈的语言技巧

导游除讲解外，还有大量同游客自由交谈的时间，这就要求导游也要讲究交谈的技巧。

导游与游客交谈旨在协调双方关系，缩短双方之间的心理距离。因此，在交谈的过程当中要做到两点：其一，开头要寒暄，不要让对方觉得莫名其妙。寒暄可以拉近彼此之间的感情距离，打破双方陌生的界限，寒暄的办法有很多，通常有问候、询问、夸赞、描述等。其二，交谈是双方自愿平等交流、随和开放的行为，说话的内容要健康，言语要中肯。

聊天时，一是不应在相谈甚欢时戛然而止，而应有一个过渡，再设法收场。二是不应勉强延迟交谈，如果对方已不太想交谈，不要无话找话，故意拖延时间，这是不明智的。

（四）劝服的语言技巧

在服务过程中，导游常常会面临各种问题，需要对游客进行劝服，如活动日程的被迫改变需要劝服游客接受，还有需要对个别游客的不合理要求进行劝服等。劝服时要以事实为基础，根据事实讲明道理，同时要讲究方式方法，使游客易于接受。

1. 诱导式劝服

诱导式劝服即循循善诱地通过有意识、有步骤的引导，澄清事实，讲清利弊得失，使游客逐渐信服。例如，游客对旅游团交通工具的改变意见很大，那么导游可以采用诱导式劝服的方法，一是态度要诚恳，使游客感到导游是站在游客的立场上，帮助他们考虑问题；二是要善于引导，巧妙地使用语言分析利弊得失，使游客感到另一个也是很好的选择。

2. 迂回式劝服

迂回式劝服是指导游不对游客进行正面直接说教，而是采用间接或旁敲侧击的方式进行劝说，即通常所说的"兜圈子"。这种劝服方式的好处是既不伤害游客的自尊心，又使游客容易接受。

在旅途中有时会出现某些不利于导游工作的状况,比如,导游在讲解时忌讳游客交头接耳,因为这些行为会影响导游讲解的效果。这时导游如果说出"请不要讲话"的命令式语言,即使当时制止住了,也很可能让游客心存不满情绪,产生误会,给自己往后的工作制造麻烦。导游不如换一种方式说:"请那位女士(先生)把窗帘拉一下,谢谢!"她(他)会马上转移注意力,并意识到自己刚才的行为不妥而安静下来听导游继续讲解。这种旁敲侧击、迂回言他的方法,让游客既容易接受,又不伤害其自尊心。

3. 暗示式劝服

暗示式劝服是指导游不明确表达自己的意思,而采用含蓄的语言或示意的举动使游客领悟的劝说方式。

(五)提醒的语言技巧

在服务过程中,导游经常会碰到少数游客由于个性或者生活习惯的原因表现出群体意识较差或丢三落四的行为,比如迟到、独自活动走失、遗忘物品等。对于这类游客,导游应给予特别关照,从关心游客安全和旅游集体活动的要求出发,在语言上及时给予提醒。

1. 敬语式提醒

敬语式提醒是指导游使用尊敬口吻的词语对游客直接进行提示,如"请""对不起""不好意思"等。导游在对游客的某些行为进行提醒时应多使用敬语,这样会使游客容易接受。

2. 协商式提醒

协商式提醒是指将导游与游客置于平等的位置上,主动同游客进行协商,是对游客尊重的表现。在协商的情况下,游客是会主动配合的。

3. 幽默式提醒

幽默式提醒是指导游用有趣且意味深长的词语对游客进行提醒。导游用幽默的语言进行提醒即可使游客获得精神上的快感,又可使游客在欢愉的气氛中受到启示或解决问题。

例如,导游提醒游览长城的游客注意安全并按时返回时说:"长城地势陡峭,大家注意防止摔倒。另外,不要头也不回地一股脑儿往前走,一直走下去就是丝绸之路了,有人走了两年才走完,特别辛苦。"

又比如,旅游团入住酒店后,导游给游客分发房卡时提醒说:"朋友们请注意,大家要妥善保管好自己房间的房卡,如果您不小心把它弄坏或弄丢,那很抱歉,酒店有规定要您留下人民币做纪念。"导游的话不仅富有人情味,而且不乏风趣幽默。

(六)回绝的语言技巧

在服务过程中,导游经常会碰到游客提出各种各样的问题和要求,然而并不是所有的要求导游都能满足,对于一些不合理的或者不可能办得到的事,导游需要回绝,但由于受主客关系的束缚,导游不便于直接回答,而应采用一些技巧进行回绝。

1. 柔和式回绝

柔和式回绝是指导游采用温和的语言进行推脱的回绝方式,采取这种方式回绝游客的要求,不会使游客感到太失望,同时也避免了导游和游客之间的对立状态。比如有一位外国游客邀请导游到他所在国家的公司里去工作,这时导游回答说:"谢谢您的一片好意,我还没有这种思想准备,也许我的根扎在中国的土地里太深了,一时拔不出来啊。"这位导游未明确表示同意与否,却委婉谢绝了游客的提议,取得了非常好的效果。

2. 迂回式回绝

迂回式回绝是指导游对游客的发问或者要求不正面表达意见,而是绕过问题从侧面予以回绝。

3. 引申式回绝

引申式回绝是指导游根据游客话语中的某些词语加以引申而产生新意的回绝方式。比如游客在离别之前把吃剩的半瓶药送给导游,并表示这种药很贵重,对治疗其病很管用,现送给导游做纪念。导游谢绝说:"既然这种药很贵重,又对您很管用,送给我这种没病的人太可惜了,还是您自己留下服用更好。"这里导游用客人的话进行引申回绝,十分自然,既维护了自己的尊严,又达到了拒绝的目的。

4. 诱导式回绝

诱导式回绝指导游针对游客提出的问题进行逐层剖析,引导游客对自己的问题进行自我否定的回应方式。

(七)道歉的语言技巧

在服务过程中,由于一些客观原因或者导游工作上的一些过失和相关接待单位的问题可能会引起游客的不快和不满,造成导游同游客之间关系的紧张,这个时候导游应该妥善处置,采用恰当的语言向游客致歉认错,请求游客的谅解,缓和紧张的关系。

1. 微笑式道歉

微笑是一种润滑剂,可以使导游和游客之间的紧张气氛得到缓和,也是向游客传达歉意信息的载体。当导游在回答游客的问题时出现一些差错,待客人纠正以后,导游觉察到这样的回答是错误的,就应该向游客道歉,并且抱歉地一笑,使游客不再计较。

2. 迂回式道歉

迂回式道歉指的是导游在不便于直接公开向游客致歉时采用其他方式请求游客谅解。当旅游团的团员就下榻酒店的早餐品种单调的问题向导游表达了不满,提出要更换其他酒店时,导游跟酒店协商以后增加了早餐的品种,获得了游客的谅解,这就是采用迂回道歉的方式来改进导游服务,同时还可以请旅行社或者相关接待单位协商,采用向游客赠送纪念品、加菜或者免费提供其他服务的方式来向游客致歉。

3. 自责式道歉

由于导游或者旅游供给方的差错使游客的相关利益受到了损害,引起游客不满时,即便不是导游的原因,导游也要勇于自责,以缓解游客的不满情绪。在旅游过程中,有时会出现一些不如意或是缺陷影响游客情绪,尽管非导游自身的原因,但是导游勇于主动承担责任,可能会使道歉效果更好一些。比如,有的游客忘了集合时间,让大多数游客等待的时间比较久,很不耐烦并有怨言。当游客匆匆归来时,如果导游对他批评、责骂、挖苦,只能使他反感和不快,甚至以牙还牙,最终会弄得大家都不高兴。这时导游应勇敢承担责任:"朋友们,对不起!某先生的迟到是我的责任,是我在开始游览前没有交代清楚集合的时间,对此,我向大家表示深深的歉意。"这样一来,不但迟到的游客有台阶下,对你心存感激并会暗暗告诫自己以后要遵守时间,而且更多的游客也会赏识你勇于承认错误的勇气,这对接下来的导游工作顺利进行有积极的推动作用。

总之,不管采用何种道歉方式,首先,道歉的态度必须是诚恳的。其次,道歉必须是及时的,知错就改。最后,道歉要把握分寸,不能因为某些游客不快就道歉,而要分清楚深感遗憾和道歉的界限。

第二节 导游讲解技能

俗话说,"祖国江山美不美,全靠导游一张嘴"。如果说导游服务是一门艺术,那么这门艺术集体中体现在导游讲解技能方面。同样的景点,有的人可以讲得"色、香、形、味"俱全,有的人讲起来却索然无味。有的人可以把没啥看头的景点讲得津津有味,有的人却可能将内涵丰富的景点讲得没啥看头。原因何在?这涉及较多原因,但其中最重要的原因还是导游自身的讲解能力。

一、导游讲解原则

导游讲解是导游的创造性活动,这种创造性活动是以丰富多彩的社会生活和绚丽多姿的景观景物为题材,以兴趣爱好、审美情趣各异的游客为对象,以自己掌握的各类知识进行整理、加工和提炼,用简洁明快的语言进行意境的再创造。尽管导游讲解为导游个人的创造性活动,但也要遵循一定的原则。

(一)客观性

客观性是人类社会的基本原理。首先,自然界的存在与发展是客观的,因此,导游不管采用何种讲解方法和技巧,都必须以客观存在为依托。客观性要求导游在讲解过程中要做到以下两点:一是尊重事实,尊重历史的发展实际情况;二是尊重科学。

(二)计划性

古语云:"凡事预则立,不预则废。"计划性是指导游在特定的工作对象和时空条件下发挥主观能动性,科学地安排游客的活动日程,有计划地进行导游讲解。

1. 旅游活动日程的计划

遵循游览活动中的一般规律,善于调节旅游节奏,以便游客保持旺盛的精力和充沛的体力。同时,要将游览、购物、娱乐相结合,丰富旅游项目,满足游客的多方需求,也使整个行程富于节奏和变化。

2. 每日时间分配计划

在每一天的活动安排方面要注意科学分配时间,例如,花在交通上的时间(出发时间、交通工具所需时间)、参观路线所需时间、购物时间、午餐时间、自由活动时间等。这些时间的安排要避免出现前松后紧或前紧后松的局面,避免同一天旅游项目的雷同,要使游客保持稳定、持久的兴趣,同时也要避免在某一时间的行程安排得特别轻松,而在其他时间的行程又非常紧张。

3. 景点导游方案计划

根据当天的具体情况以及游客的情况选择最佳的游览路线,同时导游的讲解内容也要进行提前的计划,如讲解的地点、讲解花费的时间、游客可能的问题等都需要提前做好计划和安排。

(三)针对性

针对性是指导游从游客的实际情况出发因人而异、有的放矢地进行导游讲解。众所周知,游客的情况千差万别,其年龄、审美情趣各不相同,因此,导游要根据游客的具体情况,有针对性地进行讲解。

1. 语言的针对性

根据游客的情况,可以穿插游客家乡的方言,拉近与游客之间的距离。同时,语言表达符合游客的表达习惯,符合游客的接受能力。

2. 讲解内容的针对性

要了解游客的行业背景,结合景观的地域和特征进行讲解。比如对于建筑爱好者,导游可以这样讲解:

> 故宫的正门叫"午门"。古以北为子,南为午,午门正处于故宫中轴线之南的向阳位置,故称"午门"。午门平面呈凹形,正楼面阔九间,重檐庑殿式,这种门只有皇帝才可以用;午门下面有五个拱门,正中间的门只有皇帝才能出入,地位很高的官员使用两侧的门,地方上的诸侯只能使用最边上的小门,随处可体现皇家的等级森严。

对于一般的游客,导游可以这样讲解:

> 午门是皇帝每年冬至颁发来年历书的地方,如遇有战争获胜,则要在此举行凯旋"献俘"仪式。午门前广场是受廷杖的地方,官员如触犯"龙颜"将在此受廷杖之刑。1519年,明武宗朱厚照要去江南选秀,由于众大臣劝阻,惹恼了他,结果竟有130名官员在午门受廷杖,一次就打死了11人。

3. 讲解方法的针对性

对于一般的游客,导游可以多用讲故事的方式和幽默的语言进行深入浅出的讲解,让游客对讲解有兴趣。对于外国游客,导游可以运用类比法,以熟喻生,加深游客印象,使其更好地理解中国文化和景观,让游客有更多获得感。

(四)灵活性

灵活性是指导游讲解要因人而异、因时制宜、因地制宜。通常,我们所讲的最佳时间、最佳路线、最佳旅游点等都是相对的,如果客观上的最佳条件缺乏,则难以达到完满的讲解效果。因此,导游在实际的工作中需要灵活调整。首先,游客的审美情趣各不相同。其次,不同景点的美学特征千差万别,大自然也千变万化,游览时候的气氛、天气、游客情绪也随时变化。因此,即便是同一景点每次去也都不一样,导游需要根据季节、天气、服务对象的不同调整讲解方式和内容。世界上没有完全相同的旅游团队,无论导游的知识和经验如何丰富,总会遇到各种情况,需要随机应变。

二、导游讲解的要求

俗话说,"全凭导游一张嘴,调动游客两条腿"。这说明导游语言具有强大的感召力和吸引力,而要发挥这种效能作用,导游语言必须具有以下要素。

（一）言之友好

导游在讲解时,用词、声调、语气和态势语言都应表现出友好的感情,让游客感受到导游的热情,比如"有朋自远方来,不亦乐乎""能认识大家是我的荣幸,很高兴与大家有缘在这里相识"。尽管对导游而言,旅游团的接待是工作,但这是一份永远与不同的人打交道的工作,导游要拿出饱满的热情接待天南地北的游客,忌讳程序化的接待和敷衍的话语。

（二）言之有物

首先,导游讲解要有具体的指向,不能空洞无物。其次,导游讲解的内容要充实丰富,有说服力。

比如,导游向游客介绍蜈支洲岛时可以这样说:"朋友们,蜈支洲岛好像一块绿色的翡翠镶嵌在浩瀚的大海上。其周边海水呈现出淡绿、浅蓝、深蓝等多种颜色,层次分明。海底沙质细腻,热带鱼种类繁多,五光十色的珊瑚生长茂盛,海水清澈,能见度达8至10米,是最佳的潜水观赏区。当您潜到海底抚摸着毛茸茸、软绵绵的珊瑚,当五颜六色的热带鱼围绕您转悠时,那种与鱼同游、仿佛在太空翱翔的感觉会让您终生难忘!那里有洁白的沙滩,如茵的草坪。可爱的海鸟与人和谐相处,自由自在地漫步觅食,穿梭于人群之中,鸟声婉转。岛上乔木高大、灌木繁茂、山花烂漫,岛西平缓的海滩上有大面积的椰林,椰风海韵呈现出典型的热带海岛风光。岛上建有各种旅游娱乐设施,您可以随心所欲地进行日光浴、海水浴,还可根据自己的喜好选择潜水、摩托艇、海钓等海上活动和沙滩运动,亲身去体验那份刺激、解读那份好奇。白天,您可以在沙滩上拾海贝、捡小卵石,看海鸥翱翔、渔舟泛起、波浪翻滚;晚上,您可以到沙滩上捉寄生蟹,聆听浪漫多情的涛声,仰望繁星璀璨的南海夜空,与天籁对话,真是其乐无穷。"

（三）言之有据

导游讲解必须有理有据,不得胡编乱造、信口雌黄。

例如,介绍"天涯海角"景点名字的由来时要有根据:

朋友们,自古以来,多少人用"天涯海角"这个成语来表达遥远、漂泊、思念、忠贞等情感寄托。王勃说:"海内存知己,天涯若比邻。"张九龄也说:"海上生明月,天涯共此时。"还有马致远的"夕阳西下,断肠人在天涯",等等。人们心中的万般风情多么需要一个归宿啊,但这个地方又遥不可及,只好把它叫作"天涯海角"。这种地缘观念、情感寄托等历史心理的沉淀,一直延续到了清雍正十一年(1733年),当时的崖州知州程哲(安徽歙县人)有一天来到了茫茫的大海边,眼见波涛汹涌、前无去路,仿佛走到了天的尽头,触景生情,感慨万千,于是挥毫写下了"天涯"二字,用简洁、准确而浪漫的手法,高度概括了这种情怀意境。时至民国初期,一个叫王毅的人在"天涯"石旁边的另一块石头上补上了"海角"二字,"天涯海角"就这样诞生了。从此,人们的心灵不再彷徨,情感也有了归宿之地。

（四）言之有理

导游的讲解要以理服人，入情入理。

（五）言之有情

导游的讲解要融入自己的情感，以情动人，让游客听了感到震撼。比如，导游在讲解博鳌时，最后会说："是啊，'万泉气象新，水阔晚风纯，四海群贤聚，博鳌更喜人'！亲爱的朋友们，当我们站在博鳌，举目眺望浩瀚的大海，看海鸥翱翔、波涛翻滚，看三江汇流归入大海时，您不仅能感受到海南的绿色生态、自然和谐之美，还能感受到海南的开放、文明、祥和与朝气，更能感受到作为中国人的骄傲和自豪！"

（六）言之有礼

导游的言语要文雅、谦虚、礼让，令游客听了心情愉悦。比如，导游在旅途中表演节目唱一段京剧后自谦说："请各位朋友见谅，刚才小弟在大家面前献丑了，唱了段走调的京剧，真是班门弄斧啊，还请咱们北京来的朋友多多指点，以便小弟学得好一些，否则我怕下次唱的时候，有人要用棉花塞住耳朵了。"

（七）言之有神

"眼睛是心灵的窗户"，炯炯有神的眼睛能吸引游客的关注。导游讲解时要精神饱满，多用眼神与游客交流，做到眼中有神，声情并茂，才能引人入胜。

（八）言之有趣

导游的讲解要风趣、幽默、诙谐，能让游客开心，活跃旅途气氛，增添乐趣。比如，导游带领旅游团沿海南东线高速公路途经分界洲岛时说："朋友们，请看海上的那座小岛，它像静卧碧波的美女，因此，也叫作睡美人岛。没有人知道她在这里'睡'了多久，但据说她是在等待自己心中的白马王子，也许她的白马王子就在你们当中，如果哪位先生能把她叫醒，您可以带她回家。"导游语音刚落，车上的男士们就朝着睡美人岛喊了起来，旅途上气氛非常活跃，其乐融融。导游的话不仅富有人情味，而且不乏风趣幽默。

（九）言之有喻

导游讲解时要适当比喻，生动易懂，给游客留下深刻美好的印象。比如，带领游客参观"南天一柱"时，导游可这样比喻："大家看看这个'南天一柱'是否有点像一个窝窝头，只不过这个窝窝头太大了，可以够好多人吃喔。"

（十）言之有力

导游讲解时，首先要掌握一些正确掌握语音、语气和语调，既要有鲜明生动的语言，又要注意语言的音乐性和节奏感，在讲解时，语音要响亮，让游客有心理准备。其次，导游的讲解要有感染力，深入游客内心！

在各要素中，言之有理体现了导游语言的思想性，言之有物、言之有据是导游语言的知识性和科学性，言之有神、言之有趣、言之有喻是导游语言的艺术性和趣味性，言之有礼、言之有情是导游的道德修养的具体体现。因此，在讲解中导游必须注意语言的科学性、知识性、艺术性和趣味性，做到神态表情、手势动作及声音语调和谐一致。

三、导游讲解的常用方法

(一) 概述法

概述法是指导游在接到游客后,坐车前往下榻酒店的途中对本城市(本地区)的情况做概要叙述。这种方法好比交响乐中的序曲、一篇文章中的序言,能起到引导游客开始进入特定的旅游意境,初识旅游目的地的作用。

导游在讲解岳阳楼时,要先对其有一段概述:

> 这就是驰名中外的岳阳楼,它与武汉的黄鹤楼、南昌的滕王阁合称为"江南三大名楼",素有"洞庭天下水,岳阳天下楼"的美誉。它原是三国时代东吴名将鲁肃训练水师的阅兵台,唐代建为岳阳楼,宋代由巴陵县令滕子京主持重修。整个楼阁为纯木结构,重檐盔顶,1984年落架大修后重新开放。现楼高20米,由四根楠木柱支撑,楼顶就像古代将军的头盔。岳阳楼没有一颗铁钉,在力学、美学、建筑学、工艺学等领域都有杰出的成就。楼内现藏有清代刻的《岳阳楼记》雕屏,大家要想领略"衔远山,吞长江,浩浩荡荡,横无际涯"的风光,请随我登楼观赏。

(二) 分段讲解法

分段讲解法是指导游将游览的景区划分为前后衔接的若干个部分,按其内在联系,依次分段讲解的一种技法,以追求"见树先见林"的效果。它的目的是让讲解层次分明,环环相扣,高潮迭起。

分段讲解法适用于比较大的游览项目,在参观前先介绍一些整体情况的基本要点,如名称、背景、面积、价值、设施等,然后带团依次参观。以故宫为例,导游一般在入午门前,讲一点故宫概况,并同时介绍午门,看到了故宫布局图后,就可以讲一讲故宫的布局,前朝内廷。午门到乾清门之间的部分为外朝,以太和、中和、保和三大殿为中心,东西两侧的文华、武英两组宫殿对称排列。其中,太和殿俗称金銮宝殿,是故宫最高大的一座建筑,也是国内最高大、最壮观的古代木结构建筑。乾清门以内为内廷,建筑布局也是左右对称。最后是御花园。各部分讲解有机衔接,环环相扣,主次分明,可以给游客留下清晰而深刻的印象。

(三) 突出重点法

突出重点法是指在讲解过程中,导游根据不同对象物和时空条件,有选择地突出某一方面向游客进行重点讲解的技法。

1. 突出代表性的景观

对于规模比较大的景区,导游应该事先选定代表性的景观,提前做好计划。每一个景点景区都有自己代表性的景观,比如龙门石窟的代表性景观毫无疑问应该是卢舍那大佛。卢舍那大佛的造型和规模都是龙门石窟的典型代表,也是中国石窟艺术的典型代表,具有不可磨灭的艺术魅力和美学价值。又比如海南海口石山火山群国家地质公园,最有代表性的景观就是马鞍岭火山口,马鞍岭火山口在周边火山口当中属最大的一个,海拔约222米,深约90米,口径约130米。它是世界上保存较完整的死火山口之一,并且是琼北地区的最高点。整座火山口呈锥形,南北突起,中间凹陷,远望形似马鞍,故名马鞍岭。

2. 突出与众不同之处

旅游资源重要的吸引力之一是独特性,即与众不同之处。导游在讲解过程中,要突出景点的与众不同之处。

3. 游客特感兴趣的内容

游客的背景、兴趣爱好各不相同,对于同一景点,不同的游客有不同的感受,即便是同一游客在不同的时间段,不同心情之下的感受也会有差异。因此,在讲解时,导游要认真研究游客的背景资料,找出旅游团中绝大多数游客感兴趣的内容,只有这样,才能取得好的讲解效果,让游客有获得感。

4. 被称为"……之最"的景观景物(最大、最小、最高、最长、最短等)

导游在讲解时,要把景点的价值介绍给游客,使他们觉得物有所值,不虚此行。在突出景点的价值时,可以用"最……"什么来总结,比如最大、最小的、最古老的、最高的,等等。"……之最"的范围可以由大到小,比如世界之最、中国之最、本省之最、本地之最,等等。当然,需要注意的是,内容必须准确无误,不能无中生有,信口开河。以分界洲岛为例,分界洲岛位于陵水黎族自治县东北部海面上,距海南岛最近海岸约 1.2 海里。岛屿面积约 0.41 平方千米,最高海拔约 99 米。分界洲岛是世界鲸鲨数量最多的海岛,也是中国最大的潜水基地,潜水条件得天独厚,被国际专业潜水组织认为是世界上最适宜潜水的海域,同时还是中国拥有沉船最多的潜水基地、中国唯一全潜艇体验地、中国海底婚礼的首创地。

(四)触景生情法

触景生情法是指在讲解过程中,导游利用游客进入特定环境后心态产生微妙变化的契机,展开绘声绘色的描述,让游客睹物生情、如临其境、情感升华的一种技法。

触景生情法举例:

司马迁言,长城"起临洮,至辽东,延袤万余里"。由于战事防御的需要,长城这样一个伟大的工程,不可能耗上一两年进行规划设计,也不可能由一支设计队伍全盘负责,古代没有测绘仪器,也没有望远镜,更没有航拍,那么人们怎样绘出整体蓝图和具体地段的施工图纸呢?为何能够做到万里长城前后一统,无一疏漏?古人在勘测线路、制定规划、研究建筑技术时耗费了多大心血?多少人在修筑长城时跌落悬崖下、掉入湍急的河水中,但是青史没有留下他们的姓名……当我远眺蜿蜒起伏于群山叠嶂之上的长城时,长城不仅是眼前的建筑,心中的长城巍然耸立起来,我深深感到古人留下来的不仅仅是长城以及修筑长城的技术,更是先人们坚毅顽强的精神,这就是中国魂。

(五)虚实结合法

虚实结合法是指在讲解过程中,导游将有关传说、典故、趣闻轶事与眼前的景观(物)实体、史实、艺术价值有机结合起来,编织成一个故事情节的技法。

以华山回心石的故事为例:

各位游客,从玉泉院出发到北峰的登山通道,汇集了众多惊险瑰丽的景观,现在我们来到了青柯坪,在它的东面有一巨石,名为"回心石",以前体弱到此石,向导往往劝其回头下山,故有"回心石"之名。民间还有一则传说,相传元朝道士贺志

真带领两个徒弟在华山开道凿洞,每凿一洞,就让给别人,但长此以往,两个徒弟就有些不高兴了,认为本想跟师傅学点东西,现在不但没学到什么东西,而且天天吃苦凿洞,这要到什么时候才是个头啊?那天,师徒三人在南天门外悬空凿洞时,两徒弟心怀叵测,砍断绳索,眼睁睁地看着师傅坠入深渊。两徒弟随即下山,当走到那块巨石时,却看到师傅毫发无损,一切如常。两徒弟知道师傅已经成仙,于是悔恨不已,立即回心转意,又随师傅上山修炼。后来两徒弟也都修炼成仙了。于是后人就将这块巨石叫作"回心石"。

(六)问答法

问答法是指在讲解过程中,导游抓住时机向游客提出问题或启发游客自己提出问题的一种技法。其具体形式有以下几种。

1. 我问客答

我问客答是导游在讲解过程中使用比较频繁的一种问答形式,问题是事先设计好的,要有感而发,并且难度适中。比如在游览华山的时候可以这样设计问题:"各位朋友,华山是'五岳'之一,那么您知道其他的山是哪几座吗?"游客就会七嘴八舌地进行回答,导游补充之后,可以接着问:"大家知道华山有哪些特点吗?"在这样的一问一答中,游客的注意力和兴趣就被渐渐调动了起来。

2. 自问自答

自问自答所涉及的问题相对困难一些,一般情况下是导游提出问题,但并不指望游客回答,而是想吸引游客的注意力,启发游客思考。因此提问之后,导游要做一个适当的停顿,然后再给出答案。

3. 客问我答

客问我答是指游客提问,导游回答。众所周知,游客的问题可能是千奇百怪的,但导游也应该认真对待。不管游客的问题是什么样的,导游都不应该置之不理,同时,导游也应该把握情况,就是不要让旅游者的问题冲击自己的讲解。有经验的导游应该把讲解和答问有机地结合起来。行业里有句话叫"导游不怕讲,只怕问",游客的问题对导游的知识素养、社会阅历等都是挑战,因此,导游要注意平时的知识累积,同时也要注意向游客学习。

4. 客问客答

客问客答是指导游对游客提出的问题并不直截了当地回答,而是有意识地把问题抛给其他游客,让其他游客来回答问题,也称借花献佛法。通常情况下,在问一些专业性很强的问题时,可以运用此法,当然,如果发现游客回答问题时所讲内容有偏差或存在不足之处,导游也应该见机行事,适当指出,但注意不要使游客的自尊心受到伤害。需要注意的是,这种方法不宜多用,以免游客对导游的能力产生怀疑,产生不信任感。

(七)制造悬念法

制造悬念法是指在讲解过程中,导游适时提出一个令游客感兴趣的话题,自己故意引而不发,借以激发游客急于想知道答案的欲望,从而制造悬念的一种技法。

(八)类比法

类比法是指在讲解过程中,导游利用游客已有的知识和经验,采用以熟喻生、触类旁通之法来启发游客理解眼前尚不熟悉的事物（景物景观）的一种技法。

类比法有三种具体形式：

①（同类）相似类比，如王府井与银座、第五大街。

②（同类）相异类比，如颐和园与凡尔赛宫花园。

③时代（时期）类比，如故宫修建于明永乐十八年，即 1420 年，比哥伦布发现美洲早 72 年，比莎士比亚诞生早 144 年。康熙、路易十四、彼得一世是同时代的人。

（九）画龙点睛法

画龙点睛法指在讲解结束之际，导游运用凝练的词句向游客高度概括所游览景区、景点的独特之处，达到给游客留下突出印象的一种技法。

例如，导游用"古、大、重、绿"四字概述南京的风光特点。"古"是指南京有着悠久的历史，曾是"六朝古都"；"大"是指南京有中国最大的河（长江、大运河）、最大的桥以及最大的城墙；"重"是指南京在历史、地理方面有举足轻重的地位；"绿"是指南京树木繁多，绿化率居全国前列。

（十）知识渗透法

知识渗透法是指在讲解景物或事件时，导游同时介绍一些相关背景知识和材料，以便帮助游客全面理解所讲对象的一种技法。

第三节　实地导游讲解要领

一、讲解前的准备

（一）做好日常知识积累

台上三分钟，台下十年功。导游在日常生活中需要做好知识积累。一是关注目的地景区的相关新闻，关注身边事情，这些都可以成为导游在讲解过程中的"原料"。二是通过网络、电视等了解国内外时政新闻，对自己感兴趣的事情可以多查阅一些资料，提高自己的思辨能力，培养家国情怀。三是阅读专业书籍，丰富自己在某一知识领域的积累。例如，导游在讲解各地的古建筑时，不能仅仅停留在单一的建筑本身，而应该多阅读中国古建筑的相关书籍，能够以更宽阔的视野了解中国古建筑，不仅知其然还要知其所以然，这样在面对不同文化背景、不同地区的游客时才能得心应手。

（二）做好接到任务后的针对性准备

在接到具体的团队任务之后，就要进行针对性的讲解准备工作了。一是，分析游客，厘清讲解重点。导游应从游客的具体情况出发，根据其年龄、职业、受教育情况等进行讲解内容的取舍与准备。例如，对于小朋友，要多进行趣味性的知识讲解，激发孩子的求知欲和好奇心；对于年轻人，可以多了解一些他们所关心的购物和娱乐方面的情况，突出城市的新亮点、新变化；对于老年人，可以多准备一些"思古抒怀"之事，老年人对于健康养生话题也较为关注，可以结合具体景点进行讲解。二是，构思和准备有针对性的讲解内容。每一次上团前,导游都需要备课,即将自己要讲解的内容进行梳理,必要的时候,针对一些自己不太熟悉的历史年代、建筑物的高度和长度等数据要重点熟悉和摘记,对于景点的新变化也要熟悉。

(三)旅游车上讲解要领

由于身处的交通工具(如旅游车)空间有限,游客容易疲劳,加之车辆处于行进当中,外部景观变化很快,途中讲解就要求导游在讲解过程中要根据旅程时间、游客的精神状态、车速、车窗外景物等因素灵活调整内容,巧妙运用讲解方法,注意调整游客的情绪。

1. 熟悉行进路线

导游与司机商量后确定行车路线,在合理而可能的原则下,路线应尽量不要错过城市标志性景观。

2. 讲解内容要确定重点

途中讲解的内容要基本确定,不能想到哪儿讲到哪儿。重点要突出,景观要实在,同时要学会使用触景生情法,在讲解城市的交通、气候、地理特点等概况时,可以就游客看到的景象进行情感升华。

3. 观察游客反应,灵活转移话题

在旅途当中,导游可以与游客探讨一些话题,如果大部分人的关注点是车外或者频繁地互相交流,这时导游就要注意调整讲解内容。如果游客观看车外的某个景物或现象,导游首先要将其注意力吸引回来,并及时运用问答法与游客进行互动交流。首先,要讲解与宣传相结合。导游应当明确自己是旅行社派出的代表,同时也是当地旅游行业的代表,因此负有宣传旅游目的地、招揽回头客、拓展市场的责任,要当好旅游形象大使,宣传自己的家乡,宣传社会主义祖国。其次,要营造轻松氛围。游客在旅途中容易疲劳,导游在进行风光风情讲解时应在准确表达的基础上尽量保持轻松幽默的风格,同时也可以组织一些互动活动,给游客的旅途带来欢乐。这就要求导游平时要积累素材,做到穿插自如,信手拈来,成为旅途快乐的制造者和传播者。

(四)景区讲解要领

景区讲解的方式主要有行进式讲解和定点式讲解两种形式。行进式讲解即导游把讲解与引领进行有机地结合,也就是我们通常所说的边走边讲。定点式讲解就是根据特定景观的观赏角度,选择一个有效的位置进行讲解。定点式讲解主要针对重点景观,有时候导游为了避免游客拥挤,也可以在边走边讲中插入定点式讲解。

景区讲解首先要精,所谓精,就是对讲解内容要进行反复提炼,突出重点和特色,千万不要事无巨细、眉毛胡子一把抓,做吃力不讨好的事。其次要巧,所谓巧,就是要投游客所好,迎合游客的口味,当游客表现出兴趣时,要根据内容把单向信息传播变为双向交流,在与游客的互动中有感而发,妙趣横生,令游客回味无穷。

如何选择合适的位置进行景区讲解直接关系到讲解的效果。众所周知,导游、游客和景观是构成景区游览的三大要素,导游是游客与景观对话的媒介,因此,在游览过程中,导游处于轴心的特殊位置,导游选择自己的讲解位置非常重要。讲解的位置首先取决于讲解的方式,如果是行进式讲解,一般根据景区地形和游客的人数来选择自己的讲解位置。人数较少,景区路面比较平缓,导游可走在队伍的前面,采取倒走的方式面对游客进行讲解。人数

较多,道路比较宽敞,导游可走在队伍的前侧,侧对游客进行讲解。定点式讲解可选择的位置很多,主要有直面式、同向式、侧向式、圆点式等。

直面式即导游面对游客背对景观进行讲解,此时游客队伍可排成一字形和半圆形,这种讲解位置主要适合近距离景观的讲解。

同向式是指导游和游客面向景观进行讲解,此时游客队伍排成一字形,导游最好站在靠近游客前方的一侧,以免遮挡游客的视线,这种讲解位置主要适合远距离景观的讲解。

侧向式即导游侧对游客进行讲解,此时游客队伍可排成纵队,导游的一侧为游客,另一侧为景观,这种讲解位置安排受景区地形的限制,不是导游常用的讲解位置。

圆点式即导游站在游客中间进行讲解,此时游客围成一个大圆圈,导游站在圆圈的中心,这种讲解位置安排多受场地景观状态限制,主要适合一些空间比较宽敞、游客人数比较多、景观正好独立地位于地面中央的场地。

导游选择讲解位置时,还要考虑游客的空间距离,距离太远,游客听不清导游的讲解,而且还会在情感上产生一些疏远的感觉,距离太近游客会产生压抑感,异性之间还会感到不适。一般来说,导游保持多少距离取决于游客人数和所讲景物的大小,人数少、所讲景物较小,距离就可近一些,通常1—2米为宜,人数多、所讲景物较大,距离就可远一些,通常2—3米为宜。另外,不同国家和地区的游客空间距离也有所区别,来自阿拉伯、拉美、南欧等地区的游客空间距离可小一些,来自东亚、北欧、北美等地区的空间距离可大一些。导游的声音大小、语调高低要根据当地的环境而定,手势的幅度不要过大。

导游讲解融知识性、趣味性、科学性于一体,导游讲解的过程是导游创作、创新的过程,没有恒定的统一模式,但仍然有自己的内在规律。文化是景区导游之魂,追求自己的文化品位是景区导游讲解的一个永恒主题,比如可以根据游客的兴趣,从审美、科学、文化、生态等不同角度去讲自然景观,从历史、人物、建筑、风俗、文学艺术等角度去讲人文景观。当然,不同景区、不同场景、不同对象、不同季节和不同角度有不同的讲解方式,室内、室外讲解也有细微的差异。室内噪声小,导游在讲解时可以多一点文气,而室外游客多,可能会干扰导游的讲解,因此讲解应更加生动、活泼、幽默,不然游客的注意力会分散。

二、讲解后的导游服务

(一)认真回答游客的问题

导游在讲解完之后,还有一些游客可能会有问题,导游要认真回答游客的问题。如果问题与游览景点有关,导游要认真回答。如果问题与游览景点无关,导游要学会巧妙回答。但要注意的是,遇到自己不懂的问题不能胡乱回答,以免贻笑大方。如果自己知道答案,但游客坚持另一种说法,应注意不要当众争执,要回避矛盾,给游客台阶下,及时转换话题。

(二)引导游客"换位欣赏"

在讲解结束之后,导游可以让游客回头再去看景点,从不同的角度再去欣赏景点,让游客自己去感受和回味,这样游客才能有更多的获得感。

(三)告知游客相关注意事项

讲解结束后,导游要向游客说明自由活动的注意事项,强调集合的时间和地点,告知游客如果需要帮助,可以在什么地方找到导游等。

知识拓展　　　　导游词的创作

有的人认为导游只要讲不需要写,还有的人认为书上怎么写导游就怎么讲。在游客越来越成熟的今天,游客的审美要求也不断提高,导游要跟上时代的发展,具有导游词创作的能力,这样才能满足游客多元化的需求。

陶宗仪《辍耕录》载,乔吉"尝云,作乐府亦有法,曰'凤头、猪肚、豹尾'六字是也。大概起要美丽,中要浩荡,结要响亮。"导游词的撰写也是如此。

一、凤头:重在开头

好的导游词应有一个好的开头,这是非常重要的。导游在刚接到旅游团那一刻的讲解艺术处理方法很重要。至于怎样开篇,没有一个固定的模式,但有一些方法可供参考。

1. 介绍式开头

介绍式开头是一种常用的开头方式,也叫开门见山式,特点是规范化和全面化,使旅游者通过介绍较快地了解情况。例如:"各位游客大家好!首先请允许我代表××旅行社对各位的到来表示热烈的欢迎,并预祝各位高兴而来,满意而归。我先自我介绍一下,我姓×,名××,为我们开车的是×师傅。接下来我把这儿的情况大概给大家介绍一下。"

2. 针对式开头

针对式开头是一种针对来自相同的地域,或民族、职业、年龄等方面存在共性的旅游团所进行的开场白,也就是注重寻找该旅游团的最大共性,采取针对性的开篇。例如,接待台湾游客可朗诵余光中的《乡愁》,欢迎各位台湾游客回故乡来看看。

3. 朗诵式开头

朗诵式开头旨在衬托。例如:"尊敬的女士们、先生们,您见过大海的壮阔之美吗?您见过草原的苍茫之美吗?您见过峡谷的幽深之美吗?今天,黄山的雄峻之美、白云飘逸之美、晚霞瑰丽之美,将一起展现在您的面前。"

4. 猜谜式

用猜谜式开头要注意紧扣时机,景点不要太难猜。例如:"女士们、先生们,在我开始讲解之前,先让大家猜个谜,谁猜中谁得奖。"导游说完后,拿出一个旅游纪念品,继续说:"请听好,上海哪个著名风景区是女性的世界?其中只有一个男人。""上海大观园",有人揭开了谜底。又比如,导游问:"两个胖子结婚,打一地名。""合肥!"游客异口同声地喊了起来,这样的猜谜式开场白,也能起到良好的效果。

5. 讲故事式

一般来说,故事能吸引游客的注意力,能激发游客的情感,能使游客、潜移默化地受到故事中人物的启发和激励。导游利用讲故事作为开头,能增加游客的兴趣,增强艺术效果。

二、猪肚：中要浩荡

导游词写作中最关键的部分还是正文，因为这部分最能看出写作者的功力。"中要浩荡"就是说文章的中段部分要有丰富饱满的内容，在结构安排上，还要有规律可循，不外乎时间、空间、逻辑三种顺序。

1. 时间顺序

时间顺序有以下两种：第一种是景观形成的历程，如自然形成的时间、建造成的年代、历史的沿革、社会的变迁等；第二种是事件发生的过程。

2. 空间顺序

空间顺序即按照空间位移和转换的顺序安排。空间顺序最符合导游带团的实际情况，所以按空间顺序编写的导游词是最为常见的，由近到远、由上到下、由外向内或者反其道行之都可以。

3. 逻辑顺序

逻辑是思维的规律，因此，逻辑顺序就是按照人们共同的思维规律安排段落结构或语句顺序。条理差的导游词，东一句西一句，难以形成完整的概念和具体的形象，从而造成游客理解上的困难。

三、豹尾：结要响亮

"结要响亮"是指导游在送别游客时的艺术处理方法。导游与游客道别基本上是在旅游车内进行的，当然也有少数在宾馆、酒店内送行的。不管在何种场合送行，导游在最后的欢送词都要认真对待，内容要素不可减少。

1. 运用诚恳谦虚的方式结尾

诚恳谦虚是中华民族的一种美德，也是导游的一种美德。全心全意为游客服务到最后一刻，向游客表示自己诚恳谦虚的态度，是导游高层次、高素质的体现，也是较高职业道德的反映。

2. 运用祝愿与希望的方式结尾

良好的祝愿与希望是所有的游客都乐意接受的，把良好的祝愿与希望作为结束语，一是中华民族乃至全人类在分别时的传统习俗，二是导游在最后时刻运用这种方法更能表达自己的心愿。另外，从实践的效果来看，良好的祝愿与希望更能交流感情、增进友谊，给游客留下一个美好的印象。导游要善于利用这一特殊的美好时刻，把导游与游客建立的感情推向一个高潮。

总而言之，做"豹尾"的方法还有许多种，比如运用名言诗句做结束语，用诚挚赞美的语言做结束语，用幽默诙谐的语言做结束语，等等。但是，不论运用何种方法做"豹尾"，都要因人因时因地制宜，切莫草草收场，也勿言过其实。以上方法均可交叉运用，只要把握住侧重点就可以了。

（资料来源：根据相关资料整理。）

案例分析

杨雪雁：只有平凡的岗位 没有平凡的人生

一转眼，我在旅游行业已经打拼了近30年，做过地接，当过全陪，从起初的稚嫩到如今的成熟，我始终认定一个理：只有平凡的岗位，没有平凡的人生。为此，我孜孜不倦地学习、无怨无悔地奉献、勤勤恳恳地工作，接待游客千千万万，受到上至党和国家领导人，下至普通游客的一致好评。我先后获得了重庆市青年岗位能手、重庆市优秀导游员、重庆市最佳导游员、重庆市最美导游、重庆市劳动模范、全国模范导游员、全国最美导游、中国好导游和全国劳动模范等40多个荣誉称号。

我的工作座右铭是"导游工作，以智小赢，以德大赢，德智兼备，成功无限"。所以在28年的导游生涯里，我始终以服务为先，以人为本，从来不以挣钱为目的，我想这就是德，道德的德。德是一种态度，更是一种责任。正是由于坚守了这份职业道德，我结交了很多的游客朋友，他们高兴，我自己也开心了，回头客也有了，这样的结果就是我在当地小有名气，相应地也就有了很多的精神和物质的获得，这也是得，得到的得。这个时期属于我的导游初期，我的心得是知识不够态度凑，同样能得到认可。这句话的意思就是光有态度没有能力还能凑，而光有能力没有态度的话，付出也枉然。能力不足还可以培养，而没有好的态度从事旅游行业，包括其他行业，最终是不会成功的。所以这个阶段对于我来说是增强了自信心，为以后的提升打下了基础。为了"精"所以坚持。随着我的逐渐成长与成熟，单位开始委派我接待政务团。在这种情况下，我就要求自己必须再上一个台阶，向学者型的优秀导游员靠拢，这就需要有全面的综合素质，有较强的应变能力和丰富的经验。于是我用心收集整理有关丰都的历史、人文资料，下苦功完善充实了整个风景区的导游词，让自己的解说更加生动形象、风趣幽默。同时我还开始自己组团，自己当全陪导游，因为全陪导游的工作要求导游一定要是一个"杂家"，所以我坚持通过各种途径学习知识，天文地理、风土人情乃至历史的、潮流的……我都广泛涉猎，不断丰富自己的知识储备，夯实自己的文化底蕴，做到厚积薄发。此外，我还学习心理学知识，针对不同的客人掌握他们不同的心理需求，说不同的话，用不同的方式去处理。我把所学的知识不断地用于工作实践，收效良好。譬如：和年轻的女游客谈论服装、美容、化妆品等信息，她们兴致盎然；与年长的游客交流健康、保健、旅游知识，他们侃侃而谈；和男游客讨论时事、政治、经济等领域的话题，大受欢迎。同时，我还不断提高自己的心理素质。比如对游客要有好脾气，对客人要细心、耐心，对于个别客人的无理要求或故意刁难，要能压得住自己的火气和不满，始终沉着冷静地巧妙处理问题，做到不伤客人之雅，不伤客人之尊。不懈地学习，让我的业务能力不断提高，导游经验不断丰富，先后成功地接待了多位党和国家领导人以及众多国内外重量级的游客团体，获得了一致好评！《古今贤文》中云：一花独放不是春，万紫千红春满园。

在近30年的导游职业生涯中,我从一个什么都不懂的新导游成长为现在的自己,有付出,也更得到了丰厚的精神回报。我喜欢每次带团前那种忐忑的心情,喜欢客人倾听我讲解时的专注,喜欢客人自己掏钱给我买水喝的那种感动,喜欢送别他们时那依依不舍的眼神。如果命运再给我一次选择的机会,我还会选择导游——这个令我骄傲、令我自豪的职业!

(资料来源:节选自《杨雪雁:只有平凡的岗位 没有平凡的人生》,2022-07-07,河北省旅游协会公众号,略有修改。)

思考:
1. 导游杨雪雁的成长经历给了你什么启发?
2. 结合导游杨雪雁的经历谈谈应该如何做好导游讲解。

章节测验

第八章

导游带团技能

学习导引

新时代旅游者追求高品质的旅游生活,这对导游的团队服务技能提出了更高的要求。本章首先介绍了旅游团的特点与原则,其次从导游心理服务技能、导游审美技能、导游协作技能三方面进行了介绍,最后重点介绍了导游个性化服务技能。

学习目标

通过本章的学习,重点掌握以下知识要点:
1. 导游带团的特点与原则。
2. 导游心理服务技能。
3. 导游审美技能。
4. 导游协作技能。
5. 导游个性化服务技能。

章节思政点

1. 通过对导游带团技能相关知识的学习,引导学生树立并践行"顾客至上,服务至诚"的基本理念。

2. 新时代下,导游更需要有精益求精的工匠精神,不断学习,不断提升自己,从而更好地满足人们的美好旅游生活需要。

3. 在旅游业态丰富多元的今天,导游合作的对象范围更广,因此需要有较强的合作精神,不计个人得失,从为游客服务这一根基出发,不断提升游客的旅游质量。

第八章 导游带团技能

1. 在导游的带团技能中,你认为最重要的是哪个?
2. 当前,你认为在导游在带团活动中可以借助哪些"科技"手段?

第一节 导游带团的特点与原则

一、旅游团的特点和趋势

(一)旅游团的特点

旅游团是由旅行社将购买同一旅游产品的游客临时组成的一个团体。旅行社会派专门的接待人员帮助游客更好地消费旅游产品,提高游客的旅游满意度。旅游团既可以是散客拼团,也可以是来自同一单位的旅游团或是系列团队。不管旅游团的来源有什么差异,同一个旅游团的成员购买的是相同的旅游产品,即在食、住、行、游、购、娱等方面以集体的方式进行消费。旅游团具有以下特点。

1. 临时性

旅游团是一种临时性群体,如散客拼团,大家之前并不认识,只是因为旅游而走到一起。对于那些来自同一单位的游客,即便大家原本可能就相识,也是在导游工作集体的指挥下临时组成一个团队,该团队与工作当中的群体相比具有显著的临时性特征。正是由于团队的临时性特征,旅游团难以有相关的规章制度,导游在这个临时性群体中发挥着至关重要的作用,健康、文明的旅游行为需要导游的榜样作用和有效引导。

2. 短期性

一个旅游团旅行时间短则半天,长则半个月。与其他的社会团体相比,具有短期性的特征。游客在旅游目的地的聊天时,愿意介绍自己来自哪个国家或哪个地区,又或自己的单位与职业,但很少有游客会强调自己是来自某某旅行社的某旅游团队,这种短期性的特征使游客的归属感不强。旅游结束后,大家很快就会散伙。

3. 复杂性

导游所面临的旅游团非常复杂。首先,团队跟团队是不同的,没有完全相同的旅游团。因此,导游的工作永远充满了挑战和期待。其次,即使在同一个旅游团的内部,游客构成也很复杂,游客在性别、年龄、阅历、教育、民族、区域、旅游偏好等方面各有不同,这给团队管理带来一定难度。旅游团的复杂性特征要求导游要不断学习,不断提高自己的服务能力,以适应不断变化的复杂的旅游团的要求。

4. 动态性

旅游团队的动态性很强。第一,团队的既定行程可能会因为客观原因或游客自身原因等发生变化,临时变更相关事项等。第二,团队的游客在参团初期、中期和末期的心理变化

明显,游客本身的需求、期望等也会发生变化。第三,在一些特殊情况下,导游工作集体也可能会有相应的调整。旅游团的动态性特征要求导游对相关信息的掌握要及时,随时关注游客的动态,要有较强的应变能力。

(二)旅游团的趋势

1. 小型化

改革开放以来我国旅游业取得了巨大的发展,人民的旅游观念随着生活水平的不断提高也发生了很大的改变。新时代的中国人正在从旅游的"温饱"阶段向"小康"阶段过渡。在当下的旅游过程中,人们更加倾向于选择小团或者私家团,也就是几个朋友或者家人一起的团队旅游方式。尽管与大团相比,这种小团的费用比较高,但小团比较自由,团员是相互认识的人,大家的兴趣偏好、消费水平比较一致,旅游体验较好,因此受到越来越多中国游客的欢迎。

2. 定制化

定制旅游是一种新型的旅游方式,越来越多的中国游客,特别是一些年轻的游客会选择定制旅游。游客从自身的需求出发,要求旅行社定制专属自己的旅游产品,尽管定制旅游相对于传统旅游产品的价位较高,但因为能很好地满足游客的个性化需求,已经成为人们出游的发展趋势。

3. 主题化

新时代的游客希望有不一样的旅游体验,常规旅游产品已经远远不能满足游客的需求,因此,主题化的旅游团越来越流行。当前,以健康、康养为主题的旅游非常受欢迎,红色旅游也成为各行各业都参与的主题旅游方式,乡村旅游一直方兴未艾,还有各式各样的研学旅游也逐渐成为市场新宠。这些主题已逐渐成为旅游企业的主要发力点,对导游服务也提出了新的要求。

4. 品质化

日益富裕起来的人们愿意付较高的价钱去享受高品质的旅游服务。人们希望在食、住、行、游、购、娱,甚至是康、养、闲、情、奇等方面有较好的体验,人们更关心个体的体验和质量,对旅行社和导游的要求更高。未来的导游服务不是拼价格,而是拼品质。

二、导游带团的原则

(一)游客至上原则

导游所从事的工作属于服务行业,游客是其服务对象,因此,导游要有强烈的责任感和使命感,在工作中遵循游客至上的原则。首先,游客是导游的服务对象,没有游客,导游服务也就无从谈起。其次,在任何情况下导游都要严格遵守职业道德,遇事多从游客的角度去思考,将维护游客的合法权益摆在首位,真正做到游客至上。

(二)服务至上原则

导游所从事的工作属于典型的服务工作,即导游凭借自己的劳务来获取报酬。服务至上既是导游的一条服务准则,也是导游职业道德中一项最基本的道德规范,还是导游在工作中处理问题的出发点。服务至上的关键在于导游心中要有游客,在工作当中的各个环节关心游客,使其有满意的旅游体验。

(三)履行合同原则

众所周知,旅游合同是游客与旅行社之间签订的明确双方权利义务关系的协议。导游带团要以旅游合同为基础,是否履行旅游合同的内容,成为游客评价导游工作的基本尺度。作为导游,一方面要设身处地为游客考虑;另一方面,导游也应考虑旅行社的利益。总之,导游工作就是力争使游客在合同约定的范围内获得优质的服务,使旅行社获取应得的利益。

(四)公平对待原则

在团队中,导游会遇到形形色色的游客,不管这些游客的职业、年龄、国籍、消费水平如何,导游都应该一视同仁,公平对待。导游服务过程中忌讳厚此薄彼,忌讳对个别游客偏爱,这样会影响旅游团的内部关系,也会影响导游服务工作的正常进行。

第二节 导游心理服务技能

心理服务亦称情绪服务,是导游为调节游客在旅游过程中的心理状态所提供的服务。导游应该懂观察,会照顾人,能够分析游客的消费及旅游心理,多给他们情感上的关怀,使游客从旅游这一日常生活之外的活动中获得更多的新鲜感、亲切感和自豪感。

一、认识游客心理

(一)从人口统计因素的角度了解不同游客的心理特征

人口统计因素包括游客的年龄、性别、职业、收入、受教育程度、国家、民族、宗教、社会阶层等,这些因素可以反映一些共性特征,导游掌握这些特征可以更好地安排旅游活动。

1. 区域和国籍

就区域而言,东方人和西方人在性格和思维上有较大差异。众所周知,东方人大多比较含蓄、内向,喜欢委婉地表达意愿,思维方式一般从抽象到具体、从大到小、从远到近;西方人则比较开放、感情外露,思维方式一般从小到大、由近及远、由具体到抽象。导游在接待游客时,应该充分考虑东西方游客思维方式的差异。在接待西方游客时,导游就应特别注重细节。如西方游客认为,只有各种具体的细节做得好,由各种细节组成的整体才会好,他们把导游所做的具体事情抽象为工作能力与服务意识。东方游客在表达自己的意愿时不会很直接,导游应该听出其意,不要忽略游客的需求。

就国籍而言,不同国籍的人们在思维方式上也存在一些差别。如英国人矜持,尊重女性,有绅士风度,讲礼貌;美国人开朗,重实利,爱结交朋友,不拘小节;法国人喜欢自由;德国人踏实,勤勉,有朝气,守纪律;意大利人热情,热爱生活。

2. 所属社会阶层

来自较高社会阶层的游客大多严谨持重,发表意见时往往经过深思熟虑,他们期待听到高品位的导游讲解,以获得高雅的精神享受。一般游客则喜欢不拘形式的交谈,话题广泛,

比较关心带有普遍性的社会问题及当前的热门话题。在参观游览时,他们希望听到有故事性的导游讲解,希望轻轻松松的旅游度假。

3. 年龄和性别

年老的游客好思古怀旧,他们有丰富的人生经历,希望得到尊重,希望导游多与他们交谈;处事较为谨慎,旅游经验较丰富,对旅游出现的问题能泰然处之;讲究实际,对旅游目标的实现甚为关注,对旅游产品和服务质量要求较高。年轻的游客精力充沛,好奇心强,喜欢多动多看,好表现自己,希望引起他人注意;社会阅历少,情绪易冲动,遇事不够冷静;对设施和服务要求不高。

男性游客比较开朗,不太计较小事;旅游消费比较理智,大多不愿意在购买商品等方面花费太多时间,但对旅游产品质量甚为关注,言行较为随意,不太注重小节,怕丢面子。女性游客比较谨慎,遵守旅游团规定,听取导游告诫;对讲解中的风趣故事和幽默笑话兴趣较浓;喜欢结伴而行,谈论家庭生活、美容、着装等话题;爱好购物,对商品造型、色彩、包装、价格等比较敏感。

(二)从游客所处地理环境的不同来分析游客的心理

俗话说"一方水土养一方人",这里的水土就主要包括自然地理环境因素和文化环境因素等。处在不同地理环境下的人们具有不同的性格倾向和特征,对旅游产品的偏好也不同。例如,寒带地区的人们由于受地理、气候等因素的影响,会居安思危,而热带地区的人们不会考虑太长远,开心因素较多。久居大城市的游客多喜欢到乡村等安静美丽的大自然场所中旅游,长期居住在乡村的人们多会考虑到城市旅游。寒带地区的人们乐意到热带地区旅游,而热带地区的人们也多会向往寒带风光。

(三)游客的心理动机和个性

1. 动机

所谓动机是内在的驱动力,这种驱动力是通常用来缓和某种紧张状态的积极动力,动机是由需求来推动的。

(1)游客参加旅游团的动机。

对于出游经验少或是前往国外旅游等游客而言,团队旅游仍然是他们的首选。游客参加旅游团的心理动机主要如下。一是省心,不用做决定。旅途中的一切事情交给旅游接待单位及其人员操办,游客自身不用为任何事情操心,这是参加旅游团的游客的普遍心理。二是节省时间和金钱。一次设计合理的旅游行程能减少浪费的时间,能确保游客用方便、有效的方式看到重要的景点。另外,由于旅游团人数较多,旅行社在预订酒店、交通票时获得的价格优惠会部分转让给游客,使游客的出行费用更加便宜,长距离的跨国旅行更是如此。三是有伴侣,有团友,有安全感。旅游团有很多游客随行,接待单位和人员对于旅游目的地非常熟悉,能够消除游客对陌生地方的不安感和紧张感,使游客有信心去探访陌生的地方。人只有有了归属感,才会有高度的心理稳定感。当游客参加特种旅游或有老人、儿童同游时,导游的安排就显得十分必要。四是希望对所看到的景物有正确的了解。特别是一些人文景点,其具有丰富的文化底蕴,缺乏导游讲解时,游客在旅游目的地获取的信息可能不全或不够深入,甚至会做一些无用功。导游大多有丰富的相关知识,熟悉旅游目的地的文化和特征,而且多经过专业培训,可以满足游客的各种需求。

(2) 游客的旅游动机。

美国学者罗伯特·麦金托什和沙西肯特·劳鲁特在其合著的《旅游的原理、体制和哲学》一书中提出,人们出游有四种基本动机:一是生理动机,包括休闲、体育运动、海滨疗养、度假休闲等;二是文化动机,即了解和欣赏异地的文化、艺术、风俗、语言、宗教等;三是交际动机,包括结交新朋友、探亲访友等;四是地位和声望动机,包括考察、交流、参加会议、探险以及个人研究等,以达到被人承认、引人注目、施展才能、受人赏识和博得良好声誉的目的。

对具体游客而言,出游动机会有差异,有的人是由于某一种动机的驱使而出游,有的人也许是以某一种动机为主,兼有其他动机。导游如果了解和把握了游客的旅游动机,就能更恰当地安排旅游活动和提供导游服务。例如,游客出游的主要目的是滑雪,那么导游服务就应围绕滑雪活动展开。

2. 个性

个性是指个体在先天生理素质的基础上在一定的社会历史条件下形成和发展起来的一种比较稳定的心理特征的综合。个性的不同使得每位游客在行为方面表现出不同的稳定性与倾向性,了解这一点对导游服务工作大有益处。通常情况下,可以把游客分为外倾型和内倾型两类。外倾型的人比较开朗,为人爽朗,不计较小事,喜欢与他人打交道。而内倾型的人则处事谨慎,不易泄漏自己的感情,不喜欢结交朋友。在内倾和外倾的大类之下,还可以再去细分游客的个性类型,如急性子型、慢性子型、老好人型、难伺候型、傲慢型、猜疑型等。导游只有掌握游客个性类型,才能对症下药,做好工作。

二、心理服务技巧

(一) 旅游活动各个阶段游客的心理变化

由于生活习惯和节奏的变化,在旅游的不同阶段,游客的心理活动也会随之发生变化。

1. 整个旅游活动期间:群体心理

省心、省时间和省钱等旅游动机促使游客愿意参团旅游,因此,游客对于旅游团、对于导游的依赖性较大,期望导游自始至终对他们热情关心、周到服务;导游也要利用游客的这种群体心理,从游览活动一开始就设法建立旅游活动次序、时间和纪律要求等,为团队整体活动而考虑。

2. 旅游初始阶段:求安全心理、求新心理

游客初到一地,兴奋激动,但由于人生地不熟、语言不通、环境不同,因而会产生茫然感和不安全感,这个阶段游客求安全的心理表现得非常突出,甚至上升为他们的主要需求。同时,游客注意力和兴趣从日常生活转移到旅游目的地,对什么都感到新奇,一些当地人司空见惯的平常事在游客眼里可能是一件新鲜事。这时导游应多组织一些轻松、愉快的参观游览活动,对于游客提出的在导游看来似乎是幼稚可笑的问题也应认真地回答,以满足游客求新、求异的心理需求。

3. 旅游中间阶段:懒散心理、求全心理

随着旅游活动的进展、接触的增多,旅游团成员间、游客与导游间越来越熟悉,游客开始

感到轻松愉快,这时会产生一种平缓、轻松的心态,游客的性格开始暴露,其心理特征主要表现为两方面。一方面是懒散心理。游客的弱点越来越暴露,时间观念差,群体观念弱,游览活动中自由散漫、丢三落四的现象越来越严重,旅游团成员间的矛盾逐渐显现。另一方面是求全心理。人们花钱外出旅游,往往把旅游活动理想化,希望旅游活动的一切都是美好的、理想的,从而产生生活上、心理上的过高要求。

游客在这一阶段提出的问题范围更广泛、更深刻,个别游客还会提出一些不友好、挑衅性的问题。导游在这一阶段的工作最为艰巨,最容易出差错。这个阶段最能考验导游的组织能力和独立处理问题的能力,是对导游技能、心理素质的一次重要考验。

4. 旅游终结阶段:忙于个人事务

在旅游终结阶段,游客即将踏上归途,其心情波动较大,开始忙乱起来,比如游客要买称心如意的旅游纪念品,还要考虑行李是否超重等,希望有更多的时间处理个人事务。在这一阶段,导游应给游客留出充分的时间处理自己的个人事务。同时,导游服务要更加富有人情味,安排好游览活动,活动项目宜精不宜多。在最后阶段,必要时导游要做好弥补工作,尽量解决遗留问题;对旅途中不顺心、有意见的游客,要设法让其发泄出来,尽力消除消极影响。

游客上述心理活动实际存在于旅游活动的全过程,只是不同阶段有所侧重而已。并且,上述心理活动虽有普遍性,但不同生活境遇的人在旅游活动各个阶段的心理特征不尽相同,这就要求导游要做有心人,切实了解游客的心理状况,努力使服务更具有针对性。

(二)缓解游客消极情绪的方法

导游应该善于从游客的言谈举止、表情变化去了解他们的情绪变化,在发现游客出现不满、气愤等消极情绪时,要及时找出原因,采取措施来缓解其情绪。

1. 补偿法

在旅游活动中,游客的消极情绪有些是由于需要得不到满足而引起的,在这种情况下,导游要设法迅速给予适当的补偿,以满足游客的某种需要,设法使游客的消极情绪得到缓解。具体而言,补偿法可以分为以下两种。一是物质补偿法。在住房、餐饮、游览项目等方面若有不符合旅游合同规定的情况,应对游客予以补偿,而且替代物一般应高于原来的标准。二是精神补偿法。因某种原因无法满足游客的合理要求而导致游客不满时,导游应实事求是地说明困难,诚恳道歉,请求游客的谅解;也可先让游客将不满情绪发泄出来,待情绪缓解后,导游请经理或旅行社负责人向游客解释。

2. 转移注意法

转移注意法是指导游要有意识地调节游客的注意力,通过新的刺激把游客的注意力从一个对象转移到另一个对象上的方法。当旅游团内出现消极情绪时,导游应设法用新的、有趣的活动或用幽默、风趣的语言和诱人的故事吸引游客,从而转移游客的注意力,使游客忘掉或暂时忘掉不愉快的事,恢复愉快的情绪。例如,由于下雨,景点的游览受到影响,导游要避开消极的影响,从雨景的奇妙和难得一见等方面去描述,引导游客忘掉或是暂时忘掉不愉快的事情。

3. 分析法

分析法是指将造成游客消极情绪的原因向游客讲清楚,并一分为二地分析事物的两面性。针对因某些特殊要求得不到满足而情绪不佳的游客,导游要从"合理"和"可能"两方面加以分析。例如,游客对被迫坐火车而不是乘飞机从甲地到乙地感到不满,此时导游除说明购不到机票的原因外,可进一步地分析得失:不能及早到乙地,失去了在乙地的部分游览时间确实可惜,但坐火车旅行可以欣赏沿途风光,享受空中旅行所没有的乐趣。导游采用分析法往往是不得已之举,不能滥用。

(三)心理服务技巧

1. 尊重游客

尊重人是人际关系中的一项基本准则。不管游客来自境外还是来自境内,是来自东方国家还是来自西方国家,也不管游客的肤色、宗教信仰、消费水平如何,他们都是客人,导游都应一视同仁地尊重他们。对于有生理缺陷的游客,尤其不能伤害他们的自尊心。"扬他人之长,隐其之短"是尊重人的一种重要做法,在旅游活动时,导游要妥善安排,让游客进行"参与性"活动,使其获得自我成就感,增强自豪感,从而在心理上获得最大的满足。当然,导游要注意,"参与性"活动绝不能强迫游客。

2. 保持微笑服务

微笑是友谊的表示、自信的象征,是和睦相处、合作愉快的反映。导游的微笑是一种无声的语言,有强化有声语言、沟通情感的功能,有助于增进导游与游客间的交流。

在导游服务中,导游的微笑要发自内心。在团队服务中,导游要把游客当成自己的朋友,对游客发出会心的微笑。其次,导游的微笑要排除烦恼。在服务过程中,导游不能将自己的烦恼、不愉快的心情带给游客,要做"情绪过滤",时时刻刻保持一种轻松的情绪,让欢乐伴随自己,把欢乐传递给游客。再次,导游微笑的同时要有宽广的胸怀。导游在工作中遇到一些沟通不顺畅的事情时,要心胸宽阔,从积极方面着眼,保持积极乐观的情绪。最后,用微笑与游客进行情感上的沟通。

3. 学会使用柔性语言

俗话说,"一句话能把人说笑,也能把人说跳"。导游应该学会使用柔性语言,即总是让游客感到愉悦、甜美的语言。导游一时不小心,甚至是无意中的一句话,都有可能伤害游客的自尊心。因此,导游在与游客交往时必须注意自己的语言表达,与游客说话时要语气亲切、语调柔和、措辞委婉、说理自然,常用商讨的口吻。这样的语言表达能使人愉悦,并且有较强的说服力,往往能达到以柔克刚的效果。

4. 与游客建立伙伴关系

导游是"游客之友",应该与游客建立伙伴关系。游客到一个陌生的旅游目的地,难免会产生紧张、戒备、担心等心理,这时就需要熟悉旅游目的地的"伙伴"——导游的帮忙。"在家靠父母,出门靠朋友",导游应该将自己定位为游客的朋友。例如,游客生病时嘘寒问暖,游客有困难时鼎力相助。真诚的伙伴关系让游客感到宾至如归,同时也能提高游客旅游的质量。对导游而言,真诚的伙伴关系可以让游客真心谅解导游工作中的失误,保证旅游工作的顺利进行。

5. 多提供个性化服务

个性化服务是服务人员针对服务对象的不同个性特点和心理需要,结合具体情境,发挥

自己的资源优势而采取的具有针对性、灵活性的服务。对导游而言,个性化服务是导游在做好旅行社接待计划要求的各项规范化服务的同时,针对游客的个别要求而提供的服务。个性化服务是一种建立在理解人、体贴人的基础上的富有人情味的服务。旅游合同中的旅游项目,只是集合了游客的共同要求,游客的个别要求、想法难以在合同中反映出来。导游在按照《导游服务规范》的要求做好旅游合同规定的导游服务的同时,对游客的特殊需求要给予特别关照,会使游客感觉备受优待,增强游客对旅游活动的信心,使游客从心里感到满足。

个性化服务虽然只是针对个别游客的个别需求,有时甚至是旅途中的一些生活小事,但是导游做好这类小事往往会起到事半功倍的效果,对全团的影响会大大超过小事本身,也可显示导游良好的个人修养,使游客目睹导游求真务实的作风和为游客排忧解难的精神,从而对导游产生信任并尊重。

细微之处见真诚,莫因事小而不为。提供个性化服务的关键在于导游心中是否有游客。在服务工作中,导游的一句话、一个行动、一点超常服务,帮游客解决一些小事,常会使游客感激不尽。一名合格的导游要善于了解游客的心情、好恶、困难、要求和期望,然后根据可能的客观条件主动提供服务,尽力满足游客的合理要求,解决游客的困难。

6.多提供有针对性的服务

导游心理服务要做到因人而异、有的放矢,即多提供有针对性的服务。导游应该了解游客的期望、要求和困难,了解他们的心理特征、兴趣爱好和审美情趣,了解他们的出游动机以及在旅游过程中的情绪变化,向游客提供有针对性的服务,切忌好心办坏事。

第三节 导游审美技能

一、导游与旅游审美

旅游是人们"诗与远方"的生活,满足人类精神文化的需要。旅游能陶冶人的性情、发展个性,同时也能调节人的心理,净化人的心灵,开阔胸襟。旅游能使人们更好地体验人生、热爱人生,对生活持积极的态度,认真地生活和工作,不愧于大自然赐予我们的生命。在游览过程中,历史人物、英雄人物的感召更能激发起人们的浩然正气,因此,游览祖国大好河山是进行爱国主义教育的生动形式。

(一)美的分类

通常情况下,美可以分为自然美与艺术美。自然美普遍存在于自然现象中。艺术美则是经过人们的艺术创作活动,把现实生活中的自然美加以概括和提炼,集中地表现在艺术作品中的美。

从自然资源的角度来看,自然景观本身就是一种美,即自然美。首先,自然景观的美体现在形式上,包括自然景观的形体、线条、色彩所产生的视觉美。其次,自然景观的美体现在内容上,给人智慧的启迪。一些风景区内的有关典故、传说,如登封嵩阳书院内"汉武帝封将军柏"的传说故事等,无不蕴含着前人的主观理解和审美情感,都是人类文化发展的产物,包含着人们的社会生活体验。自然景观不仅仅在形式上给人以美的愉悦,而且在内容上也给人以智慧的启迪,即文化思想的教育和道德情操的熏染,所以同时也具有文化美。最后,是象征美,即通过形式所表现出来的某些物体形象或意境的象征意义或象征美。象征是一种寓意或隐喻,如牡丹象征富贵,莲花象征高洁,竹子象征刚直、虚心,苍松象征刚强、长寿,等等。

从人文资源的角度看,凡是由人创造的与社会实践和文化相联系的景观都可视为人文景观。人文景观是人类长期从事劳动实践和创造的结果,大致可分为历史人文景观、现代人文景观和风情人文景观。历史人文景观,以各类古代建筑为主要代表,包括宫殿建筑、古城建筑、陵墓建筑、桥梁建筑、寺庙建筑、古塔石窟建筑等。现代人文景观,以现代城市风貌为主要代表,主要包括建筑景观、街道景观、商业景观、交通景观及以各种文体活动场馆为代表的文化景观和以游乐为目的游乐景观。风情人文景观,包括风俗民情、神话传说一类的景观。风俗民情主要体现在各民族的居住、饮食、服饰、婚嫁,以及娱乐、节庆等日常生活之中。以饮食文化为例,中国菜从色、香、味、形、器、名、物、疗等方面体现其美学特征。艳丽的色彩、诱人的香味、多变的味型,以及美观的形态、各具特色的器皿、好听的名称、应时的原料、有针对性的健身效果,还有摆设美、配乐美和服务美所构成的饮宴环境美,这些使饮食活动演化成了一种综合的审美过程。

(二)导游与美的传递与创造

旅游是观景赏美的体验。导游服务过程就是传递美的过程,导游要告诉游客什么是美,美在何处,导游还要懂得在恰当的时间通过恰当的方式把审美信息传递给适宜的旅游对象,而且导游本身也是审美对象,是本旅行社、本地区、本国家的代表,是美的化身。因此,导游要对祖国、家乡的文物古迹、社会风情有深刻的认识,要帮助外国游客了解中国人的审美观和中国各类景物的审美标准,用生动形象的语言介绍中国的风景名胜和名胜古迹,正确地引导外国游客从不同角度欣赏中国(或当地)的自然风光美和人文景观美。如果导游不仅懂得中国人的审美观和对景物的审美标准,还了解游客所在国(地区)的审美观和审美标准,并在导游讲解中指出各自的特点和相互间的差异,导游讲解的层次就会大大提高,必定会获得游客的欢迎。

导游应通过自己的讲解,力争使游客从一般的以生理快感为特征的"悦耳悦目"的审美体验,升华到以精神愉悦为特征的"悦心悦意"的审美层次,最终进入以道德和理性审美为特征的"悦志悦神"的至高境界。

二、引导游客观景赏美的技能

(一)了解游客的审美需求

游客的审美需求具有多样性和差异性。要使游客在游览过程中得到审美满足,导游在接团时要根据团队人员的构成和线路安排,准确地判断其主要审美取向,然后有针对性地做准备工作。另外,外国游客除了审美习惯,还存在文化差异。在这种情况下,导游要帮助游客认识中国人的审美观,引导他们从不同角度欣赏中国的自然景观和人文景观,并从中体会中国的民族文化,同时尽可能地用类比的方法帮助外国游客缩短文化差距,诱发其审美的主动性,从而认识和感受旅游地景观的审美价值。比如参观山东曲阜孔庙,可以将孔子与西方人熟悉的思想家亚里士多德做比较,这样使外国游客能较深入地了解孔子这一人物和他的思想价值,获得深刻的审美体验。

（二）激发想象思维

观景赏美是客观风光环境和主观感情结合的过程。人的审美活动是以审美对象为依据,经过积极的思维活动,调动已有的知识和经验,进行美的再创造的过程。不论是欣赏自然风景还是人文景观,都需要导游激发游客的想象思维,进行美的创造,这样才能激发游客的兴趣。如西岳华山,游客看到只是一些光秃秃的花岗岩,但是导游可以在介绍中创造意境,为游客勾勒出华山的险峻、华山的人文底蕴等,这样就会激发游客的兴趣,游客的想象思维会被充分激发出来,审美的境界也会得到升华。

（三）掌握观赏方法

1. 动态观赏和静态观赏

无论是山水风光还是古建园林,任何风景都不是单一的、孤立的、不变的画面形象,而是活泼的、生动的、多变的、连续的整体。游客漫步于景物之中,步移景异,从而获得空间上的流动美。在某一特定空间,观赏者停留片刻,作选择性的风景观赏,通过联想、感觉来欣赏、体验美感,这就是静态观赏。这种观赏形式时间较长、感受较深,人们可以获得特殊的美的享受。比如在浙江海宁市盐官镇观看钱塘江涨潮时,在泰山山顶观赏云海玉带、黄河金带、旭日东升和晚霞夕照时,让人遐想、令人陶醉。

2. 观赏的距离和角度

距离和角度是两个不可或缺的观赏因素。自然美景千姿百态、变幻无穷,对于一些奇峰巧石,只有从一定的距离和特定的角度去看,才能领略其风姿。比如从长江游轮上观赏三峡胜景神女峰时,远远望去,朦胧中看到的是一尊风姿秀逸、亭亭玉立的中国美女雕像,然而借助望远镜观赏神女峰则会令人失望,因为看到的只是一堆山石而已。又如,在黄山半山寺望见天都峰山腰上有堆石头状似公鸡,它头朝天门、振翅欲啼,人称"金鸡叫天门",但来到龙蟠坡观看同一堆石头,看到的则是五位老翁在携杖登险峰,构成了"五老上天都"的美景。这就是由于观赏角度不同造就的不同景观。导游带团游览时要适时地指导游客从最佳距离、最佳角度,并以最佳方式去观赏风景,以获得美感。

3. 观赏时机

观赏美景要掌握好时机,即掌握好季节、时间和气象的变化。清明踏青、重阳登高、春看兰花、秋赏红叶、冬观蜡梅等都是根据自然万物的时令变化规律产生的观赏活动;在泰山之巅看晨曦中的旭日东升、黄昏时的晚霞夕照,美不胜收,在蓬莱有时还能观赏到海市蜃楼,在峨眉山金顶有时能看到"佛光"。这些都是因时间的流逝、光照的转换造成的美景。变幻莫测的气候景观是欣赏自然美景的一个重要内容。云雾缭绕中的黄山美景令人回味无穷;庐山之美就藏在缥缈含蓄的云雾之中;游漓江,晴天的奇峰侧影、阴天的云雾山中、雨天的漓江烟雨都令人流连忘返。

4. 观赏节奏

如果游览活动安排得太紧,观赏速度太快,不仅会使游客筋疲力尽达到观赏目的,还会损害他们的身心健康,甚至会影响旅游活动的顺利进行,因此,导游要注意调节观赏节奏。

第一,有张有弛,劳逸结合。导游要根据旅游团成员的实际情况安排有弹性的活动日程,努力使游览活动既丰富多彩又松紧相宜。

第二,快慢相宜。在具体的游览活动中,导游要视具体情况把握好游览速度和导游讲解的节奏。什么时候该快、什么时候该慢、哪儿多讲、哪儿少讲甚至不讲,必须做到心中有数,对老年人要讲得慢一点、走得慢一点、活动少一点。如果旅游团成员体质差异大、年龄悬殊,观赏节奏的把握原则是让年轻人的充沛精力有发挥的余地,又不使体弱者疲于奔命。总之,观赏节奏要因人、因时、因地随时调整。

第三,导和游结合。导游应处理好与景物之间的时空关系和主次关系。有时,导游要有绝对的权力,以达到帮助游客更好地看景或起到画龙点睛的作用。但有时则要让景观占主导地位,导游退居次要地位,即有时在特定的地点、时间,让游客自己感悟景观之美,会产生更好的效果。

导游应力争使观赏节奏适合游客的身体状况、心理动态和审美情趣,安排好旅游活动行程,组织好旅游审美活动,让游客感到顺乎自然、轻松自如。只有这样,游客才能获得旅游的乐趣和美的享受,这才是成功的导游活动。

三、引导游兴的技能

所谓游兴,即游客的旅游兴趣。兴趣的产生以注意为前提,当那些被注意到的东西能满足人的需要时就会产生兴趣。有益于身心健康的兴趣是积极的兴趣,反之为消极的兴趣。人通常会对他感兴趣的事物给予优先注意和积极探索,并表现出心驰神往。导游在旅游活动中应随时注意观察游客的反应,判断游客兴趣的大小,对游客的心理需求做出切合实际的判断,然后有针对性地进行导游讲解,设法使游客对活动内容感兴趣,且尽可能地使兴趣能够长久保持。

(一)引导游兴的方法

(1)在游客兴致最高昂的时候讲解最关键的内容。

(2)非经常性地拍照和上厕所。游客在旅游车停留的可承受时间一般约为45分钟,超过这一时间后导游应该做一些调整,比较常用的方式是让游客拍照或是上厕所等。

(3)午饭后安排购物。游客在寻找旅游纪念品的过程中会相应兴奋起来。

(4)在旅游车内不要过多地讲解景点的内容,而应把游客带到车外现场去参观。

(5)旅途长、景色单调时要对游客的情绪进行调节。可以通过唱歌或是安排一些其他的娱乐活动来调节游客的情绪,让游客开开心心、轻轻松松、身心愉悦。

(二)激发游客兴趣的语言技巧

客人的兴趣具有多样性和复杂性,如何使游客的兴趣增强并且保持相对的持久性和稳定性,这与导游语言运用有很大的关系。

1. 导游语言要有质量

导游语言不能啰唆,重复性语言不要过多,该用短句时尽量用短句,不要咬文嚼字。对游客而言,他们觉得听了这些话很有收获,才愿意继续听下去。同时,要注意有声语言和无

声语言的综合运用。

2. 要善于变换游客感兴趣的话题

一是满足求知欲的话题。游客期望通过旅游拓宽视野,增长知识,了解目的地的相关风俗,所以那些可以满足求知欲的话题能够激起游客的兴趣。二是满足好奇心的话题。游客往往都有好奇心理,对于那些奇闻逸事、传奇传说、不解之谜等,游客都会饶有兴趣。三是决定行动关键的话题。比如游览时间安排、往返交通问题、文娱活动、天气预报等,因为涉及游客的本身的活动而备受关注。四是满足优越感的话题。人总会有自尊心、虚荣心,游客也不例外。在旅途中,如导游说一些尊重游客身份、地位、才智的话,游客将会如沐春风。五是娱乐性的话题。适当地穿插一些幽默故事等,以提高游客的游览兴致。

第四节　导游协作技能

一、导游工作集体的协作

导游工作集体通常除了包括全陪、地陪、领队、讲解员,还应该包括旅游车司机等。当然,有些团队可能并不配备讲解员,由地陪实施讲解。有些团队可能也不配备全陪,也有一些小团是导游兼司机,因此,导游工作集体的人数并非固定的。对不同的旅游团而言,导游工作集体的人员可能不完全相同,但导游工作的具体任务都是为游客提供或落实食、住、行、游、购、娱等方面的服务,保证游客旅游活动的顺利进行。

(一)导游工作集体协作的基础

首先,导游工作集体的服务对象是相同的,即同一团队的游客。尽管导游工作集体的成员有各自隶属的单位,但大家都是代表着各自的单位共同服务于同一团队的游客。其次,导游工作集体的工作任务是相同的,即为游客安排或落实各项旅游服务。尽管全陪、地陪、领队和司机等的工作范围不同,但都是来落实旅游团的食、住、行、游、购、娱等方面的服务。最后,导游工作集体有共同的努力目标,即为旅游团提供高质量的旅游服务。

(二)导游工作集体协作共事的方法

1. 相互配合

在旅游活动过程中,导游工作集体要主动争取各方的配合,使之形成合力,共同完成旅游接待任务,反对本位主义和短期行为。如在旅游目的地遭遇天气变化时,地陪要及时和全陪、领队协调,安排游客的旅游活动。同时也要及时和司机沟通,听取司机的意见,商议最佳的旅行方案。在客观情况影响团队旅行时,要主动争取配合,保证团队的顺利旅行。

2. 尊重各自的权限和利益

导游工作集体中的成员隶属于不同的企业,有着各自的权限和利益。在工作中,各成员要相互尊重,不能因为年龄、经验等方面的原因而干预他方的活动,侵犯他方的权限和利益。各成员之间的工作是互补互利的,应尊重各自的权限和利益,实现多赢。

3. 正确处理工作关系和友情关系

导游工作集体中的成员是因为同一个旅游团队而走到一起的工作关系,在此工作关系中,要尊重彼此的隐私,不涉及工作上的保密禁区。除工作关系外,成员之间还有友情关系。导游工作集体中的成员有的原本就认识,有的可能之前不认识,但是通过团队服务而相识,因此,成员之间总会建立或深或浅的友情关系。导游工作集体中的成员要恰当地把握工作关系和友情关系,和谐相处。

4. 明晰分工,勇担责任

导游工作集体中的成员应该明晰分工,平等对待,相互学习。当工作中出现问题或事故,各成员应该从大局出发,在分析原因的基础上,分清责任,各自承担属于自己的责任,不能相互指责和推诿。另外,也不能因为与己无关而事不关心。

(三)导游工作集体协作共事应注意的问题

1. 摆正位置,相互合作

全陪是旅游团活动的主要决策者,在导游工作集体中处于核心地位,起主导作用;地陪是旅游计划的具体执行者,是当地旅游活动的组织者和协调人;领队是旅游团的领导者、代言人;司机是车长,负责旅游车的运行情况。导游工作集体中的每位成员都有自己的职责、任务,有具体的分工,大家应该各司其职、各负其责。如果有成员越位,不仅会使其他成员感到不愉快,还可能会影响游客的行程和利益。另外,尽管大家性格不一,工作风格与方式不同,甚至对一些问题的看法、观点不一,但大家应该摆正自己的位置,认清对方的位置,求同存异。

要特别注意的是导游和司机之间的合作。在接待旅游团的过程中,如果司机与导游不能够很好地配合,不但会直接或间接地影响游客的情绪、降低接待质量,而且会有损旅游目的地在游客心目中的形象。在合作中,作为司机,本着平等合作的原则,应以团队利益为重,提高自己的服务意识,切忌对地陪的服务指指点点,不配合地陪的工作,甚至与游客或地陪争执,抱怨地陪"不会做事"。作为导游,特别是地陪,应该尊重司机、体谅司机,不能因为某些原因看不起司机,甚至在游客面前说司机的坏话。遇事多与司沟通,特别是关于交通的问题,要体谅彼此的困难,相互理解,相互支持,创造融洽的团队氛围,使大家都能感受到团队的信任和友爱。

2. 利益相关,同舟共济

尽管导游工作集体成员代表各自企业的利益,但这种利益是相关的,一荣俱荣,一损俱损。因此,导游工作集体的每一位成员都应该摒弃本位主义,以大局为重,共同服务于游客。从本质上说,大家的利益是相同的,同舟共济是本分,而相互拆台和指责所损害的是自己的利益。在接待外国旅游团的时候,除领队外,导游工作集体还有另一层更高的利益——国家利益。首先,在接待外国旅游团的过程中,地陪、全陪和司机都代表着中国人,必须维护我国旅游业的声誉和形象,执行国家的政策、法规,遇到有损国家利益的行为,要及时制止并上报相关部门。其次,地陪、全陪和司机要相互理解,相互支持,切忌相互指责和争吵,见笑于外国游客。最后,地陪、全陪、司机与领队的合作实际上是中外旅行社之间的合作,要本着平等互利、互守信用、遵守合同、精诚团结的原则,向游客提供优质服务。

3. 及时沟通，主动配合

沟通是消除误解，促进相互理解的重要途径。有了良好的沟通，工作起来就会畅通无阻。在团队遇到障碍的时候，导游工作集体之间沟通时要注意体谅他人，善于询问和倾听，学会适当地提示对方。通过沟通，了解事情的状况，主动配合工作，圆满解决团队遇到的问题和障碍。

二、全陪与地陪的协作

尽管全陪和地陪所属的旅行社不同，但都是旅游服务的提供者，都在执行同一个协议，彼此间是相互平等的关系。

1. 相互尊重，形成良好的人际关系

在工作中，地陪作为东道主，要尊重全陪的工作，尊重全陪的权限和利益，当然，全陪也要尊重地陪，这样才能形成良好的人际关系，才能更好地为旅游团服务。

2. 善于向对方学习，有事多请教

全陪和地陪是来自不同区域的旅游从业人员，大家可以相互学习、取长补短。在为旅游团服务的过程中，也会遇到一些问题，地陪也要多听听全陪的意见，全陪也要主动与地陪商量。

3. 坚持原则，平等协商

当然，在工作当中，如遇到分歧或对方打个人小算盘的时候，要坚持原则，有礼有节。地陪不能被牵着鼻子走，以免被动，但是要注意策略、方式和方法。同时要做好游客的工作，争取多数游客对自己工作的理解和支持。面对全陪的苛求，地陪应该坚持原则，以理服人，以情动人。

三、全陪（地陪）与领队的协作

我国资深的外语导游王连义先生根据实际经验，总结出了与领队协作的五字技巧，即"敬、捧、让、抗、晾"。

（一）敬：尊重领队

接待社的导游首先要尊重领队，尊重领队的工作。当领队提出意见和建议时，接待社导游要给予足够的重视，当工作中或生活上遇到麻烦时，接待社导游要给予领队必要的支持和帮助，旅游团内部出现纠纷、领队与游客之间发生矛盾时，接待社导游一般不要介入，以尊重领队的工作权限，但必要时可助其一臂之力。这样做有助于导游与领队产生信任感，加强双方的合作。只要导游诚心诚意地尊重领队，一般情况下领队会感受到导游的用心和诚意，从而采取合作的态度。

（二）捧：争取配合

导游遇事要与领队多磋商，在旅游日程、旅行生活的安排上多与领队商量，在平时，当着游客的面多说领队的好话，让领队感受到导游的诚心并给予善意回报，领队会更加配合导游的工作，甚至主动帮助导游做团员的工作。

(三) 让：做好分内工作

在领队置团队利益而不顾的特殊场合，导游要合理地"让"，做好分内工作，将游客和旅行社的损失降到最低。当然，也要适当发挥领队的特长，还要随时注意给领队面子，遇到一些可显示权威的场合，要多让领队尤其是职业领队露面，使其有机会赢得游客的好感。

(四) 抗：有理、有利、有节

在导游服务过程中，接待社导游与领队在某些问题上意见相左是正常的现象。一旦出现这种情况，接待社导游要主动与领队沟通，力求尽早消除误解，避免分歧继续发生。一般情况下，接待社导游要尽量避免与领队发生正面冲突。

在涉外导游服务过程中，有些海外职业领队曾多次带团访华，对中国的情况比较了解，他们为了讨好游客，一再提"新主意"，给中方导游出难题，以显示自己知识渊博、对中国十分了解以及为游客着想，还有一些领队一味照顾自己的游客而不考虑实际情况，甚至有些领队就是组团社的领导或他的亲属，有时对接待社提出过分要求（超出旅游合同规定的内容），甚至当着游客的面指责接服务不周，等等。对于这种不合作的领队，首先，导游绝不要让其牵着鼻子，以免被动；其次，导游应采取适当措施，如做好游客的工作，争取大多数游客的支持和谅解，必要时警告此领队并报告他的领导；对于那些本身是领导的领队，可采用有礼、有利、有节和适当的方式与之"抗争"。有理，即指出其苛求已超出旅游合同规定的内容；有利，即选择适当的时机；有节，即言明后适可而止。最好采用伙伴间的交谈方式使之有所领悟，必要时也可当着游客的面提醒领队。在"抗争"中，导游应始终坚持以理服人，不卑不亢，不与领队当众冲突，更不得当众羞辱领队，还要适时给领队台阶下，事后仍要尊重领队，遇事多与领队磋商，争取领队以后的合作。

(五) 晾：继续对客服务

对于那些不合作的领队，在"抗争"之后，导游应采取"晾"的策略，像没有事似的照样与游客谈笑风生，不再提及已经发生的冲突，把领队"晾"在一边。但这是一种边缘化的方式，不到迫不得已时不可采用。

总之，为了提高导游服务质量，带好旅游团，导游应与领队搞好关系。老导游要戒骄戒躁，消除与之争高低的念头，新导游则要消除胆怯，树立与领队协作共事的信心。

四、与司机的协作

司机是导游工作集体的重要成员。因为大多数旅行社没有自己的车队，即便有车队也未必能够恰好满足团队需要，通常用车是向专门的旅游车队租用的，所以导游出团前对司机和车况不一定熟悉。因此，导游和司机之间的协作，是导游服务工作得以顺利进行的重要保证。

(一) 做好充分的接团准备

在接团前，不管旅游车的隶属单位是旅行社还是其他单位，导游均应该提前联系司机，确认司机的联系方式，了解出团车辆的车况和使用须知，做好必要的辅助导游工具的配备，如麦克、景区宣传光碟、音乐光碟等，协助做好旅游车座垃圾袋、旅行社标志等的配备。

(二)尊重司机,及时向司机通报相关情况

司机作为导游工作集体的一员,其工作也非常关键。但是,在具体的团队操作中,司机和导游之间存在着误解和矛盾。例如,多数旅游车司机学历并不高,这让很多有一定学历的导游容易"看不起"司机,而具有多年旅游车驾驶经验的司机也"看不起"新导游,认为这些导游能力差等。针对这种情况,从地陪的角度出发,首先要尊重司机。比如在接团致欢迎词时应该隆重地把司机介绍给游客,送团致欢送词时也不要忘了对于司机的一路安全行驶服务表示感谢。在服务过程中,游客提出关于行车的意见和建议时,导游要注意说话方式,多用平等协商的语气与司机沟通。如果接待外国游客,在旅游车到达景点时,导游用外语向游客宣布集合时间、地点后,还要记住用中文告诉司机。旅游线路有变化时,导游应提前通知司机。

(三)注意倾听,征询意见

在出团过程中,如果日程安排或是线路需要调整,导游应注意倾听司机的意见,一方面要让司机了解行程变化,提前做好准备;另一方面使司机参与到导游服务工作中来,以其丰富的行车接团经验,提出合理化的建议,这有利于旅游服务工作的合理调整和统筹安排。

(四)主动帮助,确保安全

导游要熟知安全行车要求,主动协助司机做好安全行车工作,如帮助司机更换轮胎,安装或卸下防滑链,或帮助司机进行小修理,保持旅游车挡风玻璃和车窗的清洁,不要与司机在行车途中闲聊。遇有险情,要根据情况做好分工,确保游客安全。

(五)耐心说服,争取主动

在与司机意见相左或是司机因为种种原因在服务过程中不配合时,导游要坚持原则,耐心说服,必要的时候可与其所在单位联系。在出团过程中,导游是旅游团在当地的方向和灵魂,要注意方式,礼貌而合理地拒绝司机的不当要求,在服务过程中争取主动权。

五、与其他接待单位的协作

众所周知,旅游产品是一种综合性的整体产品,通常由餐饮、住宿、娱乐、购物、游览等部门共同提供,产品的关联性很强。高质量的旅游产品需要为游客提供各种设施和服务的各个部门的高度协作与配合。

(一)及时沟通,做好工作衔接

旅游接待工作由众多的环节组成,其中任何一个环节出现问题都会影响旅游质量。为了保证旅游环节通畅或出现问题有足够的应对时间,导游应经常与酒店、餐厅、机场(车站、码头)沟通,及时了解各种信息。同时,导游要发挥自己导游服务和信息传递的枢纽作用,在带团过程中善于发现和预见各项旅游服务中可能出现的差错和失误,及时与相关单位进行沟通,保证旅游团的顺利进行。

(二)主动配合,相互支持

是否尊重为游客提供相关旅游接待工作的人员,是衡量导游修养的重要标志。导游应尊重自己的同事,尊重其他同事的劳动和人格。当其他专业人士登场为游客服务时,导游应保持低调。导游工作流动性大、工作内容繁杂，常常会有意外或紧急情况发生，这时仅仅依靠导游的力量很难解决问题。有经验的导游在这种情况下会善于利用和各接待单位的协作关系以争取他们的帮助和支持。比如在游览过程中，发现游客走失，经过寻找仍找不到走失者时，导游除向旅行社汇报外，还要向景点管理部门求助，请景点管理部门以广播的方式或是在各进出口协助寻找等。在与酒店、交通、景区景点以及其他部门的接触中，导游也要注意在工作上给予他们支持和帮助，与接待单位建立的良好关系，促进团队行程顺利进行。

第五节　导游个性化服务技能

一、导游的个性化服务

（一）个性化服务的内涵

对旅游行业而言，个性化服务至关重要。个性化服务需要以游客需求为中心，在满足游客共性需求的基础上，针对游客个性特点和特殊需求，主动积极地为游客提供特殊的服务。个性化服务是对游客采取"量体裁衣"定制式的服务，是在规范化服务的基础上为游客提供超值服务或额外服务。

对导游而言，个性化服务可以增进导游与游客之间的交流，树立旅游企业的核心竞争力。在产品竞争日益加剧的今天，服务成为游客选择旅游企业的重要参考点。个性化服务能够将自己与竞争对手区分开来，给游客留下深刻的印象。良好的个性化服务可以提高游客的忠诚度，创造稳定客源。另外，对旅游企业而言，个性化服务可以减少广告投入成本，吸引游客长时间消费，可以实现双赢。

（二）个性化导游服务技能

1. 周详准备

开展个性化导游服务需要导游在出团前做好相关准备工作。这些准备工作不仅是围绕导游自身工作需要而展开的，还应针对游客特点进行准备。例如接待会议旅游团时，导游最好随身多带一支笔和一些信纸，在客人需要记录时可以为其提供方便；而接待儿童较多的旅游团时，因为儿童一般喜欢吃零食，导游可以适当多带些纸巾，必要时为其提供方便。

2. 细心观察

每个导游出团前都应仔细了解旅游团的背景情况，以做到心中有数，顺利开展工作。个性化导游服务则需要在此基础上进一步加深对游客的了解。导游在工作中细心留意游客的言行举止，并从中发现他们的一些特点，利于进一步开展有针对性的工作。当游客产生某些需求时，导游能够及时主动地提供相应服务，往往会给游客留下深刻印象。

3. 钻研业务

开展个性化服务对导游的业务技能提出了更多、更高的要求。由于游客的需求因人而异，导游不能以不变应万变，而应该做到因人制宜地提供服务。例如，对于求知欲望较强的游客，导游应提供高品位的知识型讲解；而对于一般的大众观光型游客，他们外出旅游的主

要动机是放松休闲,导游解说应简洁明了、生动有趣。此外,导游解说还应根据游客的理解和接受能力调整解说内容和介绍方式,不能千篇一律。因此,导游一方面要加强知识学习;另一方面应不断提高业务技能。

4. 凸显特色

为游客提供个性化导游服务不仅强调针对游客特点开展工作,还强调立足自身优势,提供特色导游服务。从这个层面上讲,就是要求导游成为一个有个性魅力的旅游工作者。例如,有的导游讲解风格优美典雅,有的俏皮活泼,有的雄浑稳健,无论哪种风格,只要能成为自身的突出特色,并且不与游客的三观和旅游心理需求相违背,就能够为游客所认同,并成为个性化导游服务的一部分。另外,在外表、言谈举止等方面,导游也应形成自身特色,但绝不能做作或落入庸俗。

二、不同类型游客的个性化服务

(一)儿童的接待技巧

在大众旅游时代,不少游客都是亲子家庭出游。亲子家庭出游的目的之一都是为了让儿童增长见识、陶冶情操、锻炼意志。儿童是一类特殊的群体,导游应根据其生理、心理特点,提供针对性的服务。

1. 重视儿童的安全

儿童天性活泼好动,安全意识不强。首先,导游要特别注意儿童的人身安全。在乘车过程中,提醒儿童要系好安全带,不要把头、手伸出窗外。在游览过程中,提醒儿童行走时小心,特别是遇到湿滑、危险的路段,要提醒并协助家长关注儿童安全;行走途中,要多次清点人数,防止儿童走失;讲解时,针对儿童特点,选择一些有趣的童话故事来吸引他们,使他们精力集中,不致到处乱跑。其次,在旅游过程中,导游要多关照儿童的生活。例如,用餐时,提醒餐厅给儿童准备儿童餐椅;住宿时,按照相应的收费标准督促落实儿童用具;旅游过程中根据天气情况,及时提醒儿童增减衣服等。

2. 注意儿童的收费标准

在旅游过程中,儿童的收费标准不同于成年人。如交通票据除机票是按年龄收费之外,其他的火车票、汽车票、门票等多数按身高的收费标准来购买。住房和用餐方面,儿童是否单独占床位或餐位,要按签订的旅游合同的标准来执行。

3. 几个应注意的问题

对于旅游团中的儿童,导游在接待过程中要注意以下几个问题:一是多关心儿童的同时,不要冷落其他游客。二是在旅游中一些项目对于儿童是免费或是有优惠的,导游不宜视此为负担;三是不要单独带儿童外出,即使家长同意也应谨慎行事;四是儿童生病时,导游不能将自己随身携带的药品给儿童服用,也不宜建议服用什么药,而应请医生诊治。

(二)老年游客的接待技巧

通常,60岁以上的人被称为老年人,80岁以上的则称为高龄老人。老年人的闲暇时间多,60—70岁的老年人大多身体尚可,出游热情较高。在我国目前的游客群体中,老年人占了很大比例。但与年轻人相比,老年人的体力和精力均有所下降,反应也较慢,所以导游要给予老年游客特殊关照。

1. 旅游节奏要慢

老年人特别是高龄老年人大多腿脚不便,力不从心,在带团过程中,导游要放慢脚步,尽量选择台阶少、平坦的道路,防止老年游客受伤等。对于行程安排,不宜过多过紧,要根据老年人的体力来安排行程。另外,旅游讲解也要放慢语速,加大音量,让他们听得完整、清楚。

2. 要耐心周到

老年人在旅游时喜欢提问题,有时候也容易较真,同时自尊心又特别强,导游首先要耐心回答其问题,讲解时也要耐心。其次在旅游过程中上下车、上下坡、爬山、过桥时,导游应给予老年游客帮助,确保老年游客的安全,让他们感受到温暖和关爱。当然,如果是西方国家的老年游客,导游应该尊重西方的传统,在照顾的过程当中,要注意方式,不能让游客觉得自己是无用之人,而引起游客不悦。

3. 安排活动要劳逸结合

旅游活动中日程安排不宜过紧,要根据老年人的身体情况安排活动,应张弛有度,符合老年人作息规律。行车时间不宜过长,中午通常要安排午休。晚上也要安排客人早点回酒店休息,如果有晚间娱乐活动,则应控制时间不要太长。

4. 多做提醒工作

老年人由于年龄的原因记忆力下降,而且对陌生环境的适应能力差,旅游过程中容易出现差错或落下东西,导游要及时提醒。例如,在上下旅游车、离开酒店和餐厅时,导游要提醒老年游客带好自己东西;在天气变化时,导游要提醒老年游客增减衣服,提前预告游览时的道路情况,使老年游客有所心理准备。

(三)残障游客的接待技巧

随着社会的发展,残障游客也有条件和兴趣外出旅游。在接待残障游客时,导游应注意以下几方面。

1. 尊重残障游客

导游要尊重残障游客。残障游客的自尊心和独立性较强,导游要把对他们的关心和照顾做得不露痕迹,不刻意地为照顾而照顾,既要热情,又不能给他们带来压力或是伤害他们的自尊心,要做到"扬游客之长,避游客之短"。

2. 关心残障游客

导游在维护残障游客的自尊心的同时,要适时、恰当地关心残障游客。注意残障游客的行踪,适时给予照顾。考虑残障游客的特殊需求,如线路选择尽可能不走或少走台阶,安排餐厅和客房时尽可能选择一楼方便进出的地方,等等。

3. 区别接待不同类型的残障游客

(1)听力障碍游客。

听力障碍游客大多要靠读口形来获取信息,因此,导游要把这部分游客安排在前面的位置,使其能看到口形。另外,导游要适当放慢语速,加大口形的幅度,便于他们理解更多的内容。

(2)视力障碍游客。

视力障碍游客唯一不便之处就是视力,其他的听觉、味觉、嗅觉、触觉等跟正常人一样,导游要能发挥他们这些方面的特长,讲解时争取让内容更形象,能用手触摸的,让他们摸一摸;能聆听的,让他们安静地听一听;能闻的,让他们闻一闻,争取让这部分游客有较大的获得感。

（3）截瘫游客。

在旅游活动中,导游要考虑截瘫游客是否需要轮椅,如果需要,应提前通知有关部门做好准备。同时,车辆的选择也要考虑,最好使用方便轮椅上下的车。景点和酒店的选择应注意有无"无障碍设计",没有的话,轮椅的进出将极为不便。

（四）宗教信仰者的接待技巧

1. 了解并掌握我国的宗教政策

我国实行宗教信仰自由政策。中国不干涉宗教界人士的国际友好交流往,但未经我国宗教团体邀请和允许,不得擅自在我国境内传经布道和散发宗教宣传品。对于常规礼拜活动,经上报宗教主管部门同意后,可在指定场所举行。任何人不得利用宗教进行破坏社会秩序、损害公民身体健康、妨碍国家教育制度的活动。

2. 尊重宗教信仰

对合法的宗教信仰者,导游应将其与普通游客一视同仁,不能将自己的人生观、价值观强加于他们。在讲解中,导游不要对他们宣传无神论思想,更不要把宗教与国家、政治等问题混为一谈。

3. 尊重禁忌和特殊要求

对于宗教界人士在生活习惯上的禁忌和特殊要求,导游要设法给予满足。饮食方面的禁忌和特殊要求,一定要提前通知餐厅,比如信仰伊斯兰教的游客,一定要去有穆斯林标志的餐厅。导游要处处尊重他们的宗教信仰,并提前做好服务。

（五）特殊身份游客的接待技巧

特殊身份游客主要指国内外高级官员、社会名流、重要组织的负责人及其他知名人物。这些游客身份特殊,接待好他们对扩大旅游的对外影响,树立良好形象具有十分重要的意义,甚至还可能成为国家外交的重要组成部分。为特殊身份游客提供服务时,应注意以下事项。

1. 树立信心,多方准备

一般来说,这类游客由于有一定的社会知名度,接待牵涉面广,加之其见识、阅历丰富,导游会感到接待的压力。但压力也可以转为动力,导游要树立信心,多方准备,用扎实的业务能力展现东道主的风范,给特殊游客留下良好的印象。

2. 按规定接待,把握好分寸

这类游客旅游观光的行程安排得十分紧凑,常常与接见、会谈等活动穿插进行。导游应熟悉相关规定,按程序接待,对把握不了的情况,及时请示汇报,根据上级指示完成接待任务。

知识拓展　　　　导游的自我身心调节

一、身体调节

导游平时应注意加强体育锻炼,以应对工作中的挑战。众所周知,一些户外活动对导游的体能要求较高,没有良好的体力,导游可能力不从心,也难以服务好游客。此外,在工作中,导游应注意适当休息,全陪应把酒店作为家的延伸,留出自我调整的时间,以便能正常地为游客提供服务。

二、心理情绪调节

众所周知,情绪是人的一种主观体验。作为导游,处于工作的一线,会遇到形形色色的游客,会遇到来自游客的抱怨和投诉,尽管很多时候并非导游的原因导致旅游出现问题,但游客质问和指责的对象往往就是导游,在某种程度上,导游成了游客的第一"出气筒"。因此,导游要拥有较好的自我情绪调节的能力,使自己尽快从负面的不良情绪调整为正面的愉悦情绪。

1. 转移注意法

顾名思义,转移注意法是指将自己对事物的注意力转移到另一事物上,以便摆脱不良情绪。这种方法可以在很短的时间内减轻外界刺激对自己心理所造成的压力。

2. 自我安慰法

真正的情绪只有自己清楚,因此适时进行自我安慰十分必要。

3. 延迟反应法

延迟反应法是指对自己即将出现的某一情绪或者动作进行延迟,比如导游遇到蛮不讲理的游客,但是又不能用粗话与游客对骂时,可以赶紧拿出一瓶水,喝一口水,喝完水之后,情绪就会冷静一些。

4. 排除刺激法

排除刺激法是指排除客观刺激物对情绪的影响。例如,个别游客对讲解不感兴趣或走开或小声讲话时,导游可以不必在意,要排除周围群众及其他噪声对情绪的影响。当然,如果多数游客对讲解不感兴趣,那么导游就要进行调整,事后自己总结原因,不断提升自己的导游讲解能力。

5. 宣泄法

导游在工作中遇到不顺心的事或者受到委屈时,心情会难过,长此以往,这种负面的情绪会影响导游的心理健康。导游需要找到一个宣泄不良情绪的出口,比如回家后跟家人吐槽一下或者跟朋友聊聊,这种向别人讲述的过程其实就是宣泄的过程。如果这种情绪一直得不到宣泄,则会影响导游的心理健康。

6. 运动缓解法

运动缓解法是一种较为普遍的调整不良情绪的方法,对于导游同样适用。工作累积的不顺心和不良情绪,可以通过下团后做自己喜欢的运动来缓解,在运动的过程中感受出汗的畅快和身体的轻松,进而让自己心情舒畅,原有的不良情绪也会减弱很多。

(资料来源:根据相关资料整理。)

案例分析

程建刚:真情满人间　几度夕阳红

作为一名导游,面对白发苍苍、满脸皱纹,双眼不再神采飞扬,和我们父母年龄相仿的老人,我们将如何让他们有一次终生难忘的旅游?

我想,应该是情真意切地扮演儿女陪伴父母的角色。百善孝为先,儿女为尽孝心,送自己的父母到首都来看一看,来圆一个一辈子的北京梦,我们应该让这份孝心,在北京得到延续。

在一次次得到老年朋友的认可后,我们逐渐总结积累了接待老年团队的心得,老年人有"三慢",即说话慢、走路慢、反应慢,这就对我们接待工作提出了要求:跟老年朋友不能急,要慢慢来,要有耐心。

老年朋友心理负担重,没有子女的陪同,"怕吃亏、怕上当、怕添麻烦"。"怕吃亏、怕上当"好理解,"怕添麻烦",各位朋友们,我们不得不说,中国的老人是全世界最善良、最辛苦的老人,从孩子出生,到上学、找工作,再到孩子结婚,孩子结婚后,他们也老了。老了以后,还有一项最艰巨的任务,那就是带孙子、孙女。真是可怜天下父母心。

我问过很多老年朋友,为什么不早点出来旅游,叔叔阿姨们回答我:"小程,出门了,这也搞不好,那也搞不好,怕给别人添麻烦。"朴实的回答,让我们想起家中的父母,将心比心,带好老年团,是一个积福报的工作。

每年的旅游旺季,天安门广场上,人山人海,各种颜色的旅游帽,在广场上川流不息,这个时候的导游带团,就像是在"打仗",这也是北京最容易走丢人的地方。北京一家旅行社,曾经在天安门广场上走丢了一位老年朋友,旅行社找了整整一个星期,最终在南四环外的收容所找到了他。我想,这件事的主体责任谁来负?答案不言而喻,我们要吸取教训。我经常跟老年朋友们开玩笑道:"在北京旅游,丢什么都可以,就是不能丢啥?"车厢内的老年朋友们会异口同声地说:"丢人。"我接过话茬说:"把人搞丢喽。"有玩笑,有纠正,一句话,客人能说,我们不能说,这就是尊重。

为了防止老年朋友走丢,我们想了很多办法,从最开始的帽子上写电话,到发宾馆前台的名片,到挂上团队的胸卡,再到做成留有紧急联络电话的爱心手环,戴在老年朋友的手腕上,提醒老年朋友,因为是塑料的,洗澡都不用取下来,防止老年朋友晚上取下手环,第二天出发时,忘了戴。老年旅游,我们真正要做到提醒老年朋友,"三防"保安全,即防走失、防摔倒、防生病。

每个人都会有老的那一天,希望我们真情满人间,几度夕阳红。

(资料来源:节选自《程建刚:真情满人间 几度夕阳红》,2022-05-13,河北省旅游协会公众号,略有修改。)

思考:
案例当中的导游在带领老年团时的经验有哪些可以借鉴?

章节测验

第九章

旅游者个别要求的处理

学习导引

在实际旅游过程中,旅游者会有众多不同类型的个别要求,处理旅游者的个别要求是导游的职责所在,也是高质量导游服务的体现。导游首先需要掌握旅游者个别要求的处理原则,然后才能在具体的各个环节合理应对旅游者的个别要求。本章内容正是围绕着处理旅游者个别要求的基本原则以及旅游者具体的个别要求的处理而展开。

学习目标

通过本章的学习,重点掌握以下知识要点:
1. 旅游者个别要求的内涵。
2. 处理旅游者个别要求的基本原则。
3. 处理旅游者在食、住、行、游、购、娱等方面个别要求的具体方法和工作规范。
4. 处理旅游者在自由活动、探视亲友、亲友随团、递转物品和信件、中途退团或延长旅行期限等方面的具体方法和工作规范。

章节思政点

1. 在处理旅游者要求时,要在我国相关的法律法规的范围之内,导游要有一定的法律意识,才能更好地服务于旅游者。
2. 在旅游业转型升级的过程中,对品质的追求已经成为首要因素。导游要迎合旅游者对品质的追求,关注个体旅游者的个性需求,尊重旅游者的权利,提供有温度的导游服务。
3. 新时代下,旅游业态不断创新,在面对不同旅游者的要求时要根据情况及时变通,借助新技术,创新服务方式,精准对接合理的旅游需求。

4. 旅游者需求的满足需要不同的人员和组织共同参与，单靠导游单枪匹马通常难以满足，因此，良好的团队精神和合作能力是导游必须具备的能力。

课前测验

1. 有些导游不喜欢旅游者的个别要求，嫌其"多事"，对此，你怎么看待？
2. 你认为旅游者个别要求的处理原则有哪些？

第一节 旅游者个别要求的处理原则

一、旅游者的个别要求

旅游者的个别要求是指参加团队旅游的旅游者提出的各种计划外的个人要求。这种个人的特殊要求通常涉及食、住、行、游、购、娱等各个方面，旅游者个别要求的频次越高，对导游的工作能力的要求就越高。对于旅游者提出的个别要求，不管其难易程度、合理与否，导游都应给予足够的重视，并正确、及时、合情合理地予以处理。

一般来看，旅游者的个别要求可以分为四种情况：合理的，经过努力可以满足的要求；合理的，但现实中难以满足的要求；不合理的，经过努力可以满足的要求；不合理的（苛刻的），无法满足的要求。导游在处理旅游者的个别要求时，一般遵循以下基本原则。

二、旅游者个别要求的处理原则

（一）符合法律法规的原则

这是导游处理旅游者个别要求的基本原则。任何情况下，旅游者的个别要求都要符合我国相关法律的规定和要求，不管旅游者身份如何，如果其要求与我国相关法律规定不符，导游应断然拒绝。当然，导游在处理旅游者个别要求时，也要符合《中华人民共和国旅游法》，符合《导游管理办法》《导游人员管理条例》和《旅行社条例》中关于旅游者、导游、旅行社三者之间的权利和义务的规定。

（二）"合理而可能"的原则

"合理而可能"的原则是导游处理旅游者个别要求的至关重要的原则。面对形形色色的旅游者的个别要求，导游不要着急而乱了手脚，要冷静分析。第一，旅游者的要求是否合理？如果不合理，那就不能满足。导游要耐心解释，实事求是，处理问题要合情合理，尽量使旅游者心悦诚服，千万不能一口回绝，不能随便地说出"不行"两字。如果要求是合理的，那么导游就要分析其可能性。第二，这种可能性也分不同情况。一种是导游可不可能办得到，导游工作集体可不可能办得到；另一种是当时办不到，事后导游或者导游工作集体可不可能办得

到。总之,对于旅游者提出的要求,不管其难易程度如何,导游都应给予足够的重视并正确、及时、合情合理地予以处理,力争使大家愉快的旅行。

（三）尊重旅游者的原则

旅游者形形色色,其要求也多种多样。多数旅游者都会提出一些合情合理的要求,但也会遇到一些苛刻的个人要求,这时,导游切记要对个人礼让三分,要尊重旅游者,对旅游者过激的语言也要保持冷静,始终有礼、有理、有节,不卑不亢。

（四）公平对待原则

公平对待原则是导游服务的原则,也是导游处理旅游者个别要求的原则之一。在旅游团中,对于旅游者的个别要求应该同等重视、一视同仁、平等相待。当然,个别要求处理起来难度不同,但导游的态度要始终如一,不能嫌弃那些处理起来有难度的个别要求。

（五）维护尊严原则

对于一些"问题"旅游者,导游要态度明确,不卑不亢,自觉维护国家利益和民族尊严。

第二节　旅游者个别要求的处理方法

一、餐饮方面个别要求的处理

（一）特殊的饮食要求

饮食是旅游过程中的重要事项,有些旅游者由于宗教信仰、生活习惯、身体状况等原因在饮食方面有一些特殊的要求,比如不吃荤,不吃油腻、辛辣的食品,不吃猪肉或其他肉食,甚至不吃盐、糖等。对于旅游者这类特殊的饮食要求,导游需要区别对待。

若所提要求在旅游协议书中有明文规定的,接待社须早做安排,导游在接团前应检查落实情况,不折不扣地兑现。

若旅游团抵达后旅游者才提出,则需视情况而定。一般情况下,地陪可与餐厅联系,在可能的情况下尽量满足;如确有困难,导游可协助其自行解决。

（二）要求换餐

在旅游过程中,旅游者提出将中餐换为西餐或是将西餐换为中餐等,针对这类换餐要求,导游应该按照以下要求处理。

旅游者在用餐前3个小时提出换餐要求,地陪要尽量与餐厅联系,按有关规定办理;接近用餐时间旅游者提出换餐,一般不应接受要求,但导游要做好解释工作;若旅游者仍坚持换餐,导游可建议他们单独点菜,费用自理。

（三）要求单独用餐

由于旅游团的内部矛盾或其他原因,个别旅游者要求单独用餐,此时导游要耐心解释,并告诉领队请其调解;如旅游者坚持,导游可协助其与餐厅联系,但餐费自理,并告知原餐费不退。

(四）要求增加菜肴和饮料

同一收费标准的旅游团用餐都是统一的菜单（只是由于季节不同，菜的品种不同）和饮料。因此，如果旅游者提出添加菜肴和饮料的要求，应满足其要求，但需提前讲明费用自理。

(五）要求提供客房内用餐服务

若旅游者生病，导游或酒店服务人员应主动将饭菜送到旅游者房间以示关怀。若是健康的旅游者希望在客房用餐，如果餐厅有此项服务，可满足其要求，但须告知旅游者服务费自理。

(六）要求自费品尝风味

旅游者要求外出自费品尝风味餐，导游应予以协助，并与有关餐厅联系订餐；风味餐订妥后旅游者又不想去，导游应劝他们在约定时间前往餐厅，并说明若不去用餐则须赔偿餐厅的损失。

同步案例　　指定的穆斯林餐厅，导游能擅自调整吗？

2007年夏季第八届少数民族运动会在广州举办。导游小张被安排去接待一个来自西北地区的观摩团队，该地区的团队按照组委会的安排，应前往特别指定的穆斯林餐厅用餐。但当天该团飞机晚点到达，因为要赶着参加开幕式，小张自作主张把团队带去了一家粤菜餐厅。他认为该餐厅正好在机场到目的地的路途中，方便省时，不一定非要去穆斯林餐厅，只要不上有猪肉的菜就行了。一下车，游客们见到餐厅正门赫然几个大字××海鲜餐厅时，立即质疑。随后，几位游客就高声埋怨起来。小张一开始还平心静气地向游客解释，但游客不接受，认为是他有意为之。小张觉得委屈，与游客对话的语气中开始带有不满情绪，于是，双方的争论加剧，游客的抱怨情绪也逐渐升级。最后，全团游客拒绝进入餐厅，并扬言将在当晚的开幕式上拉横幅表示抗议，抗议组委会歧视少数民族和不尊重宗教信仰。小张这才意识到事态的严重性，慌乱中急忙打电话向旅行社求助。旅行社接到电话后，立刻致电组委会反映了情况。组委会马上派出了几位领导和工作人员与游客见面解决纠纷，平息事态。该事件最后得到了较好的解决，但小张因擅自违反组委会规定被警告。

二、住房方面个别要求处理

(一）要求调换客房

旅行社向旅游者提供的客房即使符合标准，但属其他同等级客房，旅游者仍会提出异议。若提供的客房低于标准，旅游者会更有意见，旅行社必须负责予以调换，如确有困难须

说明原因,并提出补偿条件。

如遇客房内有蟑螂、臭虫、老鼠等情况,旅游者要求换房应满足其要求,必要时应调换酒店。客房内设备尤其是房间卫生达不到清洁标准,应立即请酒店服务人员打扫、消毒。旅游者要求调换不同朝向的同一标准的客房,若酒店有空房,可适当予以满足,或请领队在内部协调;无法满足时,应进行耐心解释,并向旅游者致歉。

(二)要求更高标准的客房

旅游者要住高于合同规定标准的客房,如酒店有空房可予以满足,但要告知旅游者需付退房损失费和房费差价。

(三)要求住单间

住双人间的旅游者要求住单人间,若酒店有空房可予以满足,但房费自理。同房旅游者因闹矛盾或生活习惯不同而要求住单人间时,导游应请领队调解或在内部协调;若调解、协调不成,酒店有空房可满足其要求,导游须提前说明房费由旅游者自理(一般是谁提出要求谁付费)。

三、交通方面个别要求的处理

交通是旅游行程的纽带,一般情况下交通行程都是事先预订好的,并且不方便更改,但在实际工作中仍会有旅游者提出个别要求。

(一)要求更换交通工具类型

导游遇到火车改为飞机或普通列车改为动车、高铁等要求时,除非在自然灾害、误车(机、船)等特殊情况下,一般不能答应更换。旅途中车票(机票、船票)退改非常麻烦,短时间内很难满足。更换出行时间与上述处理方式相同。

(二)要求提高交通工具等级

导游遇到提高舱位、座位等级等要求时,应首先与接待社计调部门联系,若所要求等级的舱位、座位有空余则可帮忙更换,但差价及相关费用自理。

同步案例　　如何巧妙临时调整交通工具?

法语导游小陈提前半小时到达港九直通车站,等待从香港来广州的入境旅游团,并电话联系客车司机和行李车司机,确认他们到达与否。行李车司机已按时到达,但客车司机在机场送走另外一个团队后,在前来车站接团的路上遇到堵车,估计不能按时到达,十分焦急。小陈马上致电旅行社,询问能否有其他车辆来接应,但此时正值旅游旺季,难以调度车辆。小陈考虑了一下,向旅行社提出了解决办法,既然难以保证大巴按时到达,不如直接和游客说明情况,并带领游客搭乘位于火车站内的地铁前往陈家祠游览,大巴亦直接开往那里等待。陈家祠游览结束后,游客就可以搭乘大巴继续剩下的行程了。旅行社同意小陈的意见,并嘱咐他关照游客上下地铁。接到团队后,小陈如实地向法国领队和游客解释了大巴不能按时到来的原因,并诚恳地表达了歉意,建议游客先将行李放到行李车上,然后随他一起搭乘地铁前往第一个景点参观,也可以感受一下广州地铁的便利,体验一下广州百姓的生活。同时,大巴直接赶到陈家祠恭候游客继续剩下的游程。团队游客听了小陈的想法,非常雀跃,因为地铁本来就是巴黎游客的日常交通工具,大家没有任何排斥的想法,加之可以体验本地民情,大家更加兴致勃勃,领队也支持小陈的建议。于是,小陈马上通知客车司机,让他直接前往陈家祠接应,司机也觉得这样更加稳妥,便直接前往。于是,游客跟着小陈到了地铁站,小陈与地铁方面说明了团队的特殊情况,并得到了工作人员的支持,为他们单独安排售票机买票,单独安排闸口进站台。该旅游团很快就搭上了地铁,15分钟后就到达了陈家祠,开始岭南文化之旅的第一站。1小时后,游览结束,客车也早已在停车场等候游客,游客开开心心地登上大巴,纷纷说在广州搭地铁看古迹真让人难忘。司机通过小陈向团队表示抱歉。游客都表示谅解,并表达了对中国涉外旅游从业人员素质的赞赏。小陈在处理特殊事件时,冷静沉着,灵活应变,不仅为旅行社、司机、领队等提供了有价值的参考信息,增进了彼此在工作中的信任,更重要的是,及时平复了游客可能产生的不满情绪,为游客的旅途增添了意想不到的亮点。

四、游览方面个别要求的处理

游览是旅游者出行的主要目的,在行程中随着环境和旅游者兴致的变化,旅游者可能会提出一些个别要求,导游应针对不同的要求区别处理。

(一)旅游者要求更换或取消游览项目

凡是计划内的游览项目,导游一般应该不折不扣地按计划进行。若是全团统一提出更换游览项目,则需请示接待社计调部门,请其与组团社联系,同意后方可更换;若是个别旅游者提出更换游览项目,地陪应向旅游者耐心解释,不能随意更换。

(二)旅游者要求增加游览项目

在时间允许的情况下,导游应请示接待社并积极协助。与接待社有关部门联系,请其报价,将接待社的对外报价报给旅游者,若旅游者认可,地陪则陪同前往,并将旅游者交付的费用上交接待社,将发票交给旅游者。

五、购物方面个别要求处理

(一)要求单独外出购物

旅游者要求单独外出购物时,导游要予以协助,当好购物参谋,可建议其去哪家商场购物,为其安排出租车并写中文便条让其带上(便条上写明商场名称、地址和酒店名称等)。但当旅游团快离开本地时,导游应劝阻旅游者不要单独外出购物。

(二)要求退换商品

旅游者购物后发现有质量问题、计价有误或对物品不满意,要求导游帮其退换时,导游应积极协助,必要时陪同前往。

(三)要求再去商店购买相中的商品

旅游者在某家商店看中某一(贵重)商品,当时犹豫不决,回酒店后又下定决心购买,要求导游协助时,一般情况下只要时间许可,导游可写个便条(上面写明商品名称和请售货员协助之类的话)让其打车前往该商店购买,情况许可时也可陪同前往。

(四)要求购买古玩或仿古艺术品

外国旅游者希望购买古玩或仿古艺术品,导游应带其到正规商店购买,买妥物品后要提醒其保存发票,不要将物品上的火漆印(如有的话)去掉,以便海关查验。若旅游者要在地摊上选购古玩,导游应劝阻,并告知我国海关规定:携带我国出土的文物(包括古旧图书、字画等),应向海关递交中国文物管理部门的鉴定证明,否则不准携带出境,地摊是无法为其提供这种证明的。若发现个别旅游者有走私文物的可疑行为,导游须及时报告有关部门。

(五)要求购买中药材、中成药

外国旅游者想购买中药材、中成药时,导游应告知我国海关的规定:入境旅游者出境时携带用外汇购买的、数量合理的中药材、中成药,需向海关交验盖有国家外汇管理局统一制式的"外汇购买专用章"的发货票,超出自用合理数量范围的不准带出。具体标准为,前往国外的,总值限人民币300元;前往港、澳地区的,总值限人民币150元。

(六)要求代为托运的物品

旅游者购买大件物品后,要求导游帮忙代办托运时,导游可告知大型超市或旅游定点购物商店一般经营托运业务;若商店无托运业务,导游要协助旅游者办理托运手续。

旅游者欲购买某一商品,但当时无货,请导游代为购买托运,对于旅游者的这类要求,导游一般应婉拒;实在推脱不掉的,导游要请示领导,一旦接受了旅游者的委托,导游应在领导指示下认真办理委托事宜;收取足够的钱款(余额在事后由旅行社退还委托者),发票、托运单及托运费收据寄给委托人,旅行社保存复印件以备查验。

六、娱乐活动方面个别要求处理

对于娱乐活动,旅游者各有爱好,不应强求统一。旅游者提出这方面的要求时,导游应本着"合理而可能"的原则,妥善处理。

(一)计划内的活动

计划内的娱乐活动一般在协议书中有明确规定,若无明文规定,导游最好事先与旅游者商量,然后再安排。

旅行社已经安排了娱乐活动,旅游者却要求参加另一活动,若时间许可又有可能调换时,可请旅行社调换;若无法安排,导游要耐心解释,并明确告知票已订好,不能退换,请旅游者谅解;旅游者若坚持己见,导游可予以协助,但费用自理。

若部分旅游者要求参加别的娱乐项目,也可按上述方法处理。若部分旅游者前往地点与旅游团前往地点在同一线路,导游可与司机商量,尽量为少数旅游者提供方便;若不同路,导游则应为他们安排车辆,但车费自理。

(二)计划外的娱乐活动

旅游者提出自费参加某种娱乐活动时,导游一般应予以协助,帮助购买门票、叫出租车等,通常不陪同前往。

如果旅游者要求去大型娱乐场所或情况复杂的场所,导游须提醒旅游者注意安全,必要时可陪同前往。

旅游者要求去不健康的娱乐场所和过不正常的夜生活时,导游应断然拒绝,并介绍中国的传统和道德观念,严肃指出不健康的娱乐活动和不正常的夜生活在中国是禁止的,是违法的。

七、要求自由活动的处理

(一)允许旅游者自由活动

旅游团中有的旅游者已多次游览过某一景点,因此希望不随团活动,如果其要求不影响整个旅游活动,可以满足并提供必要的协助,如提醒旅游者外出时带上酒店的店徽,写一便条交给旅游者(上面写明前往目的地的名称、地址,以及下榻酒店的名称和电话),帮助旅游者叫出租车,提醒旅游者晚餐的用餐时间和用餐地点等。

到某一游览点后,如有个别旅游者希望不按规定的线路游览而希望自由游览或摄影时,若环境许可(游人不太多,秩序不乱)则可满足其要求。导游要提醒旅游者集合的时间、地点及旅游车的车牌号,必要时留一字条,上面写明集合时间、地点和车牌号,以及酒店名称和电话号码。

晚上如无活动安排,旅游者要求自由活动时,导游应建议不要走得太远,不要去秩序混乱的场所,不要太晚回酒店等。

(二)劝阻旅游者自由活动

为了保证旅游活动顺利进行,为了旅游者的安全,导游有时应劝阻旅游者单独活动,但要说明原委,以免旅游者产生误会。

1. 可能影响旅游团活动计划顺利进行

当旅游者的自由活动要求牵涉面过大,影响到旅游团活动计划的顺利进行时(例如,旅游团计划去另一地游览,一两天后再回来,但有个别旅游者要求留在本地活动),导游要劝其随团活动。

2. 旅游团即将离开本地

旅游团即将离开本地,尤其是快要离境时,导游要劝阻旅游者自由活动,以免影响旅游团准时离站。

同步案例　　离站前参观游览卢沟桥是否妥当？

几年前,某旅行社的一位资深导游为一个台湾旅游团提供四晚五天的导游服务,旅游活动十分顺利,游客很满意。在京的最后一天,上午没有活动安排,旅客计划于12:15乘坐国航班机离京前往下一站游览。然而,游客临时提议,希望参观卢沟桥。地陪凭经验计算了一下时间,又征得全团游客的意见,于是带领旅游团高高兴兴地游览了卢沟桥。然而接下来却麻烦了,先是道路严重堵塞,接着司机想"抄小路",结果乡村道路路况不佳只得重返公路。当旅游团赶到机场时,飞机已经上了跑道。

3. 存在安全问题

(1) 地方治安不理想。如果地方治安不理想,导游应劝阻旅游者不要自由活动,更不要外出单独活动,须实事求是地说明情况。

(2) 地方环境复杂、秩序混乱。如果旅游者想去环境复杂、秩序混乱的地方活动,导游员要加以劝阻,以免出事。

(3) 划小船游湖。按规定,旅游团游湖(河)时必须乘坐指定的船只。如果旅游者提出划小船游湖,导游不得自作主张,满足其要求,也不能置大部分旅游者不顾,而去陪少数人划船。

(4) 在非游泳区游泳。若有旅游者要求在河、湖、海的非游泳区游泳,导游不能答应其要求。

4. 要求去禁区、不对外开放的机构参观

如果有旅游者提出去不对外开放的地区、机构参观游览的要求,导游不能满足其要求,但要说明原因。

八、探视亲友、亲友随团活动要求的处理

(一) 探视亲友要求处理

旅游者到达某地后,希望探望在当地的亲戚朋友,这可能是其到某地旅游的主要目的之一。当旅游者向导游提出此类要求时,应设法予以满足。若旅游者知道亲友的姓名、地址,导游应协助联系,并向旅游者讲明具体乘车路线。

若旅游者只知亲友姓名或某些线索,但地址不详,导游可通过旅行社请公安机关户籍管理部门帮助寻找,找到后及时告诉旅游者并帮助其联系;若旅游期间没有找到,可请旅游者留下联系地址和电话号码,待找到其亲友后通知他。

若旅游者要求会见中国同行洽谈业务、联系工作、捐款捐物或进行其他活动,导游应向旅行社汇报,在领导指示下给予积极协助。

导游在帮助外国旅游者联系会见亲友时,一般不参加会见,没有担当翻译的义务。

（二）亲友随团活动要求及其处理

有的旅游者到达某地后，希望亲友随团活动甚至到外地去旅行。当旅游者向导游提出此类要求时，导游应先征得领队和旅游团其他成员的同意，再与旅行社有关部门联系。如无特殊情况可到旅行社办理入团手续（出示有效证件、填写表格、缴纳费用）。

若是外国的外交官员随团活动，应请示旅行社，严格按照我国政府的有关规定办理。

同步案例　　老年华人的妹妹可否随团活动？

一天早上，地陪看见一位不认识的老太太随一位老先生上了旅游车，于是前去询问，老先生说老太太是他多年未见的妹妹，这次相见非常高兴，希望在北京期间能一起游览。但地陪让老太太下车，老先生嫌地陪语气生硬，很不友好，就争了起来。地陪不松口，坚持让老太太下车。最后，老先生指责地陪缺乏人性，生气地带着老太太下了车并告诉地陪，在北京期间不再与旅游团一起活动。

九、递转物品和信件要求的处理

（一）递转物品要求及其处理

一般情况下，导游应建议旅游者将物品亲手交给对方或邮寄给对方，如确有困难可予以协助。转递物品尤其是转递重要物品，或向外国驻华使领馆转递物品，手续要完备。

导游协助时，须确认转递的是何种物品。若是应缴税物品，导游应督促其纳税。若是贵重物品，导游一般应婉拒，无法推脱时，要请旅游者书写委托书，注明物品名称和数量并当面点清，签字并留下详细通信地址，接收人收到物品后要写收条并签字盖章；导游将委托书和收条一并交给旅行社保管。

旅行者要求转递的物品中若有食品，导游应婉言拒绝，请其自行处理。

（二）递转信件要求及其处理

1. 一般信件、资料

旅游者要求转递信件、资料，导游应建议旅游者亲自去邮局办理，并提供必要的协助。

2. 重要信件、资料

（1）自行处理。旅游者要求转递的是重要信件或资料，导游员应让其自行处理。

（2）了解内容。无法推脱时，导游要了解信件或资料内容。若委托人拒绝介绍，导游就不能协助转递。

（3）手续要完备。导游若答应转递，则应做必要的记录并留下委托人的详细通信地址，收件人收到信件或资料后要出具收据，交给旅行社或自己妥善保存。

3. 要求将物品、信件转交外国驻华使领馆及其人员

（1）自行处理。海外旅游者要求导游帮助将物品、信件或资料转递给外国驻华使领馆

及其人员时,导游应建议其自行处理,但可给予必要的协助。

(2)经由旅行社转递。若旅游者确有困难不能亲自办理,导游应详细了解情况并请示旅行社领导,经批准后将物品、信件或资料交给旅行社,由旅行社转递。

十、中途退团或延长旅行期限的处理

(一)中途退团要求及其处理

旅行者因患病、因家中出事、工作上需要或因其他特殊原因,要求提前离开旅游团并中止旅游活动,经接待社与组团社协商后可予以满足。至于未享受的综合服务费,按旅游协议书规定,或部分退还,或不予退还。

旅游者无特殊原因,只是某个要求得不到满足而提出提前离团时,导游要配合领队做说服工作,劝其继续随团旅游;若接待社确有责任,应设法弥补。若旅游者提出的要求是无理的,要做耐心解释;若劝说无效,旅游者仍执意要求退团,可满足其要求,但应告知其未享受的综合服务费不予退还。

外国旅游者不管何种原因要求提前离开中国,导游都要在领导指示下协助旅游者重订机票,办理分离签证及其他离团手续,但所需费用由旅游者自理。

同步案例　　如何及时处理客人的中途退团要求?

几年前,一个印度尼西亚旅游团到中国进行北京、承德、天津七日游。行程的第三天,领队找到北京地陪,急切地说:印度尼西亚发生骚乱,很多住宅区、商店被抢,而团内大部分人来自骚乱地区,现决定放弃旅游,立即回国。地陪回答已得知骚乱消息,对旅游者表示同情并表示愿协助旅游团办理相关手续。

地陪请示旅行社,经批准后立即着手办理旅游团提前回国事宜。旅游团的机票是组团社预购的双程机票,于是地陪与印度尼西亚鹰航空公司北京办事处联系,得知因骚乱,机票已被预订完。地陪又与其他航空公司联系,只有国泰航空还有部分飞往雅加达的机票。于是地陪和旅游者商量,告知国泰航空有票并可给折扣,但要在香港转机,需要9个多小时才能到雅加达,印度尼西亚鹰航空公司也只收取15%的损失费。旅游者接受这一现实,地陪就马上办妥了机票及其他回国手续,将旅游者平安送抵机场。

(二)延长旅游期限要求及其处理

外国旅游者因伤、因病需要延长在中国的居留时间,导游应为其办理有关手续,还应前往医院探视,帮助解决伤病者及其家属在生活上的困难。

外国旅游者在旅游团的活动结束后要求继续在中国游览,若不需延长签证,一般可满足其要求;若需延长签证,原则上应予婉拒。若个别旅游者确有特殊原因需要留下,导游应请示旅行社,然后向其提供必要的帮助:陪同旅游者持旅行社证明、护照及集体签证,去当地公

安机关办理分离签证手续和延长签证手续,帮助其重订机票,订妥客房,所需费用由旅游者自理。

旅游团离境后,留下的旅游者若需要旅行社继续为其提供导游等相关服务,则需另签合同,一般可视作散客处理。

知识拓展　　　　　导游人才的转型升级

一、业务流程的流量承接者向流量入口的转化

首先,用户的需求是层次分明且由基础需求向高纬度的需求逐步演进的,正如单纯的观光需求向更高阶的垂直细分需求迈进一样。其次,这个需求的强弱将决定其付诸行为的频次、维度和心理预期。在传统的观光业务中,用户从需求产生到咨询或报名,都需要找到一个前端的触点,而这个触点最早则来自传统的线下门店和旅行社,后来逐渐来自线上的OTA、俱乐部、社群等。用户通过这些触点,得到标准化的产品,即"房、餐、车、门、导"等要素的分拆或打包类、定制类产品。用户对产品、需求进行确认,完成预订,形成订单,并由导游来进行业务流量的承接,为用户提供讲解、导览、处理突发应急事件等相关服务。在整个业务流程中,导游既是整个计划的执行者,同时也是业务的承压者。因为服务结束后,游客的意见单会直接反映出此行的满意度。在这个过程中,因为第一阶段观光业态的快速市场化使得游客增量爆发,所以在这一个历史阶段,游客的复购和私域传播并未受到太多的关注。在这个传统的旅游服务流程中,导游是流量的承接者,如果前端有做得不尽如人意甚至比较糟糕的地方,比如服务不到位、虚假宣传或是操作预订出现差错,最终都要由导游来承担,被动接受这个结果。因为导游会负责最后的关键环节,即满意度调查和品牌传播引导复购,所以这关乎着企业的生命力和竞争壁垒。导游虽然一直承受着巨大的压力,但是他在整个流程中所起到的作用却是至关重要的。这对导游的工作积极性有着极强的挑战与考验。

二、产品的执行与一线服务者向产品的核心壁垒与文化灵魂的注入者转化

早期传统观光业态中的主流客群以中老年群体为主,那个年代的人们聚在一起不是老乡就是同学,基于特定身份关系可以成为一群人聚合在一起的原始动力,而聚合后去哪里以及玩什么是其次,简单地说就是和谁一起最重要,具体玩什么是其次。随着观光业态向差异化主题度假的转变,其主流人群也在发生着改变,更多的中青年开始参与其中,而这一群人聚在一起的首要动力更多是基于趋同的价值取向和共同的兴趣爱好,体验的内涵、玩的方式以及与志同道合的人一起更为重要。正因如此,游客的消费逻辑也正由"需求—行为—购买—传播"逐步演化为"兴趣—需求—甄别品牌与价值取向—购买—传播—复购"的新形式。再者,传统观光旅游历经数十载的增量市场正逐步出现疲软,而差异化主题度假游既是对原有存

量市场的维护,也是获取新用户主体、激发新增量的有效方式。未来,在康养旅游、研学旅游、红色旅游、户外旅游等更多垂直细分的差异化主题度假文旅业态的转型升级中,导游的业务将会发生巨大变化,导游的服务会前置,不再简单地是一个流量的承接者,更多地可以成为一个激发兴趣、获得价值认同的流量入口。导游是一个个具有差异化的个体,其个性、偏好、表达、与文化造诣各有千秋,输出的价值取向与业务内容各具差异。这样的差异是一种综合的差异,极为稀缺,难以复制,极具价值,极易成为产品的核心与差异化壁垒。加之日益繁荣的传播渠道和科技赋能,以视频、图文为主的自媒体平台欣欣向荣,那些腹中的文韬诗赋和旗帜鲜明的情感表达,都能快速地塑造一个多维且立体的价值取向和个人IP,而这一切都能将用户的兴趣转化为具体的行为,而这些游客的需求是明确的目标精细的,用户在选择产品之前就对导游所表达的内容、方式等价值取向极度认可,其心理预期和最终满意度可以达成双向共识。其次,在产品的打造上,基于差异化的资源、要素和服务所形成的资源再确认,差异化服务的方案就自然形成了,此方案将会影响用户对导游的满意程度和再次的传播乃至复购。导游也由此从传统旅游业的承接者变成了前置的内容生产者,最终形成意见领袖、流量入口,自然而然地成为激发业务流程的新开端。

三、由通向专,强化兴趣与个人IP

在传统观光旅游业中,行业对导游的培养要求是通才,历经数十载发展的旅游行业,曾经那些讲解及接待流程、应急服务技能等,早已形成行业的方法论,可以快速高效地习得,而这一切在那个特定的历史阶段构建的导游职业能力与核心,很难再在下一个差异化主题度假游时代继续支持导游职业的核心价值。可以肯定的是,通才是行业的门槛,而专才是构建差异化壁垒的核心,符合差异化主题度假市场需求。常言道,"物以类聚,人以群分"。未来的客群不再局限于特定的身份关系,而是更多有共同兴趣和价值取向而汇聚的市场需求,针对这一变化,未来的人才及导游队伍的培养首先应基于其自身兴趣及专长的培养,保障其行动的内驱力,形成个人的学习力,在时间及经验的沉淀下,从而形成个人独树一帜的能力和个人的IP,通过旅行社及其他相关机构以客源需求与能力适配为前提的多种商业模式的营销推广,达成价值的变现,再循序渐进地持续强化垂直的技能,构建更强的差异化属性及个人魅力,最终促成个人价值及经济效益的双赢。这将成为导游人才队伍由内而外、由通转专、由附属转核心的全面转型提升。未来,旅游行业基于自身的细分业务需求,更多的是将有更明确需求的用户分配给有相应能力的服务人员,提升满意度,最终形成产品构建力、品牌沉淀力、传播力的壁垒,形成一套新的文旅服务行业逻辑闭环。

(资料来源:节选自《于军:旅游产业与导游人才的转型升级》,2022-07-12,河北省旅游协会公众号,略有修改。)

第九章
旅游者个别要求的处理

案例分析

房间天花板有鸟叫声

旅行社导游小李为秦皇岛二日游的全陪,第一天参观结束后,小李带领旅游团入住某疗养院。安排好客人的房间后,地陪去安排晚餐,小李到各个房间去询问房间有无问题。一楼客人的房间都无问题,来到二楼时,有位女客人告诉小李,她们的房间鸟声太吵了,要求换房。

小李随她们来到房内,仔细观察后,发现她们的窗外有棵树,能听到鸟叫声,关上窗,鸟叫声还是很明显。再仔细一听,鸟声好像是从洗手间的天花板里传出来的。小李当即叫来服务员,而服务员面对这种情况也束手无策,于是又找来电工,电工踩在凳子上将上身伸进去,打着手电筒查看,突然电工把头缩了下来,说里面很黑,什么都看不到。而且刚才有地方漏电,打到了他的胳膊,说什么也不管了。

这时地陪也赶来安慰客人,让她们放心,一定会解决问题。小李和地陪来到前台询问,可前台服务态度很差,说已经没有空余房间了,不能换房,地陪和前台互相推卸责任。小李见状直接打电话向总经理投诉,过了三分钟,客房部经理带着一位电工来到客房,将洗手间的天花板拆了下来,发现四只麻雀在上面安了个窝,电工将麻雀窝拆了下来,安好天花板,将漏电线路也一并处理好了,经理又向客人做了解释并道歉。小李还向经理提了个要求,希望他们给这四只麻雀另外安一个家,经理也同意了。事后客人对小李处理此事表示满意,还夸小李有爱心。

思考:
你认为本案例中地陪工作的不妥之处有哪些?你如何评价全陪的工作?

章节测验

第十章

突发事件和常见问题的预防与处理

学习导引

导游在带团过程中会遇到一些突发事件和问题,对这些突发事件和问题的处理成为导游必备的能力。本章首先介绍了导游在带团过程中遇到的一些常见的突发事件,如旅游活动计划变更,漏接、空接、错接,误机(车、船)事故,证件、财物、行李丢失问题,旅游者走失事故,旅游安全事故以及相关事故的处理程序和方法,其次对这些突发事件和问题的预防也进行了介绍,旨在尽可能减少突发事件的发生以及减少突发事件和问题所造成的损失。

学习目标

通过本章的学习,重点掌握以下知识要点:
1. 旅游活动计划变更问题的预防与处理。
2. 漏接、空接、错接的预防与处理。
3. 误机(车、船)事故的预防与处理。
4. 旅游者证件、财物、行李丢失问题的预防与处理。
5. 旅游者走失事故的预防与处理。
6. 旅游者越轨言行的预防与处理。
7. 旅游交通事故、治安事故、火灾事故、食物中毒、溺水等事故的预防与处理。

章节思政点

1. 在遇到问题时要遵守《中华人民共和国旅游法》以及其他相关法律法规,同时,任何情况下都应坚持生命至上,把旅游者的生命和财产安全置于首位。

第十章
突发事件和常见问题的预防与处理

2. 在突发事件的预防与处理中要培养学生的全局意识,以及在复杂环境中服务的能力和创新精神。

3. 通过自然灾害的预防与处理引导学生以人为本,主动作为,履行职责,同时要有团队合作和奉献精神。

1. 你认为旅游突发事件和常见问题的类型有哪些?
2. 你认为突发事件处理的原则有哪些?

在导游服务工作过程中,由于突发事件或者旅游接待人员的工作失误,可能会导致各种问题和事故的发生。导游应该注意总结工作中容易发生的各类突发事件和出现的问题,并对其产生的原因和性质有一个全面的认识,认真做好预防与处理工作。

旅游事故按照不同的分类标准可以分为不同的类型。按照事故的性质可分为技术性事故和安全性事故。技术性事故是指由于旅游接待部门运行机制发生故障,从而导致影响旅游活动的安排或旅游行程顺利实施的事故。例如,漏接、空接、错接、旅游日程变更等均属于此类事故。安全性事故是指关系到旅游者人身安全和财产安全的事故。例如,旅游者突发疾病、受伤、死亡,证件、行李的丢失、损坏等。按照事故的责任认定可分为责任事故和非责任事故。责任事故是指由于接待方内部运行机制、各项服务环节以及工作人员之间配合上出现差错所造成的事故。例如,由于接待方计划不周造成的漏接或误机事故、购物商店欺诈行为、导游疏忽大意造成旅游者走失等。只要工作人员增强责任心,就可以避免此类事故的发生。非责任事故是指非接待方原因或旅游者自身原因所造成的事故。例如,由于天气原因导致飞机延误起飞、意外事故造成旅游者人身伤亡等。按照事故处理的难易程度可分为单一性事故和复合性事故。单一性事故是指在单个环节上发生、不会牵扯到全团活动的事故。例如,旅游车不符合合同要求、用餐数量少于标准要求等。复合性事故是指一个环节掉链子会影响到整个旅游活动的进行、容易产生连续性后果的大事故。例如,旅游交通事故导致多名旅游者重伤住院等。这类事故往往处理起来时间长、涉及范围广、产生的影响大。按照事故的严重程度分类,可以将突发事件分为特别重大、重大、较大和一般四级,具体见本章第七节旅游安全事故的预防与处理。

作为导游,在处理突发事件和常见问题时应遵循以下原则:一是以人为本,救援第一。任何时候都要秉承生命至上的理念,以保障旅游者生命安全和身体健康为根本目的,尽一切可能为旅游者提供救援、救助服务。二是及时报告,加强沟通。突发事件涉及面广,导游需要立即向旅行社报告突发事件或问题发生情况,请求指示,并保持信息畅通,以便随时沟通与联系,情况紧急或发生重大、特别重大旅游突发事件时,应依法直接向有关部门报告。三是依法依约,合理可能。在处理问题的过程中,必须依照法律法规或合同约定处理,需要尽可能满足旅游者合理且可能实现的需求。

第一节 旅游活动计划变更问题的处理

旅游活动计划是旅行社为旅游团安排的行程表,其内容包括旅游线路及景点、乘坐的交通工具班次及标准、酒店名称及标准、用餐次数、购物次数、娱乐安排、自费旅游项目等内容,还有组团社和接待社的名称、联系人、电话,地陪、全陪或领队的姓名、手机号码,旅游天数及起止日期、星期、备注等。旅游活动计划是组团社、接待社与旅游者之间的一种共同约定,原则上不能随便更改。

一、旅游活动计划变更的原因

旅游活动计划变更是由于情况发生了新的变化,被迫对原有旅游活动计划所做出的一种更改。旅游活动计划变更的原因包括主观原因和客观原因两个方面。

(一)主观原因

导游在执行旅游活动计划的时候,有时会因旅游团(者)的要求变更旅游活动计划或活动日程,如不去甲景点改去乙景点等。旅游团(者)因主观原因要求变更抵达和离开某地的时间,从而迫使变更旅游计划和活动日程。

(二)客观原因

在旅游活动中,因天气、自然灾害、交通、社会问题等客观原因和不可抗力的因素,造成旅游者不能按旅游活动计划所预计的时间进行旅游活动、抵达和离开某地,迫使变更旅游计划和活动日程。

二、主观原因导致的旅游活动计划变更的处理

对于旅游者提出的旅游路线或行程、计划变更的要求,导游原则上应婉言拒绝,执行原定旅游计划。但是,如果旅游者的要求非常强烈,并且旅游者提出的要求又在合理而可能的范围之内,在不影响整体活动计划和费用情况下,可以考虑满足其要求,但必须上报组团社,最后按领导的意见执行。

三、客观原因导致的旅游活动计划变更的处理

(一)延长在当地的游览时间

如需延长在当地的游览时间,导游首先要与接待社联系,重新订房、订餐,调整车辆的使用安排,适当增加当地有特色的旅游景点,并适当延长在主要景点的游览时间,还可安排一些娱乐活动,活跃团队气氛。同时,导游要提醒接待社的有关人员把计划变更的情况及时通知下一站,提早退房、退餐、退车,减少经济损失。

(二)缩短在当地的游览时间

导游要合理安排好时间,想办法完成旅游活动计划。如时间来不及,就要游览当地最著名的风景名胜,对于未游览的景点可以在车上介绍,以弥补旅游者心里留下的遗憾。提前结

束在当地的活动,导游要及时退房、退餐、退车等,避免带来经济损失,并通过旅行社的有关计调人员通知下一站做好接团的准备工作。

（三）被迫改变部分旅游活动计划

因天气或交通原因,被迫改变部分计划,特别是要取消某一地的游览,会引起旅游者的强烈不满。导游首先要把实际情况如实向领队说明,先要取得领队的谅解与帮助,然后商量怎样给旅游者做好解释说明工作,采取弥补措施,以取得旅游者的谅解,同时要在服务中做得更好。如果是被迫取消当地某一活动并由另一活动代替,地陪要用更精彩的介绍吸引旅游者;如果是减少或取消某一地的游览,全陪导游应向组团社报告,由组团社做出决定并通知各地的接待社。

第二节 漏接、空接、错接和误机(车、船)事故的预防与处理

一、漏接

漏接是指旅游团抵达一地后,无导游迎接致使旅游团久候的现象。漏接有责任事故和非责任事故之分。

（一）漏接的原因

1. 客观因素

由于天气问题或交通工具出现故障等其他原因,原定班次的飞机(火车、轮船)提前或延误到达,而旅行社及导游事前没有接到任何通知,从而造成漏接,这种漏接属于非责任事故。

2. 导游的责任

（1）导游没有执行旅游计划,按服务程序提前到达接站地点;

（2）导游工作责任心不强,把接站地点记错;

（3）导游没有再次核实接站的时间,或是由于某种原因,原定车次、班次变更使旅游团提前到达,而导游仍按原计划接团;

（4）导游未按时到达接站地点接团,这种现象在深夜接团最容易出现。

3. 旅行社的责任

（1）原定班次或车次变更,使旅游团提前到达,但本站接待社没有接到上一站接待社或组团社的通知;

（2）本站接待社有关部门没有将旅游团因班次、车次变更提前到达的消息通知该团的导游,使导游仍按原计划接团。

（二）漏接的处理

1. 赔礼道歉

无论是由导游、旅行社或客观因素造成的漏接事故,找到旅游团后,导游首先要诚恳地

向全体旅游者赔礼道歉,请求原谅。

2. 说明情况

漏接如果是客观因素造成的,虽然不属于导游的责任事故,但也应向旅游团解释清楚,以免旅游者误解。哪怕是天气或交通部门的责任,导游也应表示歉意。

3. 加倍努力

漏接事故不管责任在哪一方面,旅游者都会有怨言,导游应该体谅他们焦急的等待和不安的情绪,用加倍的努力,热情周到地为全体旅游者服务,以求消除旅游者的不愉快心情。

4. 物质补偿

如果是由于旅行社或导游的责任造成的漏接,可视因漏接给旅游者造成不满意的程度,在征得旅行社有关部门领导同意的前提下,采取加菜、加酒水或加景点的方式给予补偿,以弥补漏接的过失,消除旅游者的不满情绪。

(三)漏接的预防

1. 增强职业责任感

导游应该把职业责任感和服务意识永远放在第一位,恪守信誉,服务第一,严格按照接待程序办事。

2. 认真阅读接待计划

导游事先要认真阅读接待计划,了解清楚旅游团到达的日期、时间、地点,有疑问的地方应立即向有关计调人员了解,到达接站地点后要再次核对旅游团的到达时间,以防有变,如发现有其他情况要立即与旅行社联系。

3. 提前到达接站点

导游应提前与司机商定出发时间、上车地点,确保有充足的时间(规定提前半小时)到达接站地点,并要充分考虑当地的交通、路面等情况。

二、空接

空接是指由于某种原因使旅游团推迟到达某地,而导游仍按原计划的班次或车次接站,没有接到所要接的旅游团。空接有责任事故和非责任事故之分。

(一)空接的原因

1. 客观因素

由于天气问题或交通工具故障,旅游团仍滞留在上一站或途中,上一站接待社并不知道这种临时的变化,而全陪或领队又无法及时通知下一站接待社,这是造成空接的主要原因。

2. 接待社的责任

接待社已接到上一站的有关变更通知,但是有关计调人员工作疏忽,忘记通知该团的地陪,而地陪还按原定的时间、地点接团,从而造成空接。

3. 组团社的责任

旅行社临时取消计划中的行程,但组团社没有通知接待社,导致接待社导游仍按原计划去接团。

（二）空接的处理

1. 电话联系

地陪一旦发现空接,应立即打电话与本社有关计调人员联系并查明原因。

2. 继续等候

如该旅游团推迟到达的时间不长,地陪应留在接站地点继续等候,迎接旅游团的到来。

3. 请示汇报

如推迟时间较长要请示旅行社有关领导的意见,并妥善处理退房、退餐等工作。

（三）空接的预防

这里应当指出的是,无论是接待社的责任,还是组团社的责任,只要有关工作人员的工作做得细致一点、责任心强一点,由此导致的空接事故是完全可以避免的。

三、错接

（一）错接的原因

错接是指导游在接站时,未认真核实该游团的领队、全陪及代号等情况,工作粗心大意,没有仔细去辨别、确认自己要接的旅游团,接了不应由自己接的旅游团。这是由于导游的责任心不强造成的。很显然,错接一般均属于责任事故,是可以避免的。

（二）错接的处理

1. 查找原因

一旦发现错接,地陪应马上查找错接的原因,并了解清楚错接是发生在同一家旅行社接待的两个旅游团,还是另外一家旅行社的旅游团。

2. 及时处理

尽快与错接的旅游团导游取得联系,处理得越及时越好。

（1）错接发生在同一家旅行社的处理。

如果错接发生在同一家旅行社接待的两个团,经领导同意后,地陪可不再交换旅游团,但要互通信息,因为这两个旅游团的接待计划不相同、行程不相同,所以把各自原来要接的旅游团的接待计划以及注意事项告诉对方。

（2）错接发生在不同旅行社的处理。

如果错接的是另外一家旅行社的旅游团,地陪应立即向接待社领导汇报,请求帮助寻找要接的旅游团,并设法尽快交换旅游团。地陪还要处理好酒店、餐厅、行李等问题。要向旅游者赔礼道歉,并实事求是地说明情况,请求旅游者的原谅。

（三）错接的预防

1. 提前到达

地陪应提前到达接站地点,做好充分的准备,熟记旅游接待计划,出示明显标志迎接旅游团。

2. 认真核实

接团时要认真核实所接的旅游团的组团社名称、代号、人数、全陪姓名等。如果是入境

游,还要核对旅游客源地组团社名称、旅游目的地接待社名称,特别是全陪、领队的姓名(无领队时可核对旅游者的姓名)等。

3. 提高警惕

导游要提高警惕,严防社会其他人员,特别是"黑"旅行社和"黑"导游非法接走旅游团。

同步案例　　粗心大意造成错接

某地一个组团社有两个旅游团到海南旅游,其旅游计划是一样的,乘坐的航班、行程、人数、标准也相同,只是海南的接待社不同,分别是 X 旅行社和 Y 旅行社,地陪分别是小王和小朱。当他们在机场出口处迎接旅游团时,只见两队举着同一旅行社的小旗,戴着同一旅行社的帽子,并背着相同的行李袋的团队时,小王很高兴地走上前去,确认了人数,便热情地招呼大家上车,小朱见到小王已带走一队,自己也把另一个团带走了。直到吃晚餐时,小朱才发现,此团并非本社应接待的旅游团。

两位地陪错接的原因是没有核对组团社全陪的姓名,全陪也犯了同类错误,没有与地陪核对接待社的名称、经理的姓名、联系方式,属于导游粗心大意造成的错接。小朱发现错接后,立即打电话报告旅行社,实事求是地说明了情况,请求旅行社处理。在旅行社的安排下,小王与小朱取得了联系,确定了交换旅游团的准确时间、地点及办法,同时,两位导游分别向客人诚恳道歉,并向各自所在的旅行社写出了书面检查,找出了错接的原因,并保证以后接团时要吸取教训,不再让类似事故在自己的导游工作中发生。由于他们态度诚恳,道歉及时,认识深刻,并且在旅游团的交换过程中没有给客人造成明显的不便,小王和小朱得到了客人和旅行社的谅解。

四、误机(车、船)事故

（一）误机(车、船)的原因

误机(车、船)事故是指由于某些原因,或旅行社有关计调、票务人员在工作中出现失误,造成旅游团不能按规定时间办妥乘机(车、船)手续,以致延误了乘机(车、船)的时机,导致旅游团暂时滞留本地。误机(车、船)属于重大事故。

误机(车、船)如果处理不及时,会给旅游者造成巨大损失,并导致旅行社的接待工作陷入混乱,对旅行社造成不可挽回的经济损失和信誉危机。特别是持有国际联运机票,要到几个国家和地区旅行的海外旅游团,每一重要的中转站之间所乘的航班(车次、船次)、日期、座位都已事先订好,一旦发生误机(车、船)事故,就不能按旅游计划进行。误机(车、船)后要重新开票据,有可能导致旅游团不能如期归来,给旅行社、旅游者都会造成很大的损失,导游应对其严重性有充分的认识,坚决杜绝误机(车、船)事故。

1. 导游的责任

(1)地陪导游行程安排不当,时间没有掌握好,致使旅游团没有按规定时间到达机场

(车站、码头)。

(2) 没有认真核实交通票据,将离站的时间或地点搞错,或是到机场(车站、码头)后没有再次核实该航班(车次、船次)的始发时间。

(3) 工作疏忽,航班(车次、船次)变更后,接待社的有关人员没有及时通知导游,导致误机(车、船)。

2. 不可抗力因素

不可抗力因素是指旅游团在旅途中遇到不可抗力的因素,例如:战争、骚乱、罢工、各种政府行为、风暴、泥石流、洪水、火山爆发、雷击、龙卷风、地震等。这是不能避免也不能克服的客观情况。

由于旅游者方面的原因,如迟到、丢失证件等,造成旅游团(者)不能按时乘坐原定的交通工具离境的不属于不可抗力因素。

(二) 误机(车、船)的处理

无论是已预料到误机(车、船)还是已经造成事实,也无论造成误机(车、船)的是客观因素还是主观因素,导游都要全力以赴做好补救工作,力争把损失降到最低。

1. 立即联系机场(车站、码头)

导游应立即打电话到机场(车站、码头)调度室,请求帮助,使问题能够得到尽快解决,并说明订票旅行社名称、人数、所乘班次(车次、船次)及延误原因,旅游团现在所在位置,大约什么时候能赶到等。

2. 向旅行社报告

一旦出现误机(车、船)事故,导游应立即向所在旅行社部门主管经理或有关计调人员报告,请求协助。

3. 迅速采取补救措施

已造成误机后,导游通过旅行社的主管部门立即与交通部门售票处联系,争取尽快乘下一班次离开,必要时采取包机(车厢、船)或改乘其他交通工具前往下一站。

导游要对旅游者进行安抚,稳定旅游者情绪,要特别照顾好老人和小孩,安排好滞留期间的食宿、游览等事宜。

4. 及时通知下一站

导游要视延误的具体时间,及时通知下一站的接待社,并处理好酒店、餐厅、用车等问题。

5. 赔礼道歉

导游要向旅游者赔礼道歉,请求谅解。

6. 分清责任

事后查清发生误机(车、船)事故的原因,如果属于责任事故,必须追究事故的责任人,并承担经济损失和处分。

7. 写出事故报告

导游事后要详细写出事故报告,说明事故原因、处理经过、后果,并从中吸取教训。

(三) 误机（车、船）事故的预防

主观原因造成的误机（车、船）是可以避免的，导游增强工作责任心是预防误机（车、船）事故的根本。具体措施如下。

1. 提前检查交通票据

导游要提前做好检查交通票据的工作，并核对日期、时间、姓名、站名（机场、车站、码头）、目的地等，地陪应在旅游团离开本站的前一天晚上提早打电话到机场（车站、码头）再次确认航班起飞时间与手上机票（车票、船票）起飞时间是否一致。

2. 准确掌握出发的时间

离开本站的当天，地陪不应该安排旅游团到路程较远、交通不便的景点参观游览，旅游团出发前不应该安排自由活动或商业区购物。

3. 预留充足时间

地陪要给旅游团预留充足的时间到机场（车站、码头），并保证旅游团按以下规定的时间到达：

乘坐国内航班，提前 2 小时到达机场；

乘坐国际航班，提前 3 小时到达机场；

乘坐火车或轮船，提前 1 小时到达车站或码头。

4. 做好应急处理（以误机为例）

（1）严重堵车。

旅游团在去机场途中，如遇到严重堵车或交通事故等，导游应与司机商量，自己先下车，然后寻找摩托车等较便捷的交通工具，赶到机场办理登机手续，向机场说明情况，请求等候。

（2）个别旅游者迟到。

在机场办理登机手续时，如发现旅游者没有到齐（时间已不允许再等），导游或领队要立即打电话与旅行社本部联系，告知未到旅游者姓名，争取有关人员协助（有的旅行社专门在机场设立送机组，可委托他们办理）。导游收齐已到旅游者的身份证先办理登机手续，购买机场税，发登机牌，告知旅游者自行进入候机厅×号登机口附近等候，并留意广播里发出的有关登机信息，做好登机准备。导游在机场停止办理该航班登机手续时（最后半小时）仍未见到迟到的旅游者，应立即拿未到旅游者的机票到机场值班主任处办理退位手续，返回后再将机票交计调人员。

（3）走绿色通道。

在紧急情况下，导游可带领旅游团走绿色通道，或在处理个别旅游者误机后也可走绿色通道，以免误机。在出团之前，旅行社应将本地机场的绿色通道位置提前告知导游（从机场的×号柜台进入）。

第三节　旅游者证件、财物、行李丢失问题的预防与处理

导游在接待的工作中，常常会遇到旅游者丢失证件、财物或行李的事情，无论何种物品

丢失,都必然会给旅游者带来诸多不便或造成经济损失。有时还会影响到旅游者的行程,也增加了导游工作的难度。因此应以预防为主,防患于未然,采取各种措施,预防此类事故发生。

一、丢失证件的处理与预防

(一) 丢失证件的处理

1. 丢失中华人民共和国居民身份证

(1) 由当地接待社核实后开具遗失证明,遗失者持证明到当地公安机关报失;

(2) 经核实后由当地公安机关开具证明,并在当地拍照,办理临时身份证,机场安检人员核准放行。

2. 丢失中国护照和签证

(1) 华侨丢失护照和签证:

第一,由当地接待社开具遗失证明;

第二,遗失者准备两张照片;

第三,持证明到省、自治区、直辖市公安局(厅)或授权的公安机关报失并申请办理新护照;

第四,持新护照去其侨居国驻华使领馆办理入境签证手续。

(2) 中国公民出境旅游时丢护照、签证:

第一,请当地导游帮助在接待社开具遗失证明,再持遗失证明到当地警察局报案,取得警察局开具的报案证明,持当地警察局的报案证明和遗失者的两张大一寸彩色照片(白底)及有关护照资料到我驻该国使领馆办理新护照;

第二,新护照领到后,携带必备的材料和证明到所在国移民局办理出境有关手续。

3. 丢失港澳居民来往内地通行证

遗失者持当地接待社的证明向遗失地的公安机关报失,经查实后由出入境管理局签发一次性有效的出入境通行证。

4. 丢失台湾同胞旅行证明

遗失者向遗失地的中国旅行社或户口管理部门或侨办报失,核实后发给一次性有效的出入境通行证。

5. 丢失外国护照和签证

(1) 由旅行社出具证明;

(2) 请遗失者准备照片;

(3) 遗失者本人持证明去当地公安机关(外国人出入境管理处)报失,由公安机关出具证明;

(4) 持公安机关的证明去所在国驻华使领馆申请补办新护照;

(5) 领到新护照后,再去公安机关办理签证手续。

6. 丢失团队签证

须有签证副本和团队成员护照,并重新打印全体成员名单,填写有关申请表(可由一名游客填写,其他成员附名单),然后到公安机关(外国人出入境管理处)进行补办。

(二)丢失证件的预防

1. 出境游证件的保管

出境旅游不同于国内旅游,每位旅游者都须具备齐全的证件,特别是中国护照,这是旅游者在境外唯一合法的身份证明,护照在一定程度上比金钱更为重要。一旦护照丢失,其补办手续花时费力,将直接影响旅游者的旅游行程,同时给整个旅游团的行程安排、办理出入境手续带来麻烦。因此,必须强化证件保管意识。

(1)证件统一保管。

出境旅游团的护照在旅途中应交领队统一保管。在旅游团进出各国移民局、海关或乘飞机时,领队应将护照交还给旅游者,这时要特别提醒旅游者保管好自己的护照,进(出)海关检查完毕,领队应立即收回统一保管。此外,机票也非常重要,特别是国际联运机票,除进入某些国家检查外,用完也应由领队统一保管,防止丢失。

(2)发护照要签收。

出境旅游团在集合地点或机场发护照时有发生丢失、冒领的现象,因此,领队在集合地点发放护照必须要求每一位客人签收并留底,严防护照被他人冒领或丢失。

(3)护照应备复印件。

为了确保护照遗失后能立即申请补发,旅游者宜备妥户口簿和护照复印件,两张登记照、护照号码、发照日期;如有遗失,持上述资料到我国大使馆申请补发。

2. 国内游证件的保管

(1)对旅游者的证件,导游在需要使用时才取(如在机场办登机手续),用完应立即如数归还给旅游者。

(2)不得代为保管证件。

(3)时刻提醒旅游者保管好自己的证件,特别在离开旅游目的地时。

二、丢失财物的处理与预防

(一)丢失财物的处理

财物包括一般物品、贵重物品、汇票等。财物丢失,无论是由于旅游者的不慎,还是接待服务方面的疏忽,导游都有责任帮助查找。如果遗失者已办理人身和财物保险,应由保险公司赔偿其损失;如果是接待社的失误则应由有关部门负责。

1. 在景区或购物时丢失钱包

(1)导游要详细了解失窃的经过,失物的特征、形状及价值,内有多少现金,有无信用卡等。

(2)分析失窃可能发生的时间和地点,并积极帮助寻找。

(3)安慰遗失者,疏导其不快情绪,必要时可对其因丢失物品而造成的困难提供帮助。

2. 丢失贵重物品

(1)贵重物品被盗,属于治安事故,导游须立即通过旅行社向公安机关和保险公司报案,并协助破案,尽快找回丢失物品。

(2)若找不回被盗的贵重物品,导游要协助遗失者持当地接待社的证明到当地公安机关开具失窃证明。

（3）如丢失的贵重物品（如照相机、专业录像机等）是进关时已登记并须复带出境的，或是已投保的贵重物品，要请接待社开具证明，遗失者持证明到当地公安机关开具遗失证明，以备出海关时查验或向保险公司索赔。

（4）导游要安慰旅游者，缓解其不快情绪。

3．物品遗漏在酒店的处理

（1）在旅游活动中：

第一，全陪或领队应首先了解清楚是何物品及其形状、颜色或特征，并问明旅游者在上一站酒店的房间号及物品摆放位置；

第二，打电话到上一站的酒店前台，请求帮助；

第三，把旅游团的活动日程及导游的手机号告诉上一站酒店，也可把上站接待社的电话及联系人告诉酒店，以便找到遗漏物品时能及时转交；

第四，如没有找到要报告旅行社。

（2）到机场后：

第一，导游立即打电话到酒店前台查找；

第二，如查找到且时间来得及的话，请酒店派人送到机场（车站、码头），所需交通费用由遗失者负担；

第三，如找不到遗失物品，导游应安慰旅游者。

（二）丢失财物的预防

1．多做提醒工作

每到一处下车前，导游都要提醒旅游者的证件（国内游旅游者的身份证是自己保管的）及贵重物品要随身携带，不可以留在车上。旅游者下车后，提醒司机清理车辆、关窗并锁好车门。

2．入住酒店时

入住每一家酒店，导游都要提醒旅游者，酒店普遍设有免费保险箱，不要怕麻烦，将贵重物品存入保险箱比放在房间安全。各国的酒店都规定客人的贵重物品如果在房间丢失，酒店是不负赔偿责任的。有的旅游团流动性很大，每天要入住不同城市的酒店，这种情况下尤其要提醒客人。

3．离开酒店时

每次离开酒店，都要提醒旅游者带好随身行李、贵重物品，检查是否带齐了旅行证件，特别是最后离开酒店去机场（车站、码头）时，更要仔细检查是否有遗漏物品。

4．公共场所游玩时

在旅游景点参观和购物时，导游要提醒旅游者保管好自己的证件、钱包、贵重物品，以防被盗，并且要留意是否有陌生人混在旅游团当中，或周围是否有形迹可疑的人，提高警惕。

三、行李丢失事故的处理与预防

（一）行李丢失的原因

旅游者发生行李丢失事件，导游首先要确定该行李是在什么地方丢失的，然后再进行寻找。

1. 在旅途中丢失

(1) 行李托运或搬运过程中丢失。

(2) 装载在其他班机或误送其他机场。例如,北京到海南,行李被错送到广西。

2. 在旅游目的地丢失

(1) 相似的行李箱被别人错拿。

(2) 认领行李时发现被错寄。

3. 在酒店丢失

(1) 遗漏在上一站酒店。

(2) 行李被送错房间。

(3) 与其他旅游团的行李混放。

(二) 行李丢失的处理

旅游者在旅游期间行李丢失,将会给旅游者带来极大不便和造成不必要的经济损失。发现行李丢失的情况多数在机场,这既有入境游,也有出境游、国内游,还有的是发生在酒店。

1. 在机场行李丢失的处理

(1) 积极寻找。

在机场的行李运送带里,若旅游者发现找不到自己的行李,导游应再三查找行李运送带四周的地方,并按遗失者所描述的行李式样,查看是否有其他人错拿。

(2) 立即到机场行李查询处报失。

当行李一时难以找到,导游应带着遗失者到机场行李查询处报告行李丢失,并详细说明旅游者所乘航班、航空公司、起飞时间、始发站、转运站、终点站、行李件数及其特征,出示旅游者的登机牌(或机票)和行李牌,向行李查询处工作人员说明丢失的行李箱(袋)的样式、颜色、大小、特征,并填写行李丢失登记表。

(3) 安慰游客,做好善后工作。

旅游者丢失行李,其情绪必然受到影响,导游应给予安慰,将遗失者入住的酒店、地点、电话、姓名等留给机场行李查询处,并记下机场行李查询处的电话,以便随时电话联系。在寻找期间,导游还应带遗失行李者购买一些必需的生活用品。

(4) 与有关方面联系,询问查找进展情况。

在当地游览期间,导游要经常与机场联系,询问寻找情况。

(5) 行李暂未找到。

如果在离开本地前行李仍未找到,导游应打电话到机场行李查询处,告知本旅游团的全部旅游行程、各地接待社名称,以及所住酒店的名称、电话,以便在行李找到后能及时送到遗失者手里。如旅游团已结束行程回国,则应留下该国地址、电话。

(6) 行李确属丢失或损坏。

行李确属丢失或损坏,虽然不是导游的责任,也要向遗失者表示歉意,同时由有关部门开具证明,根据国际惯例向有关航空公司索赔。

(7) 行李损坏的处理。

第一，全陪应带行李破损的旅游者到机场行李查询处填写行李运输事故记录。如果当时由于时间关系或其他原因未能及时到机行李查询处填写事故记录，行李破损的旅游者应按《中华人民共和国民用航空法》有关规定，最迟应当自收到行李之日起七日内向承运人或代理人提出行李破损问题。

第二，帮助行李破损者根据《中华人民共和国民用航空法》中有关规定，向承运人索取一定的赔偿。赔偿方式有：现金赔付；以坏换新（航空公司准备新箱）；退旧买新，凭发票报销；修理后凭票报销。

2. 在酒店行李丢失的处理

(1) 在本团旅游者房间查找。

如果是旅游团入住酒店后有旅游者找不到自己的行李，导游应先在本团旅游者的房间查找，看是否是行李员将行李送错房间或是他人错拿行李。

(2) 请酒店行李部帮助查找。

如果在本旅游团中找不到，那么有可能混放到别的旅游团的行李中。此时，导游应请酒店行李部代为查找。

(3) 向遗失者致歉。

导游应就行李丢失事故向遗失者道歉，并诚恳地帮助遗失者解决生活方面的困难。如行李查明确已遗失，导游应帮助遗失者向有关部门按规定索赔。

(4) 写出书面报告。

导游应写出书面报告，详细记述行李丢失的原因、经过、查找的过程、遗失者的要求等。

（三）行李丢失的预防

旅游者的行李丢失，一般发生在运输途中和搬运过程中。虽然责任不在导游，但导游在进行行李托运时应细心、周到，尽量避免此类事情的发生。

(1) 清点行李。

导游在每一站的行李托运之前都要清点行李的数量，还要检查旅游者的行李箱（袋）上有否上一站或是其他的行李标签，如果有，应请旅游者自行撕下，以防混淆。

(2) 挂上行李牌。

在每一件托运行李上应挂上旅游团所乘航空公司的行李牌，并请旅游者写上自己的姓名，登记编号。

(3) 贴上本旅行社的标签。

导游把本旅行社的标签纸贴在客人的每一件行李上方，便于旅游团识别。

(4) 尽快领取行李。

到达旅游目的地之后尽快领取行李，以防被拿错。

第四节 旅游者走失事故的预防与处理

在旅游接待工作中，旅游者走失的情况时有发生，有时发生在参观游览过程中，有时发生在旅游者自由活动时。

一、旅游者走失的原因

（1）导游没有向旅游者讲清停车的位置或景点内游览路线。

（2）地陪讲解欠佳，讲解内容不丰富，不能够吸引本团旅游者的注意力，导致旅游者对其他团队的导游讲解产生兴趣而随其他团队游览，脱离了自己的团队，造成走失。

（3）旅游者对某种现象或事物产生兴趣，或在某处摄影滞留时间过长而脱离团队。

（4）旅游者不抓紧时间游览，漫不经心地滞留一角或跟错了别的旅游团队。

（5）旅游者自由活动、外出购物时没有记清地址和路线，或没有记清下榻酒店的名称和地址而走失。

从以上造成旅游者走失的主要原因中可以看出，旅游者走失除了与导游工作不细致、责任心不强有很大关系，跟旅游者本身也有一定的关系。只要导游采取有效的措施，同时，旅游者也提高警惕性，就可使旅游者走失的现象少发生或不发生。

二、旅游者走失的预防

走失会使旅游者感到焦虑和不安，并影响旅游活动的顺利进行，甚至会危及其生命财产安全。因此，导游应增强责任心，相互配合，尽最大努力预防旅游者走失。

（一）不怕麻烦，多做提醒工作

提醒旅游者离开酒店时要随身携带酒店为旅游者准备的卡片（卡片上印有酒店的名称、地址、电话、店徽等）；下车前提醒旅游者记住旅游车牌号；讲清停车地点、开车时间（下车、上车不在同一地点时尤其要提醒旅游者注意）。自由活动时提醒旅游者不要走得太远，不要太晚回酒店；不要去拥挤、秩序混乱的地方。

（二）做好各项活动的安排和预报工作

每天早晨离开酒店后，地陪要在旅游车上向旅游者通报全天的游览日程，上、下午的游览景点，以及用午、晚餐的餐厅名称和地址；到达旅游景点后，地陪要在景点示意图前介绍游览路线、游览时间，并再次提醒停车地点、旅游车特征和车牌号，同时多次强调集合时间和地点。

（三）随时清点人数

地陪在进行景点讲解时，每向另一处移动，都要清点一下人数，发现人数不对时及时寻找。

（四）密切配合工作

地陪要密切配合全陪和领队的工作。一般情况，地陪在前面带队讲解，全陪、领队在旅游团后面做断后工作，防止旅游者走失。地陪带团要举导游旗，遇旅游高峰期景点人多、情况复杂时，更应高举明显的标志。

（五）在语言、知识上下功夫

为了防止自己团队的旅游者跟随别的团队走，导游应该在语言知识上下功夫。以自己高超的导游技巧和丰富的讲解内容吸引旅游者，让他们紧跟团队，有效地防止走失。

（六）巧用酒店介绍卡

有自由活动时，导游应发给每人一张酒店介绍卡，或提醒旅游者外出前带上客房的门卡、信封、留言纸等印有该酒店名称、地址的物品备用，当旅游者不懂本地语言时，可向出租车司机出示以上物品，司机便可以把旅游者送回酒店。

（七）告知联系方式

地陪应把自己的手机号码告诉旅游者，也可要求旅游者留下手机号码，以便联系。

三、旅游者走失的处理

导游发现旅游者走失，应立即采取以下措施。

（一）旅游者在旅游景点走失

（1）立即寻找。导游一旦发现有旅游者走失，应立即开始寻找。首先询问其他旅游者，并向周围景点的工作人员了解情况。为了不影响游览的顺利进行，地陪、全陪和领队要积极配合工作，一般情况下，全陪和领队分头去寻找，地陪带领其他旅游者放慢速度，继续游览。

（2）寻求帮助。如果经过认真寻找仍找不到失踪的旅游者，导游应立即向游览景点的派出所和管理部门求助。例如，用广播的形式寻找走失者；告知走失者可辨的特征，请管理部门通知景点工作人员在各进出口处协助寻找。

（3）与酒店联系。在寻找过程中，地陪要与旅游团下榻的酒店保持联系，了解走失者是否自行回到酒店。

（4）向接待社领导报告。在采取了以上措施仍找不到走失者时，地陪应及时向接待社领导或者有关人员汇报，必要时经领导同意，向公安机关报案。

（5）做好善后工作。当旅游者发现自己走失时，肯定会感到不安、焦虑，甚至恐慌。因此，在找到走失者后，导游应尽量安慰走失者，提醒以后要多注意。不可对其指责或训斥。如果是由于导游的责任致使旅游者走失，导游应向走失者赔礼道歉。

（6）写出书面事故报告。发生严重的走失事故后，导游要写出书面事故报告，详细记述旅游者走失经过、寻找过程、走失原因、善后处理及旅游者的反应等。

（二）旅游者在自由活动时走失

（1）立即报告接待社和公安机关。导游在得知旅游者自己外出走失时，应立即报告旅行社领导，请求指示和帮助；通过有关部门向公安机关报案，并向公安机关提供走失者可辨认的特征。

（2）做好善后工作。找到走失者后，导游应表示高兴；问清情况，安抚因走失而受到惊吓的旅游者，必要时提出善意的批评，提醒其引以为戒，避免走失事故再次发生。

（3）若旅游者走失后出现其他情况，应视具体情况作为治安事故或其他事故处理。

同步案例　　　　　　　　　　　　**旅游者走失**

在海南五天四晚旅游的第一天，地陪小吴从三亚凤凰机场接到旅游团后，安排

旅游者在大东海附近的一家餐厅用午餐,午餐后游大东海。下午3点,小吴安排旅游者到大东海夏日百货广场一带参观游览并自由购物,下午5点30分回到大东海停车场停车的地方上车,车牌号××××。于是,他带着旅游者边走边讲解怎样记住回去的路。到了夏日百货广场,旅游者三三两两结伴而行,全陪关小姐也和大家在一起。下午5点,晴朗的天气突然天昏地暗,特大暴雨从天而降,关小姐带着大家离开夏日百货广场返回旅游车,团里有一对青年情侣也跟着全陪下楼梯,但一出门口,一位女青年发现她的男朋友不见了。关小姐指示其他的旅游者先上车,自己和女青年进去寻找,但未找到。这时候,狂风暴雨、冰雹交加,大家非常担心走失的男青年,他是第一次外出旅游,旅行社发的行程表放在女青年的手袋里。地陪、全陪、领队和一些旅游者一直分头寻找到晚上7点多。暴雨、狂风已停止,但仍未找到走失者,旅游团只好先回酒店。晚饭后,地陪、全陪和领队又来到夏日百货广场继续寻找,关小姐站在百货店出口处,模拟走失者出门口的心情,看到天昏地暗暴雨来临,一定很着急跑回停车的地方,那么会不会记错方向?会不会人生地不熟跑到对面的马路呢?最终,她在马路对面的下洋村路口找到了这位走失的男青年。当时已是深夜12点了,有惊无险。虽然并没有出现什么意外,但其中的教训却需要记住。

第五节 旅游者患病、死亡等问题的处理

一、旅游者患病问题的处理

在旅途中,旅游者突然患病、患重病、病危甚至死亡的事情时有发生。因此,为了避免或减少此类事情的发生,导游应做有心人,安排活动时要考虑到旅游者的年龄、体质等方面的因素,做好预防工作。

(一)旅游者患病的主要原因

1. 长途旅游劳累

旅游者从居住地到旅游目的地,经过长途旅行奔波,或在准备旅游之前工作非常繁忙,休息不够好,再加上平时很少运动,都会造成在旅途中因劳累而患病。

2. 气候冷暖变化,水土不服

某些旅游者往往因异地水土不服、气候不适应、饮食不习惯、生活规律改变等原因患病。

3. 年老者体弱多病体

旅游团中有些旅游者年纪大、体质弱、行动不便,并患有慢性病,较难适应旅行生活,导致旧疾复发、生病甚至死亡。

4. 突发病

在旅游期间,有些旅游者突发心脏病、脑出血等需抢救,并经医生诊断必须住院治疗。

5. 发生意外事故

因意外发生的旅游安全事故,导致旅游者生病。

（二）一般疾病的处理

旅游者经常会在旅游期间感到身体不适或患一般疾病，如感冒、发热、水土不服、晕车、中暑、失眠、便秘、腹泻等，这时导游应该进行科学处理。

1. 中暑晕倒的处理

盛夏旅游时，若有旅游者中暑，导游应请其他人协助把中暑者抬到阴凉通风的地方平躺，解开其衣扣，放松裤带，若有条件，可让中暑者饮用含盐饮料，或者在其亲友的同意下让中暑者服用其他旅游者提供的降温防暑药物。如果旅游团中有医务人员，应请其掐中暑者人中、合谷等穴位，促使其苏醒，然后立即送医院治疗。

2. 晕机（车、船）的处理

如发现有旅游者晕机（车、船），应立即让患者勒紧裤腰带，以防内脏震动加重病情；在长途旅游中，导游应提醒他们服用自备药；尽量照顾他们坐在车的前、中部较平稳的座位，晕机时可请乘务员协助处理。

3. 高山反应的处理

对有高山反应的旅游者，导游应及早提示旅游者准备氧气袋应急，一旦出现高山反应，导游应及时为旅游者接上氧气袋。

4. 一般疾病的处理要点

（1）送医院。

导游觉察到有旅游者患病时，要劝其尽早去医院看病，如有需要，可陪同其前往医院就医，医药费自理。

（2）在酒店休息。

旅游者身体感到不适，导游应请其留在酒店内休息，并为其安排好用餐，必要时通知餐厅为其提供送餐服务。导游晚上回到酒店后应先去探望患病旅游者。

（3）特别提示。

导游严禁擅自给旅游者用药。

（三）突患重病的处理

遇到旅游者在旅途中、在酒店、在旅游车上突然患病或突患重病时，导游应全力以赴，采取措施积极抢救。

1. 在旅游途中突患重病

（1）旅行途中发现旅游者突然患重病，导游应采取有效措施进行就地抢救，请求机组人员、列车员或船员在飞机、火车、轮船上寻找医生，并通知下一站急救中心和旅行社准备抢救，必要时终止旅行。

（2）在抢救过程中，领队以及患者亲友应在场，需要签字时，由患者亲友或领队签字，当地旅行社应派人到场探望。

（3）若旅游者病危，领队应及时通知患者亲属，其亲属到来后，地陪应协助其解决生活方面的问题，但是一切费用自理。

（4）患者脱险后仍需住院治疗的，组团社应做好善后工作，帮助患病旅游者办理分团签证、延期签证手续、回国手续及交通票据等。

(5) 患病旅游者的住院及医疗费用自理；住院期间该旅游者未享受的旅游服务费由旅行社结算，按规定退还本人。

2. 在旅游景区中突患重病

(1) 不要搬动患病旅游者，让其就地坐下或躺下。

(2) 征得患者亲友同意，全陪或领队立即将患者送到就近医院抢救；或视患者情况，立即拨打120急救电话，请救护车到场。

(3) 向景区工作人员或管理部门请求帮助。

(4) 及时向接待社领导及有关人员报告。

3. 在酒店突患重病

旅游者在酒店突患重病，先由酒店医务人员抢救，然后送往医院，并将其情况及时向接待社领导汇报。

4. 突患重病的处理要点

(1) 全陪或领队及患者亲友必须陪同送医院抢救，地陪留下来继续带团。

(2) 在抢救过程中，需有领队或患者亲友在场，并详细记录患者患病前后的症状及治疗情况，并请接待社领导到现场或与接待社保持联系。随时汇报患者情况。

(3) 如果要做手术，须征得患者亲属的同意，如果亲属不在，则须领队同意并签字。

(4) 若患者病危，但亲属又不在身边时，导游应提醒领队及时通知患者亲属。如果患者亲属系外国人士，导游要提醒领队通知所在国使领馆。患者亲属到达后，导游要协助其解决生活方面的问题；若联系不到亲属，一切按使领馆的书面意见处理。

(5) 有关诊治、抢救或手术的书面材料，应由主治医生出具并签字，要妥善保存。

(6) 地陪应请求接待社领导派人照顾患者，帮助处理医院的相关事宜，同时安排好旅游团继续按计划活动，不得将全团活动中断。

(7) 患者转危为安但仍需要继续住院治疗，不能及时随团离开继续旅游或出境时，接待社领导和导游（主要是地陪）要不时去医院探望，帮助患者办理分离签证、延期签证，以及出院、回国手续及交通票证等。

(8) 患者住院和医疗费用自理。如患者没有钱看病，则请领队或组团社与境外旅行社、其亲属或保险公司联系以解决费用问题。

(9) 患者在离团住院期间未享受的综合服务费由中外旅行社之间结算后，按协议规定处理。

(10) 医疗费由患者自理，患者亲属的一切费用自理，应对其亲属说明，并签字确认。

（四）患病的预防

1. 熟悉团队成员情况

导游从接团的第一天起，就应了解该团旅游者的全面情况，包括年龄构成和特殊要求等，同时要特别留意下列对象：

(1) 60岁以上的老人和10岁以下的儿童；

(2) 患病者，如高血压、心脏病、肺气肿等患者；

(3) 晕机、晕车、晕船者；

（4）精神不振或表情抑郁者。

2. 合理安排旅游行程，劳逸结合

活动安排要留有余地，做到劳逸结合，使旅游者感到轻松愉快；不要将一天的游览活动安排得太多、太满；更不能将体力消耗大、游览项目多的景点集中安排，要有张有弛；晚间活动的时间不宜安排得过长。

3. 提醒游客自备常用药品

（1）患有慢性病的旅游者，如高血压、心脏病、糖尿病患者等，应在出行前准备好常用药品，在旅游过程中防止剧烈运动或暴饮暴食，并随时将身体变化的情况告知导游。

（2）旅游者应带一些必备的药品，一旦身体不适，随身携带的药品就能派上用场，如氯芬黄敏片、茶苯海明片、盐酸小檗碱片、腹可安片、止血贴等。

4. 多做提醒工作

导游多做提醒预报工作，是预防的关键。

（1）地陪每天应做好天气预报工作，提醒旅游者增减衣物及携带雨具。

（2）有高山、高原活动项目要事先预告，提醒旅游者备好必要的衣物、穿戴好鞋帽，并注意安全。

（3）对于比较刺激的活动项目，要提醒旅游者量力而行。

（4）有些景点对患有高血压、心脏病、恐高症者不适宜，要提醒并安排好他们休息的地方。

（5）需长途乘车、乘船、乘机时，要提醒晕车、晕船、晕机者在出发前不应吃得太饱，必要时可提早半小时服用防晕药物。

（6）注意饮食卫生，不吃不洁食物，不喝不干净的饮料，不喝生水，以免得肠胃炎或食物中毒等。

（7）在高温天气下，地陪应适当调整游览时间，避免旅游者中暑，并保证旅游者有充分的休息时间。

同步案例　　　　仔细地观察，感动患病旅游者

某旅行社暑假亲子团双飞五天海南游，当天晚上入住酒店时，地陪小吕发现一位女士脸色较差，她说今天很早起床乘坐早班飞机，没有休息好。晚上9点，小吕仍旧放心不下这位女士，于是去到她房间询问，发现她正在发热，腹痛难忍，于是，立即打车带她去医院看急诊。诊断结果：急性阑尾炎，需留院观察。小吕马上为其办理手续，陪她输液、上洗手间，给她送开水等，折腾了一夜，第二天一大早又准时回到酒店，带团去游览并照顾她7岁的儿子。一连几天晚上，小吕把旅游团送回酒店后又立即赶去医院看望该女士，患者非常感动。经过几天的治疗，该女士病情有所好转（未动手术），并随团按时返回客源地。

本案例说明地陪小吕的工作责任心很强，能处处留心观察客人情况。当发现

一位女士脸色不好时,小吕主动关心,并在晚上临睡前及时询问病情。当小吕发现该女士生病,又能马上送她去医院就诊。由于该女士患急性阑尾炎,在观察室输液,旅游团中没有其他亲人,小吕又陪了一整夜。然而,小吕没有影响带团工作,并主动照顾起这位女士7岁的儿子。由于患者得到及时送院治疗,病情得到控制(未动手术),遂能随团按时返回客源地,患者住院及医疗费用自理。小吕对此事件的处理得当,不仅使旅游活动圆满结束,还加深了旅行社与旅游者之间的关系,提高了旅行社的声誉。

二、旅游者死亡问题的处理

在旅游期间,旅游者不论因什么原因死亡,都是一件很不幸的事情。当发生旅游者死亡的情况时,导游应沉着冷静,立即向接待社领导和有关人员汇报,并按有关规定处理善后事宜。

(一)死亡的原因

(1)旅游者突发病,如心脏病、脑出血等疾病。
(2)旅游者患急性传染病,如患急性传染黄疸肝炎等。
(3)旅游者旧病复发。
(4)长时间乘飞机、汽车,导致旅游者患严重性肺动脉栓塞。
(5)交通、治安、灾难事故。

(二)死亡的处理

旅游者死亡的处理是导游工作中的一件大事。因此,遇到旅游者不幸死亡的情况时,导游要沉着冷静,了解旅游者死亡的具体原因,有条不紊地按国家有关规定做好善后工作。

(1)立即向当地接待社报告,由旅行社派人来处理。
(2)如死者亲属不在场,旅行社应设法通知或敦促其亲属速来处理后事。
(3)由医院开具死亡证明,并交旅行社和死者亲属。
(4)需要解剖尸体的,需经书面申请,医院同意,并办理公证书。
(5)死者的遗物清单交其亲属,遗书要拍照存查,防止中途发生篡改。
(6)如属非责任事故死亡,一切费用由死者亲属负责(保险费另计)。
(7)领队向全团旅游者报告死者抢救及死亡情况,稳定其他旅游者的情绪,并继续做好旅游团的接待工作。
(8)旅游者如是非正常死亡,如自杀或他杀等,导游应注意保护现场,并及时报告当地公安机关和旅行社,积极协助有关人员妥善处理。

(三)处理要点

(1)必须有死者的亲属、领队、使领馆人员及旅行社有关领导在场,导游和我方旅行社人员切忌单独行事。
(2)在有些环节还需公安机关、旅游行政管理部门、保险公司的有关人员在场,每个重要环节应经得起事后查证并有文字根据。
(3)事故处理后,将全部报告、证明文件、清单及有关材料存档。

第六节　旅游者越轨言行的预防与处理

越轨行为一般是指旅游者触犯一个主权国家的法律和世界公认的国际标准的行为。外国旅游者在中国境内必须遵守中国的法律。中国旅游者在国内或出国旅游,也应遵守旅游目的地(国)的法律法规。国内外旅游者无论谁触犯法律,都必将受到法律的制裁。

来华旅游者中绝大多数人对我国怀着友好的感情,以游览观光为主要目的并尊重我国的法律和规定,绝大多数国内旅游者也是怀着对祖国大好山河的无比热爱之情来参观游览,旅游过程中遵纪守法。但是,在国内外旅游者中,也有极少数人对我国不友好,对我国现行政策不满,有的甚至利用旅游者身份进行非法活动。因此,导游应保持警惕,维护国家的主权和尊严。

一、对旅游者越轨言行的预防

(一)介绍中国的有关法律

导游应积极向海外旅游者介绍中国的有关法律及注意事项,说明社会制度和传统习惯的差异导致各个国家的法律不完全一样,在中国境内必须遵守中国的法律。如《中华人民共和国海关法》《中华人民共和国文物保护法》等都涉及旅游者的行为准则,必须遵照执行。

(二)多做提醒工作

导游应多向海外旅游者做提醒工作,以免个别旅游者无意中做出越轨、违法行为,这样才能团结朋友,增进友谊,维护国家的主权和尊严。

(三)制止有意越轨者

如发现可疑现象,导游要有针对性地给予必要的提醒和警告,尽量劝阻与制止,制止无效的立即汇报给有关部门。

二、游客的攻击和污蔑言论的处理

对海外旅游者来说,其国家的社会制度与我国的不同,政治观点也会有差异,因此,他们中的一些人可能对中国的方针政策及国情有误解或不理解,在一些问题的看法上产生分歧也是正常的现象,可以理解,此时,导游应该积极做好以下工作。

(一)宣传中国

导游要积极地宣传中国,向他们介绍中国的国情,认真地回答他们的问题,诚恳地阐明我国对于某些问题的立场、观点,以达到求同存异,友好相处。

(二)立场坚定

对于个别旅游者在敌对的立场上进行恶意攻击、蓄意诬蔑挑衅,作为一名中国的导游,应严正驳斥,驳斥时要理直气壮、观点鲜明、立场坚定,必要时可报告有关部门,查明后严肃处理。

三、旅游者违法行为的处理

处理这个问题,首先要分清违法者是对法律法规缺乏了解,还是明知故犯。尤其对于海外旅游者的违法行为,导游须首先分清海外旅游者是因为对我国的法律法规缺乏了解,还是明知故犯。

(一)对初犯者的处理

对于因不了解中国的法律和传统习惯而做出违法行为的海外旅游者,导游要对其进行耐心的劝导,讲清后果,阻止违法行为的继续发生,必要时可报告有关部门,根据其情节进行适当处理。

(二)对明知故犯者的处理

对于明知故犯者,导游要提出警告,并配合有关部门严肃处理,情节严重者应绳之以法。

(三)对严重影响我国利益的犯罪活动的处理

中外旅游者中若有人从事窃取国家机密和经济情报、宣传邪教、组织邪教活动、走私、贩毒、偷盗文物、倒卖金银、套购外汇、贩卖黄色书刊及录像带和录音带、嫖娼、卖淫等犯罪活动,一旦发现应立即汇报,并配合司法机关查明罪责,严正处理。

四、游客散发宗教宣传品的处理

(一)宣传中国宗教政策

外国旅游者在中国散发宗教宣传品,导游一定要予以劝阻,并指出未经我国宗教团体邀请和允许,不得在我国布道、主持宗教活动和在非完备活动场合散发宗教宣传品。

(二)注意政策界限

处理外国旅游者在中国散发宗教宣传品这类事件,要注意政策界限和方法,对不听劝告并有明显破坏活动者应立即报告,由司法机关、公安机关等有关部门处理。

五、一般性违规行为的预防及处理

在旅游接待过程中,导游应向旅游者宣传、介绍、说明旅游活动中涉及的具体规定,防止旅游者不知而误犯。例如,在参观游览时,导游要事先讲清楚某些地方禁止摄影、禁止进入等,并随时提醒。若旅游者在导游已提前讲清楚了,并提醒了的情况下明知故犯,当事人要按规定受到应有的处罚。

六、对异性越轨行为的处理

对于旅游者出现的举止不端、猥亵行为的任何表现,导游都应郑重指出其行为的严重性,令其立即改正。女性导游遇到此类情况,为了自卫要采取果断措施;情节严重者应及时报告有关部门依法处理。

七、对酗酒闹事者的处理

旅游者酗酒,轻者举止失态,重者失去理智。因此,导游应该:
(1) 先规劝,也可通过领队向其做工作,并严肃指明可能造成的严重后果。
(2) 在酒店内发现本团旅游者喝醉倒地不醒,导游要同酒店保安人员一起将其搀扶至房间,同时报告上级领导。切不可单独搀扶旅游者进入房间,或帮助其入寝。
(3) 酗酒者摔坏、弄脏酒店或餐厅的物品、设备,要按规定赔偿。
(4) 如果酗酒者不听劝告、扰乱社会秩序、侵犯他人、造成物质损失,则其必须承担一切后果,直至法律责任。

第七节 旅游安全事故的预防与处理

一、旅游安全事故的界定

按照2016年12月1日起施行的《旅游安全管理办法》的规定,可能造成旅游者人身伤亡、财产损失事故的均为旅游安全事故。

根据旅游突发事件的性质、危害程度、可控性以及造成或者可能造成的影响,旅游突发事件一般分为特别重大、重大、较大和一般四级。

特别重大旅游突发事件,是指下列情形:造成或者可能造成人员死亡(含失踪)30人以上或者重伤100人以上;旅游者500人以上滞留超过24小时,并对当地生产生活秩序造成严重影响;其他在境内外产生特别重大影响,并对旅游者人身、财产安全造成特别重大威胁的事件。

重大旅游突发事件,是指下列情形:造成或者可能造成人员死亡(含失踪)10人以上、30人以下或者重伤50人以上、100人以下;旅游者200人以上滞留超过24小时,对当地生产生活秩序造成较严重影响;其他在境内外产生重大影响,并对旅游者人身、财产安全造成重大威胁的事件。

较大旅游突发事件,是指下列情形:造成或者可能造成人员死亡(含失踪)3人以上10人以下或者重伤10人以上、50人以下;旅游者50人以上、200人以下滞留超过24小时,并对当地生产生活秩序造成较大影响;其他在境内外产生较大影响,并对旅游者人身、财产安全造成较大威胁的事件。

一般旅游突发事件,是指下列情形:造成或者可能造成人员死亡(含失踪)3人以下或者重伤10人以下;旅游者50人以下滞留超过24小时,并对当地生产生活秩序造成一定影响;其他在境内外产生一定影响,并对旅游者人身、财产安全造成一定威胁的事件。

二、交通事故的预防与处理

交通事故的范围很广,最常见的是汽车交通事故,导游要与司机密切配合,做好交通事故的预防工作。

（一）交通事故的预防

（1）提醒司机经常检查车辆，如发现隐患，及时修理或要求更换车辆。

（2）行驶途中，导游不要与司机聊天，以免分散其注意力；然而长途行车时，导游却要不时与司机聊两句，以免司机打瞌睡。

（3）安排日程，在时间上要留有余地，以免司机因赶时间而违章超速行驶，避免司机疲劳驾驶；在任何情况下，导游都不应该催促司机开快车，有时还要阻止司机开"英雄车""赌气车"。

（4）如遇天气不好（雨天、雪天、大雾天）、交通堵塞、路况不佳，尤其在窄道、山区行车时，导游要随时提醒司机注意安全，谨慎驾驶。

（5）如天气恶劣、发生灾害时，导游有权改变行程，甚至可调整日程安排，但事先应向领队和旅游者讲清情况，征得他们的同意并及时报告旅行社。

（6）司机在工作期间不得喝酒，如果司机饮酒，导游要加以劝阻，若司机不听劝告，要立即报告旅行社，要求改派车辆或更换司机。

（7）非本车司机不得开车。

（8）导游若和司机有争执，待下团后解决，不要在接待过程中争执，以免司机赌气驾车。

（二）交通事故的处理

导游必须将安全放在第一位，在任何情况下都不能忽视安全。一旦发生交通事故，只要导游没有受重伤，意识还清醒，就应立即采取措施，冷静、果断地进行处理并做好善后工作。

1. 立即组织抢救

发生交通事故后，应立即组织抢救，呼叫救护车或拦车护送重伤员去附近医院。

2. 保护现场

发生事故后，要指定专人保护现场，避免在慌乱中破坏现场。

3. 立即报告

立即拨打122报警；向旅行社通报事故情况，请求派人处理事故，派车来接安然无恙者和轻伤者回酒店休息或继续游览。

4. 做好安抚工作

安抚旅游者，提供热情周到的服务，力争使旅游活动得以继续进行。

5. 做好善后工作

在旅行社领导下，妥善处理善后事宜；事故查清后，告知领队，由其向全团通报事故原因和对伤员的抢救过程、处理结果等。

6. 书面报告

事故发生后，导游要写出详细的书面报告，具体包括旅游团名称，旅游者的国籍、人数，事故发生的时间、地点、原因、经过及后果，处理的经过和结果，旅游者的情绪以及对处理的反应等。报告内容要翔实，反映旅游者的状况要客观，重要内容最好用旅游者的原话。有可能的话，由领队、全陪和地陪联名签署报告。

三、治安事故预防与处理

在旅游活动过程中,遇到坏人行凶、诈骗、偷窃、抢劫等,导致旅游者人身及财物受到不同程度的损害和损失,这类事故统称为治安事故。

导游在陪同旅游者参观游览过程中要认真观察周围的环境,发现不正常的现象及时提醒旅游者,如遇到治安事故时,必须挺身而出保护旅游者,决不能置身事外,更不能临阵脱逃。

(一)治安事故的预防

在接待工作中,导游要始终提高警惕,采取有效措施并随时提醒旅游者,尽力防止治安事故的发生。

1. 入住酒店后做好提醒工作

(1)入住酒店后,导游应提醒旅游者保管好贵重物品。

(2)向旅游者讲清外币兑换的有关规定,提醒他们不要私自与他人兑换外币,更不要在偏僻的地方与不熟悉的人兑换外币。

(3)提醒旅游者不要将自己的房间号告诉不熟悉的人;出入房间一定要锁好房门;晚间,不要有人敲门就贸然开门,以防意外;不要让不熟悉的人和自称酒店维修人员的人进入房间。

2. 旅行、游览时导游的工作

(1)旅游车行驶途中,导游不得停车让非本车人员上车,若有不明身份者拦车,提醒司机不要停车。

(2)下车时,导游应提醒旅游者不要将证件和贵重物品遗留在车上;旅游者下车后,导游应提醒司机关好车窗、锁好车门,不要让陌生人上车,不要离车太远;旅游者返回上车时,导游和司机要尽力阻止小商贩上车兜售商品。

(3)参观游览时,导游要始终和旅游者在一起,随时注意观察周围环境和旅游者的行踪,不时清点人数;发现可疑现象,尽力带领旅游者避开;在人多拥挤的公共场所,要提醒旅游者不要离开团队,注意保管好自己的证件、财物。

(二)治安事故的处理

一旦发生治安事故,导游绝不能置身事外,而要全力保护旅游者的人身和财产安全。

1. 保护旅游者的安全

遇到歹徒骚扰、行凶、抢劫,导游要临危不惧,绝不能临阵脱逃,可能时将旅游者转移到安全地点;导游要勇敢,但不能鲁莽行事,要防备歹徒的凶器,还要保护旅游者的安全,也要保护好自己。

2. 组织抢救

若旅游者受伤,应立即做好必要的伤口处理,尽快送往附近医院,并尽其所能保护现场。

3. 立即报警

立即拨打110报警,待警察赶到后,导游要积极配合、协助侦查。

4. 报告接待社

将案情报告接待社领导,情况严重时,请领导到现场指挥处理。

5. 妥善处理

治安事故发生后,导游要设法稳定旅游者的情绪,如果后果不是很严重,就应设法继续进行旅游活动;在领导指导下准备好必要证明及相关材料,处理好各种善后事宜;注意案情进展,一有结果,经领队向全团通报。

6. 书面报告

写出详细的书面报告,对于旅游者的重要反映,力争用旅游者的原话并注明反映者的身份。

四、火灾事故的预防与处理

火灾事故使旅游者的生命财产安全受到严重威胁,会造成重大伤亡。例如,在酒店突遇火灾,导游最重要的是保持镇定,听从酒店统一指挥,带领旅游者有秩序地疏散和自救,不要惊慌失措,更不能只顾自己逃命而丢下旅游者不管。

(一)火灾事故的预防

1. 必要提醒

导游应提醒旅游者不要携带易燃易爆物品,不在托运的行李中夹带易燃易爆物品;提醒旅游者不在床上吸烟,不乱扔烟头和其他火种。

2. 熟悉酒店安全通道

入住酒店后,导游要熟悉所在酒店楼层的太平门、安全通道并向旅游者详细介绍;提醒他们熟悉客房门上贴的安全路线示意图,掌握失火时应走的路线;提醒旅游者,一旦发生火灾(地震等),不要乘坐电梯,只能从安全通道逃生。

3. 牢记119火警电话

导游要牢记119火警电话,掌握领队及全团成员的房间号,以便失火时及时通知他们。

(二)火灾的处理

1. 立即报警

当酒店客房发生火灾,旅游者应立即拨打酒店总机,并报告火灾位置,酒店消防中心人员会立即赶到现场灭火(客房装有烟感报警器,当房内烟雾达到一定浓度时,烟感器会自动报警)。

2. 迅速撤退

当获悉楼层火灾,导游要迅速通知旅游团的领队和全体旅游者,从楼层的太平门、安全通道撤离,千万不能使用电梯。撤离时将房门关上。

3. 引领自救

如楼层火势已蔓延,旅游者要穿过浓烟时,应用浸湿水的大浴巾包头遮脸,蹲下身,贴着墙壁爬行出去;若身上着火,可就地打滚或用厚重衣物扑灭火苗;如房门烧着,可用浸湿的被褥、衣物堵住门缝或不断泼水降温。

4. 紧急呼叫

看到救援人员时应大声呼叫,并摇动色彩鲜艳的衣物让救援人员发现;救援人员前来抢救时,要服从命令。住三楼以上的客人切忌盲目跳窗,可用床单撕成布条连接成救生绳子滑下去。

5. 处理善后

旅游者获救后,导游应协助抢救受伤者。如有死亡,则按旅游者死亡的有关规定处理。要帮助旅游者解决因火灾而造成的困难,设法继续进行旅游活动。

6. 书面报告

将火灾事故以书面形式,详细地向旅行社汇报。

五、其他事故(食物中毒)的预防与处理

食物中毒是指人们食用了有毒食物后,在短时间内暴发的非传染性的以急性症状为主的疾病的总称。

(一)食物中毒的原因和症状

1. 原因

(1)旅游者食用了变质食物(如发芽的土豆),或不干净的食物。
(2)厨房工作人员违反规定,把生、熟食品混放。
(3)食品被有毒化学物质污染,如受农药污染的蔬菜。
(4)食用了有毒的食物,如河豚中毒、误食毒蘑菇等。

2. 特点

(1)症状相似:恶心、头晕、呕吐、腹泻、腹痛等。
(2)食物中毒潜伏期短,发病急,通常在一两天内暴发,病情短。
(3)吃了相同的致病食物,集体发病。

(二)食物中毒的处理

1. 及时送医院

(1)就餐后发现有旅游者出现头痛、头晕、恶心、呕吐等症状时,要及时送到医院抢救,并请医院开具诊断证明。
(2)如有旅游者觉得自己食物中毒,导游也要立即陪同前往医院或卫生检疫部门确诊,取得依据。

2. 应急措施

(1)立即采取排毒措施,让患者多饮水,加速排泄,以缓解毒性。
(2)设法帮助患者呕吐,如用手或筷子触及咽部催吐。

若医院确诊为食物中毒,导游应向旅行社的有关计调人员或主管经理汇报,并追究供餐单位的责任。

知识拓展　　传染病的应对措施

一、传染病相关知识

传染病是由各种病原体引起的能在人与人、动物与动物或人与动物之间相互传播的一类疾病。病原体中大部分是微生物，小部分为寄生虫，寄生虫引起的又称寄生虫病。有些传染病，防疫部门必须及时掌握其发病情况，及时采取对策，因此发现后应按规定时间及时向当地防疫部门报告，被称为法定传染病。中国目前的法定传染病有甲、乙、丙3类，共40种。

甲类传染病是指鼠疫、霍乱2种；乙类传染病是指传染性非典型肺炎、艾滋病、病毒性肝炎、脊髓灰质炎、人感染高致病性禽流感、血吸虫病、疟疾、新型冠状病毒感染等27种；丙类传染病是指流行性感冒、流行性腮腺炎、风疹、急性出血性结膜炎等11种。

我国对传染病实行传染病疫情报告制度，报告内容包括常规疫情报告（法定传染病报告）、特殊疫情报告（暴发疫情、重大疫情、灾区疫情、新发现的传染病、突发原因不明的传染病）、传染病菌、毒种丢失的报告。

二、传染病的预防

（一）控制传染源

不少传染病在开始发病以前就已经具有传染性，当发病初期表现出传染病症状的时候，传染性最强。因此，对传染病人要尽可能做到早发现、早报告、早诊断、早隔离、早治疗，防止传染病蔓延。患传染病的动物也是传染源，也要及时地处理。这是预防传染病的一项重要措施。

（二）切断传播途径

切断传播途径的方法主要是讲究个人卫生和环境卫生。消灭传播疾病的媒介生物，进行一些必要的消毒工作等，可以使病原体丧失感染健康人的机会。

（三）保护易感者

在传染病流行期间应该注意保护易感者，不要让易感者与传染源接触，并且进行预防接种，提高易感者的抵抗力。对易感者来说，应该积极参加体育运动，锻炼身体，增强抵抗力。

二、传染病的应对

当旅游者遭遇传染病疫情时，导游应按以下规范要求处理：

（1）立即向旅行社及其所在地、疫情发生地旅游主管部门报告，并及时向附近的疾病预防控制机构报告详细情况，配合开展旅游者防疫、安抚和宣传解释工作；

（2）有关部门认为应对旅游者进行防疫检查的，立即将旅游者送至当地疾病预防控制机构或有关部门指定的其他场所；

（3）旅游者经查实确患传染病的，遵照有关部门意见，协助旅游者进行隔离或采取其他措施，并通知其亲属；

（4）关注目的地疫情防控动态，宜根据疫情发展情况，按旅行社的安排，调整或变更旅游行程；

（5）如患者系外籍人士，按我国规定由公安机关令其提前出境的，协助患者办理相关离境手续；

（6）传染病疫情发生在境外的，领队应及时向中国驻当地使领馆或政府派出机构报告，并在其指导下，全力做好传染病疫情应对处置工作。

（资料来源：根据相关资料整理。）

案例分析

在酒店贵重物品被盗该谁赔？

陈女士参加某旅行社组织的新马泰港旅游团。出发前，旅行社召开说明会，会议主持人及领队提醒大家要注意自身安全，保管好自己的行李物品，入住酒店时贵重物品应存放在保险箱内（免费提供），并发给每人一份"出国旅游须知"。该旅游团11月2日入住泰国芭堤雅白宫酒店，4日早上陈女士起床后发现她的宝石戒指和钱包里的钱全部不见了，找领队报告情况，领队和导游立即带她去当地警察局报案。旅游结束返回原地后，陈女士到法院上诉，要求旅行社赔偿被盗财物、首饰共计人民币10500元，退回旅游费7500元，肝痛、胆囊炎发作的医疗费和营养费1000元及精神损失赔偿费6000元。

思考：
你认为陈女士能够得到想要的赔偿吗？为什么？

章节测验

新型技能（素养）篇
XINXING JINENG (SUYANG) PIAN

第十一章

导游职业发展的"云执业"

学习导引

随着 5G 时代的深入推进,大数据、人工智能、新媒体等在旅游行业的应用屡见不鲜。大量专业导游开始转型主播,在线上传播人文风光,成为"泛知识类"主播的一种类别,在传播当地风土人情的同时"带货"助销地方特产,这重新定义了导游这一职业,也刷新了它的技能要求。本章将会对新媒体与旅游行业的融合进行梳理,并在此基础上介绍导游职业发展的"云执业"及技能,结合数字化知识,以期培养适应未来需要的复合型导游人才。

学习目标

通过本章的学习,重点掌握以下知识要点:
1. 新媒体的概念。
2. 新媒体在旅游行业中的分类。
3. 新媒体在旅游行业的应用模式。
4. 导游"云执业"的定义、类型。
5. 导游"云执业"的技能要求。
6. "云导游"的出现助推行业转型。

章节思政点

1. 通过新媒体知识的学习和实践运用,加强学生的文化自信,让学生"讲好中国故事",使"中国精神"走出去也是新时代大学生的使命。
2. 通过新媒体的运用,打破产业壁垒,激发新的活力,更好地服务于家乡旅游产业的发展。
3. 在运用新媒体的过程中,要引导学生树立法治意识和社会主义核心价值观,同时严格遵守互联网伦理与法规。

第十一章
导游职业发展的"云执业"

1. 你曾通过哪些新媒体平台了解旅游资讯？
2. 你知道哪些家乡特色旅游的宣传形式？
3. 你认为什么形式的线上宣传最能吸引游客体验特色旅游项目？
4. 你认为导游直播内容创作时什么是最重要的？
5. 你看过哪些"网红导游"，他们是哪个景区的？你认为他们成功的原因是什么？

第一节　新媒体与旅游行业

一、新媒体的概念

新媒体是一个相对的概念，与媒介技术的不断推陈出新紧密相关，相对于传统媒体，新媒体主要是基于新的数字和网络技术，使传播更加精准化、对象化，例如，互联网、手机、移动电视、ITV等都是新媒体的传播手段。随着互联网发展速度的飙升，新媒体（New Media）被誉为21世纪最耀眼的传播媒体，联合国新闻委员会在召开的年会上正式宣布，依托互联网所出现的媒体形式被称为继报刊、广播、电视等传统大众之后新兴的新媒体范畴。新媒体不但集文字、声音、影像等多种形式于一体，而且又极大地丰富和发展了传播范畴和手段。首先，从传播技术来看，以互联网技术为核心的各种高新技术孕育了网络媒体的诞生，并伴随其成长。新媒体是时代的产物，依托于全球范围内的互联网普及、高速运转芯片的开发、迅速扩展的宽带、成熟的数字压缩技术和存储、检索技术。人们可以通过网上大量的超文本链接，对阅读的进程、方向和结果进行选择，也可以从庞大的互联网存储信息中，根据自己的需要，随意查询，从而彻底改变传统的阅读方式，这些是传统传播传媒无法比拟的。人们可以上网交流，发表意见、看法。这种"交互式"交流方式就是新媒体的特点。

广义上讲，新媒体是指以网络数字技术及移动通信技术为基础，利用无线通信网、宽带局域网、卫星及互联网等传播渠道，结合手机、移动设备、PC、电视等输出终端，向用户提供文字图片、语音数据、音频、视频动画等合成信息及服务的新型传播形式与手段的总称。狭义上讲，新媒体可以理解为新兴媒体，即通过技术手段改变了信息传送的通道，只是一种信息载体的变化。本教材中，我们将新媒体的概念定义为一种新的媒体表现形式，区别于传统媒体，它主要是基于移动端的媒介形态来承载信息。具体来看，我国常用的新媒体形式包括短信超链接、电子邮件、博客、各大视频网站、知乎、微博、微信、小红书、抖音、哔哩哔哩等其他与网络有关的通信方式。

除此之外，在新媒体背景的加持下，媒体传播速度迅速加快，进入了互联网与大数据的时代，与此同时，还有一个词语频繁出现，那就是"自媒体时代"。自媒体顾名思义就是指自己创办的媒体，区别于官办（官方批准）的媒体，因为有了新媒体这种媒介形态，自媒体才有发展的可能。美国新闻学会的媒体中心提出 We Media(自媒体)的定义,即个人信息经过数字科技强化与全球知识体系相连之后,产生的一种开始反应普通大众生活的方式叫作自媒体。它主要分享大众本身的生活与个人加工过的信息,而个体本身就是一种新闻途径。本教材中,自媒体的定义为,它是新媒体的一种表现方式,是由个人创作加工的信息利用新媒体进行传播的一种新模式。

自媒体在中国逐渐崭露头角,由于创业成本及投放成本低、上手简单,呈现出井喷式增长。内容形式以文章、动态短文、问答、图集、长视频、短视频等为主。2022 年的数据显示,我国目前全职从事自媒体的人数达到了 370 万以上,而兼职人群超过了 600 万,一共有 970 万人从事自媒体行业。在"人人都是博主"的时代,自媒体的内容已经触及各个行业,按内容形式大致分为生活类、娱乐类、泛知识类、职场建议类、专业领域类等,自媒体与旅游行业的结合被划分为泛知识类别。

二、新媒体对旅游行业的影响

新媒体不仅丰富了旅游营销的传播渠道、聚合了精准受众、推动了交互式旅游体验转化,还打破了传统媒体信息传播的垄断特权,让消费者成为信息传递的体验者和分享者,为旅游目的地提供了广阔的创意空间和价值转化的可能性,新媒体也成为旅游宣传传播的主阵地。目前,以微信、微博、自媒体等手段为主体的传播媒体更是在疫情背景下的旅游行业中发挥着不可替代的作用,使得旅游行业的发展迎来了新的生机与活力。

（一）新媒体对旅游行业的积极影响

1. 新媒体加快旅游 IP 的推广

旅游 IP(Intellectual Property)是指旅游目的地开发的基本线索和核心卖点,着重打造的是一种具有鲜明主题特色的旅游模式。旅游 IP 是文化创意与旅游相结合的产物。IP 的展示、产品化及销售,是增加旅游收入、推广旅游目的地形象的重要渠道。目前,有很多景区在做文化 IP 推广的新媒体尝试,并取得了较好的成绩。打造旅游 IP 的方式很多,例如,迪士尼主题公园就是在全世界范围内依托上百部影视作品而打造的童话世界,创造了不少经典的卡通形象,其周边产品受到热烈追捧。成功的旅游 IP 还有"印象"系列大型实景演出,目前,全国多地都有了自己的"印象"主题演出,实现了依托当地独特的风景和历史,进行文化产品再创造,带动了当地的旅游热潮。

2. 新媒体拓宽旅游信息传播渠道

内容和渠道是新媒体俘获受众的重要方式,在实现高质量内容创作的前提下,多样化的信息渠道无疑是实现高度关注的前提,所以一般的旅游类短视频博主初期会选择一个平台进行内容创作,后期有了一定的流量之后,实现全平台账号运营。但是也有一些博主会根据自己的内容定位,只选择一个平台进行主要运营,例如小红书知名旅游博主"皮皮在蓝色星球",她结合自己环球世界旅游经历以及小红书的主要受众群体为女性的特点,会在世界各地"解锁"一些新奇旅游玩法,其中一些关注女性的相关活动,如在纽约街头给陌生女孩送花、和世界各地 1000 位女性一起画一幅画等为她在小红书上赢得了近百万粉丝,使她成为知名旅游类博主。但大部分受众在获取信息时,不止使用一种平台,而是多平台、多渠道获取相关资讯,所以旅游博主在运营账号时应当结合不同平台的特征,正确地选择平台。

3. 新媒体重新定义了新时代的旅游营销模式

随着新媒体时代的到来,新媒体以其传播成本低、传播速度快等特点改变了传播信息的方式。景区不再需要利用旅行社海报、电视广告、户外广告牌,甚至不需要任何的传统宣传方式而是只要一个引流点,便可以一举成名。进入新媒体时代后,营销模式的最大改变是由企业或者组织团体转向了每一个人。个人可以成为信息的发布者或传播者。任何一个景区都可以构建自己多样化的营销平台,进行自身的宣传推广,打造自己的形象。与此同时,新媒体通过大数据算法瞄准目标客户,精准地将宣传呈现到旅游者的面前。这彻底改变了旅游企业的营销模式,通过自我创作的宣传内容可以更加灵活地面对感兴趣的客户群体,也可以更加方便地得到反馈,以便于不断完善新的营销措施,及时调整。新媒体同时也放大了旅游散客经济的能量,新时代下,中国的旅游市场正式进入散客经济时代。散客的消费偏好、获取信息的途径、对景区景点的价值判断和期望值与团队游客有着诸多不同,而新媒体时代信息的碎片化、多元化、快餐化、模块化更适应散客的旅游需求和消费需求。每一个景区、每一个存在的事物、每一个人都可以成为内容生产者来吸引目标人群,产生经济价值,"新媒体宣传+散客模式"的能动性是团体经济无可比拟的,更有利于实现"微旅游,大经济"。例如,西安永兴坊摔碗酒正是因为抖音的视频宣传,在 2018 年成为热门旅游打卡点,吸引了一天接近两万人在此摔碗,成为抖音"带红"旅游产品的成功案例。

4. 新媒体加速旅游品牌塑造

旅游类主题在微博、微信、论坛等各大平台的兴起都足以证明,越来越多的旅游企业和管理者以期利用新媒体扩大旅游目的地的营销途径,吸引旅游者的眼球,为旅游目的地品牌"立人设"。例如,西安大唐不夜城的"不倒翁小姐姐"艺术表演,依托新媒体平台的宣传,实现裂变传播,对传统大唐文化,大雁塔文化进行艺术创新,逐渐形成了新的 IP。2019 年,"不倒翁小姐姐""石头人""摔碗酒"等现象级文化 IP,实现 50 亿次以上视频播放量,在全国景区抖音播放量中高居首位,为西安市旅游业的发展树立了良好的品牌形象。

(二)新媒体对旅游行业的消极影响

从目前的新媒体在旅游行业中的应用来看,新媒体对旅游行业的影响有积极的一面,但同时也存在着很多问题。

1. 泛娱乐化

旅游类短视频内容吸引用户的重要因素之一是泛娱乐化。泛娱乐化是指以现代媒介(电视、戏剧、网络、电影等)为主要载体,以内容浅薄、空洞甚至不惜以粗鄙、搞怪、夸张的方式,通过戏剧化的表演,试图放松人们的紧张神经,从而达到快感的一种文化现象。娱乐性较强的短视频或者直播虽然起到了一定的流量吸引作用,但过多泛娱乐化的内容会影响用户体验,使用户黏性和忠诚度降低。娱乐化的内容带给受众更多的是短暂而轻松的消遣,而非长期、深刻的思索。部分带有娱乐性质的旅游类短视频表面上是宣传地方风土人情,实际上是传播片面、低俗甚至涉嫌侵权的内容。旅游类短视频中出现的美食、美景,不应仅仅浮于表面的光鲜,更应该是人文、地理、历史、文化的沉淀。传播的浅薄化、片面化问题成为制约旅游类短视频健康发展的重要因素。短视频内容的泛娱乐化和碎片化使受众养成了走马观花式的信息浏览习惯,加上深度互动所需的时间和精力成本较高等因素,使用户缺乏与视频创作者或平台的深度互动,用户黏性和参与度不断下降,从而影响传播的最终效果。

2. 旅游场景转化环节缺失

旅游类短视频场景转化环节缺失。旅游类短视频的场景往往要与消费行为和消费意愿相关联,目的是通过跨平台之间各类用户消费引擎的触发,实现流量变现。从线下场景的线上呈现,再到线上场景的线下转化,最终实现旅游消费才应该是旅游类短视频场景营销所追求的终极目标。当前,传统电视、报纸、旅游杂志等众多官方媒体入驻旅游类短视频平台,运用强大的资源优势和技术优势发布内容,通过对场景的把握,给用户留下了深刻印象,对于城市景点的爆红具有推动作用,但与之对应的是场景转化环节的缺失。除此之外,旅游类博主缺乏专业团队,没有实现行业与企业联动,大部分的旅游类的博主多为自媒体运营,所以在内容、策划上缺乏一定的专业性。地方官方文旅局、旅游企业、旅游目的地也没有主动挖掘旅游类博主,与之实现联合营销。当然,目前也有一些民族地区或特定主题的博主由专业团队打造,例如"牧民达西""徐云流浪中国"。旅游类短视频虽然使用户在一定程度上产生了认知和心理层面的潜在波动,也带来了流量,但流量如何转化为用户的实际行动,则是营销者必须要深入思考的问题。

3. 旅游产品变现周期不稳定

随着线上旅游产业的需求不断发展,用户可用的、线上旅游相关信息的收集与整理已然成为建立旅游新媒体运营成功的重要保证。文旅行业的从业者纷纷开启了"云旅游",但是由于旅游行业的特殊性,不能完全依赖"线上体验"。观看或者了解了感兴趣的旅游目的地之后,需要真正到访才能产生旅游活动,因此产生旅游意向和真正产生旅游行为之间的过程很不确定,受到疫情、时间、消费水平等相关因素的影响。也就是说,旅游产品的变现周期较长,稳定性较差。娱乐型或者知识型的直播或短视频可以直接打开电商平台进行购买,而旅游类产品只能暂时"加入购物车"。这就要求旅游类博主、旅游企业、旅游景区在对旅游产品挖掘方面进行更深层次的思考,到底内容如何引流,如何从互动直播到在线"种草",再到线下转换为购买力都是目前面临的主要问题。例如,打造"短途周边游"和"汽车露营地",以及"热点IP打造,售卖周边文创产品"等是目前较常见的解决方法。很多景区或旅游目的地将目标客户更加的地方化,主要打造城市周边旅游、乡村旅游、研学旅游等。虽然新媒体的应用为旅游行业带来了新的机遇,但今后仍然需要更多的旅游从业者去思考如何解决新媒体在旅游行业的转化问题。

三、新媒体在旅游行业应用的分类

从2016年短视频盛行开始,旅游自媒体经历过多次洗牌,从目前来看,人气、口碑双丰收的内容类型并不局限在单一类型。有的延续微信公众号的旅行攻略,做攻略内容的视频;有的重在展示风景本身,凸显景点最吸引人的特色以及如何游玩到经典项目。各种类型都有其受众,因此,只要内容出众,普通人也能够打造大IP。

(一)高清摄影类

这类有图片形式,也有视频形式,通常这类图片或视频的画面有后期滤镜的加持,展现出一种梦幻的感觉,配一段适合的音乐,随着音乐缓缓展现宛如仙境般的美景。此类视频极受年轻人的喜爱。虽然用户明白滤镜下的美景并不真实,但还是会被视频之美打动。例如,贵州、广西、云南这些地方这类视频较多,主要因为这类旅游目的地本身风景优美,一些景点较为小众,有少数民族特色文化加持,打造神秘的虚幻之境的感觉,通常在音乐中添加一段情感文案,就能赚足年轻用户的关注度。

(二)风景写实类

这类展现形式也有图片与视频两种,主要以营造大气磅礴、雄伟壮观的景象为主。大多取景在西北荒漠,如新疆、青海等地区。从账号构成来看,这类账号大多由专业的摄影师运营,他们利用自己的专业技术和设备拍摄写实风光。他们制作视频注重风景的取景角度,同一地区其他美景场景转换,专业的剪辑和航拍的方式给用户造成强烈的视觉冲击。祖国的壮丽河山、家乡的特色风土、地域独有魅力都极易使用户产生自豪感和认同感,触发用户的分享冲动,使视频得到更大范围的传播。

(三)旅游攻略类

现阶段,年轻人很喜欢看旅游攻略。旅游攻略类中有很多不同的主题,如博物馆打卡、特色美食打卡、城市特色活动体验等。旅游攻略关注有别于传统大旅游景点的其他小众城市的风情。此类账号会抓住旅游目的地最吸引人的信息,解决目标游客的痛点问题,例如上海迪士尼攻略在各平台屡见不鲜,攻略告诉你几点入园较为合适,怎么与卡通人物互动能够引起他们的关注、什么时间观看花车游行、什么时间观看烟花表演、哪里是拍照点、周边应在哪里买、游玩项目的排队时间安排等。这类攻略类已经成为人们出行之前的必备查阅项目。

(四)旅行 Vlog

Vlog(Video-blog)是现代视频博主很喜爱的一种形式,是指视频博客、视频日志,即通过视频的形式记录自己的一天或者一段时间。旅游博主们也开始纷纷制作旅行 Vlog,主要记录自己的深度旅游体验,相较于普通的 Vlog 内容,旅游 Vlog 会更加有趣,受众群体也更广泛。旅游博主们拍摄旅行 Vlog 时,会融入自己的生活方式和自己的故事甚至自己的价值观,把一段自己前往旅游目的地的视频拍摄记录下来,这种形式成为受用户青睐的爆款,除了专门做旅行博主以外的其他博主甚至明星,也会在旅途的过程中记录自己的旅行 Vlog。用户在表达对 Vlog 喜爱的时候,更多的是对 Vlog 中展现出的生活方式、意境及视频文案所表达的感悟的喜爱。一段行程不再是单纯的美景分享,而是被注入了高品位、增添了治愈感。在观看视频的几分钟到十几分钟里,通过感同身受的"共情力",丰富了旅游体验本身的内容。"房琪 kiki"的视频就属于旅行 Vlog 类,她的视频以个性化视角,将人格特质融入旅游体验,辨识度极高,文案辞藻华丽,选题立意较高。除此之外,"幻想家姜时一"也属于文案类旅游博主,他们选题的本质都是"记录大家想看到的旅行生活",这类账号个人特征鲜明,成为很多人的模仿对象。

(五)旅游综艺类

新媒体在旅游行业中的应用除了自媒体博主的旅行 Vlog,还有团队制作的旅游综艺。有完整的投资运营团队的旅游综艺可以提高旅游目的地的曝光率。旅游综艺是集明星、文化、旅游、体验于一体的文旅类综艺,赋予了旅游行业新的宣传方式。这些节目往往削弱了

以往明星旅行真人秀中过度娱乐化的内容,大都从传统文化、历史古迹中寻找灵感,并凭借节目中透露的文化深度、人文关怀与情感治愈,赢得了观众的喜爱。《向往的生活》《花儿与少年》《奇遇人生》《爸爸去哪儿》等一系列旅游综艺在综艺市场中占有重要比重。马蜂窝和中国旅游研究院联合发布的数据显示,24.5%的中国游客在观看某部综艺节目后,会对取景地动心,想亲身感受镜头里的风景,走相同的游玩路线。这些节目在旅游的基础上,叠加了明星、穷游、社交、游戏、任务等元素,来增加节目的趣味性、可看性。2020年以来,旅游综艺进一步"去娱乐化",重"文化故事"的叙述,例如,《我的桃花源》《民宿里的中国》等节目以民宿为切入点,通过对其周边的特色文化、美食美景、风土人情的发掘和体验,展现不同地域的人文情怀;《登场了!敦煌》《还有诗和远方》等节目则将旅行和传统文化相结合,带领观众深入了解传统文化之美。

四、新媒体在旅游行业中的应用

2020年11月30日,文旅部、国家发改委等十部门联合印发的《关于深化"互联网+旅游"推动旅游业高质量发展的意见》提出,到2022年,建成一批智慧旅游景区、度假区、村镇和城市;到2025年,国家4A级及以上旅游景区、省级及以上旅游度假区基本实现智慧化转型升级。国家发改委、中央网信办发布的《加快培育新型消费实施方案》指出,加快文化产业和旅游产业数字化转型,制定智慧旅游景区建设指南等。

加快智慧旅游建设主要分为三个模块:一是推进智慧旅游景区建设。2021年底全国旅游景区完成在线预约预订服务的建设,有自己的预约平台,微信公众号等。二是规范引导智慧旅游公共服务平台建设发展。为老年人等特殊群体保留线下服务,除此之外建议开发特殊群体的应用程序和简化界面,优化使用体验。三是培育新业态新模式。大力支持新媒体在旅游内容方面的运用,培育"云旅游、云演艺、云娱乐、云直播、云展览"等新业态,打造沉浸式旅游体验新场景。景区、博物馆、演艺演出等均可发展线上数字化产品,让文化和旅游资源借助数字技术实现线下产品转化。

(一)新媒体在旅游行业的应用

新媒体在旅游行业中的应用主要体现在四个方面:旅游品牌化建设、旅游景区配套服务、旅游企业管理、旅游服务反馈系统。

1. 旅游品牌化建设

当前,随着我国旅游产业的进一步完善,旅游者的消费观念发生了巨大的变化,旅游者消费时更加追求品质,消费更加多元化和理性化。现如今,很多旅游品牌为了能够迅速吸引旅游者的注意力,将发展重点转移到了建立旅游品牌上。例如陕西袁家村,以关中民俗和乡村生活为核心的内容,以旅游作为先导,导入人流而形成了品牌,植入产品而形成了产业。袁家村这个只有62户、286人的关中平原上的小村庄,年接待游客量达600万人次以上,年旅游收入超过10亿元,带动周边10余个村万余名农民富了起来。袁家村通过多年的发展,从最初的缺乏宣传,景区的智能化程度不够,商户的便捷支付不普遍,发展到现在的现代化、智能化村镇景区。袁家村利用全方位的新媒体手段,将其打造成陕西民俗文化旅游第一品牌、陕西乡村度假第一品牌、陕西健康农产品第一品牌,为实现乡村振兴战略而贡献力量。

袁家村通过举办赏花节、采摘节、抖音大赛、摄影、绘画等系列比赛和优秀作品展览活动,周期性举办以食品安全和民俗文化为主题的活动,不断提升品牌的展露度和活跃度,建立自己的微信、微博、小红书、抖音等全平台的宣传账号。除了宣传手段,袁家村同时利用互联网,让乡村旅游实现了智能化升级,如乡村智慧旅游基础服务系统(网络公众号预约)和乡村旅游电子商务采购平台(如陕西特色美食、乡村手工艺品等)等,将线上流量转化为线下创收点。为深入乡村旅游打开了更广阔的空间,就某个角度来看,旅游品牌也将旅游景区的重要优势充分反映出来。以达到乡村旅游与公益活动、旅游与知识相结合,达到扩大袁家村知名度、树立景区品牌、提高重游率等多重目的。

品牌构建过程是景区提高服务质量的过程,利用新媒体可以使旅游景区吸引更多的消费者,增加景区或目的地的曝光度,为旅游品牌建设打下良好的技术基础。在新形势下,旅游品牌建设是旅游管理的核心内容。对管理人员运用新媒体能力的要求越来越高,能够策划、创造出引流的文案是促进旅游品牌建设,加大区域旅游特色的重要能力。除了创作"爆款文案",还要有长期以及定期经营的决心和耐心,例如,定期将最新的旅游资讯发布在一些新媒体上,比如微信公众号、微博、小红书、抖音等,使旅游景区有更大的影响力。景区管理人员还要能够自主提出更多的宣传方法,根据自身景区旅游发展具体情况,建立完善的信息传播平台,运用新媒体推动旅游文化品牌建设。

2. 旅游景区配套服务

新媒体在景区配套服务主要体现在旅游景区的所有管理实务方面。提升旅游景区服务能够提升消费者口碑,提高重游率。旅游景区的业务模式是以游客参观游玩为主,所以游客游玩体验和景区服务是十分重要的。新媒体在景区旅游管理中越来越多的应用,使得景区服务水平得到明显提高,也使景区服务具有更强的先进性。例如,云台山利用"5G智慧+"打造大花果山景区"最强大脑"。景区经历了13年智慧景区的建设积累,从全国试点到国家标准制定,连获智慧景区建设大奖,2018年被评为三钻级智慧景区,2019年被评为五钻级智慧景区,2019年获得中国旅游大奖·优选智慧景区称号。以云计算、大数据、3D地理信息系统、三维虚拟建模、混合现实、人工智能等新兴信息技术为支撑,全面打造构建花果山智慧景区系统。从智能停车场、刷脸入园、智能如厕到一键智慧游、一键救援,云台山联合百度、高德、微信、支付宝等游客常用的流量和搜索入口,让游客到达景区之前,就能够全方位掌握景区信息,提前获取线上服务,打通游客和景区之间的最后一段距离,使云台山的管理服务无处不在。其中,智能公厕给游客留下了深刻的印象,在公厕入口处,75寸引导大屏将五合一环境监测传感器、客流统计和厕位的使用情况一一展示,不仅可以方便游客快速精准地找到空位,也可让环卫工人便捷地打扫和管理。并且,智慧公厕的五合一环境监测传感器和除臭机是联动的,当环境监测到"良好"以下时,除臭机会自动开启空气循环系统,改善厕所内的环境。另外,智慧公厕里还为游客配有报刊栏、休息区、免费充电桩等相关便民设施。

应用新媒体可以建立起全面且细微的便民服务,游客能够利用自己的手机或其他移动端设备扫码使用,这样可以显著减少工作人员繁重的工作量,也可以使游客获得深刻的游玩体验,让他们以愉快的心情观赏景区的风景。新媒体技术的应用在旅游景区中大大提高了管理效率。除此之外,新媒体具有较强的即时性以及开放性,可以使游客迅速了解景区内的全部信息,管理者能够将整个景区的情况利用计算机制作成直观的三维动画,展示在游客面前,这样也可以大大地提高服务管理质量。目前,我国大多数景区都普遍拥有线上购票,入园预约等功能,景区的智能化管理建设再进一步升级,未来可期。

3. 旅游企业管理

新媒体在旅游企业管理中的应用主要为内部应用,为了提高旅游管理效率。例如,创建景区内部管理平台,一些如金数据、钉钉等平台可以利用新媒体的信息传输能力,使景区管理人员能够进行高效便捷的信息沟通。一些平台可以实现减少沟通成本的作用,例如Teambition(阿里巴巴旗下的沟通操作平台)。利用 Teambition,可以实现全部管理人员共同操作一个订单、追踪一个订单,大大减少沟通成本,上一个部门完成订单后可以将订单转接到下一个部门的任务栏中,这种数据相互连通、信息沟通的方法可以使管理人员迅速找到管理中存在的主要问题,并且迅速制定相应的解决方案,从而提高管理水平。这种平台已经在很多旅行社的计调工作中投入使用,在景区中也能发挥较强的沟通作用,提高景区的整体技术水平。此外,景区内的 VR、3D 地图、定点实时讲解、跟踪讲解耳机等先进的信息化技术,可以减轻工作人员的工作强度。随着景区内部管理工作已经离不开信息化平台,对于旅游企业管理内部的信息化技能的要求也随之有所提高。

4. 旅游服务反馈系统

旅游产业属于综合性产业,包含众多行业,因此对信息更新速度的实时监控就显得至关重要。除此之外,在大数据时代,数据的指向性、数据的实时性、数据的多样性、数据的全面性都是新媒体在旅游应用中的重要问题,以游客需求为导向,加强景区、旅游目的地的实时信息反馈系统的建设既能够有效地提高旅游活动的便捷性,也能够形成有效的旅游合力,解决产业规模零散,以及很难充分利用开发各项旅游资源等问题。因此,必须要加强旅游管理,加快旅游产业的资源整合,尽可能将旅游资源的重要价值充分发挥出来。新媒体的运用,使得反馈过程不断加快;运用不同新媒体,信息传播更加迅速;利用新媒体平台,管理人员可以及时与其他旅游目的地进行交流,这样就能够实现旅游信息共享。例如,依托线上平台马蜂窝、猫途鹰、大众点评、携程等,游客可以快速地获得旅游信息,准确地了解该地区旅游活动的时间、规模。除此之外,这些平台还能够显示景区内小景点的游览人数和需要排队的时长。因此,新媒体技术在反馈系统中的应用显得同样重要。这要求各景区、旅游目的地内加强小景点入园人数的统计,将游客体验、游客游玩攻略、游玩时间顺序等放置于线上平台,反馈给游客。每个景区都有不一样的旅游资源,然而在设计与服务中有许多相同点,线上公开反馈系统可以使得不同的景区的管理人员不断借鉴和学习一些其他优秀景区、旅游目的地的经验和管理模式,提升游客的体验感。

(二)旅游主题在微信公众平台的运营

微信,目前是中国最大的媒体社交平台,几乎人人都有微信号。自 2012 年 08 月 23 日"微信公众平台"作为移动端媒介正式上线以来,以其接触度高、传播作用强大等特点,对人们的社会生活产生了巨大影响。从数据上看,截至 2021 年 1 月份,微信公众号数量已经达到了 3.6 亿个,成为重要的新媒体运营手段之一。数据显示,2022 年 4 月全国省级文旅新媒体传播力指数 Top10 分别为江苏微旅游、好客山东之声、江西风景独好、河北旅游、诗画浙江文旅资讯、湖北文旅之声、北京旅游、四川文旅厅、清新福建文旅之声、新疆是个好地方。

目前,微信公众平台的运营分为两种。一种是个体平台。个体平台指每个游客,每个人都可以开设自己的微信公众号,推送自己的游览心得,还有一些非旅游类的个人公众号,但是也会不定时地更新一些旅游心得。除个人公众号外,景区可以开通自己的平台,每个旅行社也可以开通自己的平台。平台开通后都会生成一个独一无二的微信公众平台二维码图片,可以将自己平台的二维码图片及微信印制到宣传单、易拉宝展架、景区门票、宣传广告、景区内各展板等地方。游客可以在任何地方用手机扫描关注。这样会有很多"关注者"(游客)关注。任何信息只需要通过平台发布即可,不花一分钱,且有效性、针对性极强。另一种是综合平台。所谓综合平台,是指为个体平台提供综合服务宣传的平台或是个体平台通过综合平台发布信息进行宣传的平台。由于全国景区数不胜数,游客并不知道每个地区每个景区的平台名称和微信号,也不可能用手机关注成千上万的单个景区平台。而单个景区平台也很难在短时间内让众多人知晓,所以人们一般想了解哪个地区的景区,就会搜索哪个地区,比如想去海南旅游,他可以通过微信搜索"海南景区",就会出现相应的推文、热门景区公众号或者相关活动的公众号。哪个公众号会出现在搜索列表的前面就变成了至关重要的问题,所以个体或单个景区可以选择所在地区的景区综合平台进行自己景区平台的宣传及信息的发布。所在地区的景区综合平台,会按照景区等级、主题、所辖地区、门票价位等不同类型进行分类,供人们搜索。而游客为及时知晓旅游目的地信息,直接通过微信关注某一地区的景区综合平台即可。

目前,微信公众平台与旅游行业的相关服务主要包含了以下五种类别。

(1)资讯类。资讯是旅游类微信公众号最基本和最主要的服务内容。用户通过手机扫一扫或加好友的方式关注旅游类微信公众号,公众号向用户推送旅游资讯。例如在微信中搜索"海南旅游",便会出现"阳光海南网",这是海南省旅游与文化广电体育厅的官方公众号,它下设了"专题""矩阵""服务"三大板块。"专题"里面涵盖了近期的旅游活动,例如2022年6月,推送的海南亲水运动季、海南乡村振兴网;"矩阵"主要可以直通各个市县的官方平台,查阅相关资讯;"服务"板块下设便民互动、志愿服务等板块。

(2)咨询类。旅游类微信公众号不仅提供给旅游者相关旅游资讯,并且根据微信的自有语音、视频等功能可以展开一对一、一对多、多对多的咨询互动交流,使旅游者享受贴心的及时对话服务,更体现人性化设计。

(3)语音服务类。目前,一些旅游类微信公众号加入了景点语音解说,例如,只需要关注织金洞景区公众号就会发现,该公众号设置了"景区服务""游客助手""产品预订"三大板块,其中"景区服务"中有五类相关服务,即"景区介绍""电子导游""导游导览""导航到景区""漫游织金洞"。游客只需要点击"电子导游",便可以收听每个小景点的导游讲解。除此之外,"漫游织金洞"通过全方位的实拍照片进行VR全景模拟,游客可以提前体验景区的实景。这样的服务可以使游客在到达目的地之前先大致了解和感受景点的历史文化,然后游览景点时才会有更深的体会。

(4)定位导航类。微信公众平台加入了定位、高德导航插件,可以向好友发送当前位置以及共享自己的实时位置。在出游的过程中,游客可以直接定位当前位置,并输入旅游目的地或旅游景点,然后完成旅游线路的搜索和推荐,并执行导航功能,使出游畅行无忧。

(5)预订类。旅游类微信公众号最重要的业务功能就是预订功能。游客可以根据自己的出游计划在公众号中预订产品。目前,各旅游微信公众号的搭建基本实现了预订功能。例如,海花岛旅游度假区微信公众号就设置了"玩转海花""门票预订""了解更多"三个菜单选项,直接为用户提供各种攻略、活动资讯,以及门票、客房的预订,操作起来很方便,游客只要通过微信公众平台订房即可在成功预订后及入住当天收到微信推送信息,让游客无忧旅行,给游客最佳的移动旅游体验。

（三）旅游主题在微博平台的运营

2009年8月,新浪网推出字数限制在140字以内的"微型博客"称之为新浪微博,这一新型的网络交流平台成为广大网友的"新宠",日益走红。微博是一种通过用户关系进行信息的获取、分享和传播并以此为基础的新型网络平台。信息即时分享,面向群体为全部的注册用户,具有极强的开放性。旅游微博营销是指旅游组织或企业以微博平台为基础,开展产品促销、信息收集、服务供应、文化宣传、互动交流、服务反馈等活动,进而达到增加收益、扩大影响力、了解网络舆情等目的。微博庞大的用户群体以及即时性,变成了各行业重要的营销平台之一,旅游微博营销已成为旅游目的地和旅游企业的重点宣传手段之一。旅游者能够通过微博获得关键信息,降低机会成本。对旅游信息发布者而言,微博所发布内容的单位信息包含的成本很低,增加信息带来的边际成本趋近于零。综上所述,旅游信息发布单位可以通过发布微博和利用话题搜索来对目标消费者进行精准定位,从中获得理想的经济效益。

旅游博主的队伍数量正呈迅猛增长态势。2016年前中国的全职旅游博主还不足1000人,如今各平台的旅游博主总数早已超过10万人,其中一些博主被认证成"大V",拥有数百万粉丝。微博营销在旅游业中的应用实现了低成本、随时随地。微博进入门槛和成本低、信息发布及时,极大地降低了旅游企业的推广费用。并且,微博进行信息传播的方式多样,群体转发非常方便,加之利用名人效应等方式能够使传播不断放大,这对旅游企业具有极大的吸引力。微博属于"粉丝经济",强大、开放的群体互动对消费者有巨大的驱动力。跳水冠军全红婵在采访中说自己从没去过动物园和游乐园。国内文旅机构纷纷通过微博向她发出游玩邀请,短短3天内就有50多个地方文旅厅（局）、80多家景区、500多个"橙V"参与其中,热烈互动,话题共计阅读量3.1亿次,讨论数3.9万条,实现"体育＋旅游"破圈联动讨论。这起现象级的旅游正能量事件,再次刷新行业对微博传播力与影响力的想象。微博是一个群体空间,用户可以自由选择和交流信息,如果擅长传播、讨论新闻及热门事件,就容易形成人气效应。旅游企业或旅游景区可以通过转发正能量的旅游信息,产生较大的传播效果,增加用户群体的信任,带动更多的用户群体在微博上互动,形成良好的口碑效应。旅游微博营销还有一个与微信公众平台不同的特点,即互动强、效果佳。微博不仅是旅游形象宣传窗口,还扮演着管理服务与监管的角色,是旅游企业和第三方机构或部门快速的反馈通道。通过微博,用户可以在手机或电脑随时随地了解旅游动态,这增强了旅游产品宣传的互动性和体验性。用户也可以发表图文展示自己的旅游经历,具有较为直观的感染力,增加旅游企业和用户的互动,同时加强旅游者对该地区的旅游产品的可信度。

2022年最新发布的数据显示,微博有近2亿的旅游兴趣用户、1万多名旅游头部用户,以及6万多个旅游企业机构。微博强大的社交属性与旅行话题相辅相成,旅游目的地及企业应如何强化运营,将官方微博打造为自带"种草力"的"金字招牌"。

旅游在新浪微博中的营销策略主要有以下三点。

1. 做好内容策划,借助热点话题

制造热点话题是微博营销很重要的一个手段,利用现有的热帖、热门话题,进行内容再创造,做出有新意的话题讨论,能够吸引用户的好奇心,从而使其产生游览意向。通过日常及时跟进合适的、有强相关性的热点,官方微博可以有效地提高内容传播效率,促进"种草"。除此之外,制造话题还可以通过借助热门影视作品拍摄地进行宣传。例如,电影《人再囧途之泰囧》中在泰国的芭堤雅和清迈的拍摄场景给泰国带来了大量的中国游客,为感谢该电影为泰国旅游业做出的贡献,泰国时任总理还接见了该电影的导演。

2. 联动名人

微博属于"粉丝经济",联动全方位名人,包括明星、"橙V""蓝V"和普通用户,汇集成线上互动的能量场。例如在明星方面,藏族小伙丁真的走红在微博引起了强烈的反响,微博成了丁真家乡理塘旅游全面宣推的重要阵地。丁真随后说出"想去西藏",西藏日报官方微博账号喊话丁真,邀请丁真到西藏旅游。该事件使得全国20多个省市发起"邀请丁真来我家乡"的微博活动,大大提高了旅游目的地的曝光率。

3. 不断巩固与强化认知目的地及企业的核心营销点定位

重新评估旅游目的地及企业的核心营销点定位,抓住品牌调性风格及特色玩法,不断进行"洗脑式"巩固与认知强化。例如,"横店影视城"官方微博账号持续推出穿越剧集的集锦视频;"乌镇旅游"官方微博账号日常强化"温柔江南水乡"的形象,并使此形象牢牢占据消费者的心。

(四)旅游主题在自媒体中的运用

旅游业的自媒体运用萌芽于2011年旅游电子商务公司的崛起。2013年成为旅游业自媒体运营的一个重要节点。无论是原本以网络为载体的旅游电商公司,还是线下的旅行社、景区、酒店,都是从2013年开始利用自媒体进行宣传,不少企业脱颖而出。

1. 自媒体在旅游行业的运营技巧

信息对旅游消费者决策有至关重要的影响。自媒体的发展使消费者获得的旅游信息更加真实、更加便捷,消费者开始习惯利用自媒体信息服务提高体验度和便利度,旅游自媒体才开始慢慢发展起来。最早旅游内容其实来自人际传播,游客如果去过一个地方有了很好的旅游体验,就会基于一个传播半径告诉身边人;然后随着大众媒体的兴起,旅游内容又进入了图文传播时代,例如传统旅游杂志,包括大量以图文为主的其他传播方式;最后,就是视频时代或2021年之后更加火爆的直播时代,旅游内容有了更大的优势,因为旅游本身是一种体验和感受,所以视频多元化的展现形式能更好地把旅游的体验感表达出来。旅游短视频或旅游直播的形式相比于图文攻略会更加直观,没有阅读能力的要求,可以直接感受旅游产品,为消费者提供预期价值,引导他们做出决策。例如,"皮皮在蓝色星球"是一位旅游博主,主要在小红书分享自己拍摄的写真照片,还会通过视频Vlog的形式记录在世界各地的旅行经历,不仅仅是分享各地的旅游景点,还会和当地人交流,记录当地的风土人情。短短几年就已经积累了百万粉丝,成了"大博主",登上了罗振宇的跨年演讲,接受了很多官方媒体的采访。在别人都讲千篇一律的旅游攻略时,她就会讲自己在旅行当中遇到趣事和经历;别人都拍看上去精美的摆拍,她则是自己一个人扛器材拍。她的内容变化多样,主要记录她所到过的国家、城市的风土人情,从另一方面展现了当地的人文特征。现在她有了一定的影响力就开始在小红书上开设很多旅游类主题活动,例如"薯小虎过暑假"等,邀请大家一起开启"暑假旅游盲盒"。她分享的内容既能使粉丝更加了解博主有趣的灵魂,同时又能展示各地不同的旅游特色,还能够转换成线下旅游产品。自媒体在旅游行业中的运营内容技巧可以总结为以下四点。

(1) 制造悬念。

在视频中呈现奇珍异宝类的物品,奇特的风土人情,小众的宗教仪式等引发受众的好奇;在游览风光的过程中时刻带着"一探究竟"的提问式解说。

(2) 增强互动。

视频中的内容要尽量给受众评论、讨论的空间,可以涉及一些热点话题、一些定制用户特别关注的元素。直播类主播应尽量实时与受众"聊天",回答评论区问题,语言风格要风趣幽默。评论区的互动对维持视频的热度起着关键作用,引起热议的话题会激发用户的分享需求,转发得越多,成为爆款的可能性就越大。

(3) 有知识含量及自己的语言表述风格。

"皮皮在蓝色星球"语言风格阳光积极,富含哲理,有想象空间,发起的活动角度奇特;"房琪kiki"以优美的文艺风文案独占鳌头;"曹震"凭借"风云变幻600年"故宫精讲短视频和故宫等景点讲解直播,在北京导游中崭露头角。

(4) 制作视频的能力。

在短视频制作中,特别是旅游类短视频自媒体博主,都拥有较强的视频制作能力,旅游类短视频对视觉要求较高,其中专业化团队与高清拍摄设备能够保证优质画面与视觉传达效果,提升用户观看体验;将目的地的秀美风光、地标建筑、文物古迹等囊括其中,针对性打造视觉盛宴,吸引眼球。结合当下平台热门拍摄方式,复刻改编同款创意,搭配剪辑技巧,以巧妙的卡点、运镜镜头,展示目的地特色,体现现代化与历史风云交融的魅力,令视频极具艺术感、创造性和现场感。因此,提高视频制作能力是自媒体账号火爆的必然要求。

2. 自媒体在旅游行业中的创收模式

旅游自媒体获得影响力的要素是用户定位与内容定位的成功。那么在实现影响力之后该如何变现,依旧需要根据用户定位和内容特征进行路径规划。

(1) 城市周边短途旅游产品。

旅游自媒体的受众定位是年轻群体,他们对外面的世界和新奇的地方有着浓厚兴趣,有着"打卡、拍照、晒朋友圈"的旅游需求,但是旅游的决策不是一时兴起,旅游前需要准备行程表、规划旅游路线、安排出行时间和周期,还要进行酒店的比价等。然而近年来,围绕着城市周边的旅游短视频根据城市进行推送的方式改变了这一现象,相对于长期高价的旅游产品,周末周边游、所在城市周边单一景点打卡游、城市周边乡村的露营地等休闲游产品能够更好地完成线上线下转换。

(2) 广告植入。

目前来看,无论是什么主题的自媒体账号,广告依然是自媒体变现的主要方式之一。在旅游自媒体账号植入产品广告相对较为轻松,内容创作会相对简单。分享旅游目的地或者旅游直播类的自媒体账号相对比较好植入广告,例如当地的知名企业、知名农产品,而且理所应当。旅游行业涵盖食、住、行、游、购、娱,所以广告植入内容可选择相对较多。分享新疆旅游的自媒体账号植入汽车广告;以旅游摄影为主的自媒体账号植入拍摄设备广告;做旅游攻略的自媒体账号投放机票、酒店、外卖的优惠券;分享旅游 Vlog 的自媒体账号因为主要是分享自己的生活方式,所以植入的产品可以更加丰富,不限于穿搭的衣服、喜爱的品牌等。

(3) 电商带货。

一些旅游自媒体博主已经逐渐建立自己的电商平台,有自己的电商店铺,所以在分享旅游视频的同时,会在自己的店铺上架商品,或者在直播时"带货"。"带货"是网络流行语,它所表达的意思指明星等公众人物对商品的带动作用。"带货"在自媒体中屡见不鲜,在旅游自媒体中也是变现的重要方式。例如,风靡全球的成功 IP 运营博主"李子柒",通过分享自己在乡村的生活,不仅传播了中国传统文化,而且实现了惊人的"带货"能力,全网约 1 亿粉丝,开通了天猫、京东等店铺,有报道称店铺销售额达 1.6 亿元,使得"李子柒"这个 IP 具有了顶尖的商业价值。如前所述,旅游自媒体涉及内容较为广泛,"带货"产品选择余地较大,当地土特产、旅行纪念品、同款的拍摄设备、电子产品、书籍、零食及生活类用品等都与旅游自媒体相吻合,电商销路较为全面多样。

(4) 流量收益。

流量收益一般都是平台赋予的变现方式,例如百度的百家号、今日头条的头条号等都可以通过文章、视频的浏览量产生收益,浏览量则是由平台给的推荐数量以及内容质量的高低决定的。例如前文提到的"李子柒",她 2017 年注册的 YouTube 账号,短短几年时间,累计观看量达到 10.37 亿,收获了 1000 多万粉丝。粉丝年龄以 35 岁以下为主,其中 25—34 岁人群最多,占比接近 50%,并且她的粉丝以男性居多,主要是对中华文化、中华美食感兴趣的人群。仅在美国,李子柒就拥有 200 万粉丝。按照 YouTube 的规则,视频博主达到一定门槛后就可以开通广告收益,在自己的视频中插入广告,并从广告费中拿走 55% 的分成。根据"网红"分析工具 Influencer 的估算,李子柒每月大约可以从 YouTube 获得人民币 340 万元的广告收入。另外,其单个视频的合作报价约为人民币 100 万元。中国的平台也有很多,比如哔哩哔哩、今日头条、百家号等也是有相当可观的流量收益的平台。

第二节 导游"云执业"

2020 年初疫情暴发,因为大流行病的特殊性,疫情政策限制人们的出行,也迫使遭受巨大冲击的旅游行业做出改变。因为出行的限制,2020 年被称为"旅游直播元年"。大量的传统导游纷纷转型,在线传播旅游风光,用直播、短视频的形式带领大家"云旅游",这一新形式为导游执业提供了新的思路。导游"云执业"的出现使得对导游职业有了一些新的要求,导游除了要掌握传统的知识与素质,还应具备一定的数字化知识。

云上旅游、智慧数字旅游为旅游行业提供了新的发展方向,游客通过观看短片、直播实现了足不出户看世界的目的,伴随着直播在旅游行业中的应用,人们的消费习惯也在潜移默化地改变着。人们通过观看线上直播了解旅游目的地之后,对目的地产生旅游动机从而在线上购买旅游产品及目的地的特产或乡村旅游农产品。新形势下,营地旅游、乡村旅游、研

学旅游、红色旅游等较为受欢迎,这些旅游形式催生出一批"云旅游"职业,比如旅游定制师、研学旅行指导、旅游咨询师、民宿管家、营地旅游策划等。这一类智慧型导游都属于导游的"云执业"范畴,由于"云旅游"的发展,导游的定义范围扩大,不再只是传统的旅游景区讲解员或传统带团出行者,而是随时随地的旅游目的地普及者。当前,导游人才必须具备新媒体媒介的素养、社群营销能力,这样才能够适应新环境,成为满足旅游行业要求的全域化、定制化、智能化要求的复合型人才。

一、导游"云执业"的常见类型

随着我国直播行业的快速发展,直播类型也千变万化。主播们营销自己的账号都各具特色,直播行业逐渐发展出多元生态,从最初的游戏直播、泛娱乐直播、电商直播三大类别裂变出许多新的消费场景。自2022年以来,东方甄选开启了知识科普的泛知识类型。董宇辉的走红使得直播行业重新思考,科普类、知识类直播渐渐走入人们的视线。统计数据显示,基本5个直播中有1个就是泛知识类,占比为20%。旅游直播因为其传播祖国的大好河山和文化特色,所以从直播大类上应归类于泛知识类。近年来,专业导游们纷纷转型,实现了云端执业,随着行业的发展逐渐壮大,"云导游"队伍从直播场景上分为户外直播与室内直播两种类型。

(一)户外直播

户外直播是主播们利用各大网络直播平台合作推出的在户外进行的具有较强实时互动性的旅游直播,这种形式可以使消费者更加清晰、直观、真实、沉浸式地体验主播们想要宣传的旅游目的地。户外直播作为旅游直播最主要的呈现方式,直播地点也呈现出多元化的特点,以观光、探险、徒步、垂钓、野营、滑雪、摄影等为主的在户外进行的活动都属于户外直播的范畴,这类户外直播内容较为丰富,深受大众喜爱,能够激发消费者开展旅游活动。

同步案例　　新疆中国国际旅行社直播禾木日出

新疆中国国际旅行社在2021年策划了"云游新疆100天"的抖音直播活动,并且专门成立了一支专业队伍,这支队伍中有专业导游、摄影师、剪辑师,是一个有综合能力的团队。他们从新疆的最南端帕米尔高原,一路直播到了新疆的最北端阿勒泰禾木村,在禾木村的云游是他们的第36场直播,他们一路将新疆的各个角落的美景、各个地方的美食分享给许多热爱旅行的人。利用"打卡新疆雪乡禾木"和"禾木日出"的标签,当天的直播收获了观看人数13.8万人,点赞数160万个以上的好成绩。在直播过程当中,团队全程没有开通打赏功能,不要礼物,也没有带货。队员们都是十几年的专业导游和土生土长的新疆本地人,他们内心都怀揣着一份宣传家乡、分享大美新疆的赤诚之心。他们说"主播我们不是专业的,我们是专业做旅游的",利用旅游的专业知识,为每一位观看直播的人讲解新疆,是他们能够成功的主要原因。

"云游新疆100天"的户外直播是一个典型的成功案例,这样的案例在国内屡见不鲜。许多专业导游自从开了直播账号,有了团队运营之后,也在网络环境中得到了很多的关注,成为"网红导游"。户外直播是旅游直播的主要形式,因为互动性较强、具有较丰富的内容、有场景,所以观众可以在家体验旅游活动。但是,户外直播的条件也相对较高,一般一个人是很难完成的,多数以团队合作的形式开展。团队从直播设备、内容策划、在线互动客服到后期保障都要有专门的人员负责,一般还有当地政府或官方旅游机构的大力支持。此外,个人直播账号也有因为内容的独特性而"火"起来的,例如"徐云流浪中国"(骑行类),"环华十年"(自驾类),"谷岳"(全球探险类)等。户外旅游直播在日后也会逐渐裂变出更多的主题,出现更多优秀的"导游主播"。

（资料来源：整理自新疆中国国际旅行社官方账号，2021年12月19日。）

（二）室内直播

室内直播或者称为户内直播,是指直播地点在室内或搭建好的直播间,通过各大平台宣传旅游目的地或者特色文化,如纪念馆、博物馆、科技馆、文化节等。这种直播模式主要为了吸引游客,使游客对目的地产生旅游动机,对直播的地点或文化节产生兴趣并且到访亲自体验。和户外直播相比,室内直播在旅游直播模式中相对占比较小,主要细分为以下几类。

(1) 直播间售卖旅游产品。一些旅游企业或旅游政府官方机构通过邀请名人、行业大咖等在直播间售卖旅游产品,通过名人粉丝效应吸引直播观看量,从而产生交易。例如,理塘文旅邀请藏族小伙丁真进行直播,主要对理塘旅游进行宣传,第一次直播观看人数就突破10万人,点赞数就突破100万个。携程数据显示,在丁真进行直播宣传之后,"理塘"的搜索量猛增620%。随后理塘文旅也第一时间联系团队拍摄了宣传片《丁真的世界》,利用丁真的流量效应,向外界展现四川甘孜的绝美风光。

(2) 科普研学类。科普类直播带动研学旅行这种形式早在2017年就有了初次尝试,KK直播打造的《匠人与匠心》栏目主要对"大型非物质文化遗产直播节"进行了直播活动,主要普及全国著名的非物质文化遗产(简称非遗)。《匠人与匠心》后来发展成为系列节目,一共播出56期,走访了五十多位非遗传承人,每期视频的平均点击量突破50万。其中一期直播在黔东南售出苗银饰品80万元,并且通过直播镜头,让40多万网友足不出户"云游"了黔东南,全面了解了当地的历史文化和非遗技艺。陌陌直播推出的《给乡村孩子的科学课》邀请了中国科学技术馆、北京天文馆、中国科学院动物研究所国家动物博物馆等科研机构的专家学者向150所乡村学校的孩子们开展科普教育活动。

(3) 云游博物馆、纪念馆类。馆内云游也是室内直播的一个重要的分支,2020年"人民旅游"发布的"2020年十大旅游事件"中,中国国家博物馆推出的"在家'云游'博物馆"项目入选。通过"国博邀您云看展"的词条与观众进行互动,直播期间聘请国家金牌讲解员当主播,对国博文物进行全面讲解,从线下无法接触到的近距离360°随心观看文物,吸引近1800万人来到直播间观览,20家平台参与直播,微博话题阅读量达1.9亿次。这样的博物馆直播、纪念馆直播在各大室内旅游景区都开始进行尝试。一般由博物馆或景区自己运营策划

直播活动,聘请馆内金牌讲解员或名人进行直播,从而促进馆内周边文创产品的销售或馆内线下人流量的提升。

(4) 文化仪式类。地方民俗文化仪式的传播现在也逐渐通过直播方式进入人们的视野,沉浸式体验地方特色文化形式、文化节或特色婚丧文化等都是近两年来室内直播较为新兴的模式。例如,2020年第十三届中国旅游电视周在扬州举办,活动期间设置了沉浸式戏剧的舞台,通过古代茶馆或古代扬州城市场景进行舞台剧表演,使观众身临其境地体验古代扬州文化特色;2022年,中国孔子网、济宁市文化传承发展中心联合海内外60余所文化机构进行集体直播,带领海内外1200多万名观看者一起"云祭孔",不但直播了祭孔盛况,也立体化解读了中华礼乐文化,这种直播模式使得儒家文化输出"破圈",很多海内外孔院、孔庙都参与其中。除官方组织的室内直播外,另有个人自媒体的文化仪式直播,比如直播地方婚礼、地方独特的祭祀活动等。独特的文化形式和直播手段让广大网友在家就能够体验全国独特的文化仪式,增长了人们的见识,激发了人们前往当地的旅游动机。

二、导游"云执业"的技能要求

旅游相关的直播除了介绍祖国的山川风景,更重要的是引起打卡潮流和开启旅游目的地的新鲜玩法。旅游直播不管是当地的知名导游还是旅行达人,他们将传统的旅游目的地玩出了新花样,才能够吸引到很多观众。时至今日,旅游消费呈现出高品质、重体验的新趋势。游客不再期待走马观花式打卡拍照,而更在意旅行过程中的独特感受,也就是说,怎么玩比去哪玩更重要。无论是提升口碑和品牌形象,打造爆款"网红"打卡点,还是让旅游直播能够获得一定的观看量,旅游直播内容都显得尤为重要,需要不断推陈出新。

(一) 旅游直播内容创作要求

旅游业是复合型产业,可做旅游直播的类型也纷繁多样,其中有许多细分领域,如景区、民宿、红色旅游、露营、文博旅游、研学旅游,等等。做旅游直播账号首先要明确两个重要的旅游直播目标:一是推销旅游产品,营销地方特产,旅促使产生交易;二是积累粉丝量,积累关注度,加强曝光率,实现粉丝效应。前文中提到,旅游直播属于泛知识类直播,与泛娱乐性直播不同的是,其娱乐性可以略微欠缺,主要以优质的内容吸引观众,旅游资源背后的文化、历史、民俗、自然环境是它的主要卖点,所以旅游直播的核心形式是"直播+内容"。作为旅游从业者,想要从事旅游直播就需要不间断地输出优质内容,要有系列性、特色性强的直播内容,这样才能提升用户对旅游目的地和旅游企业的认知度,提高用户的关注度和购买欲,使其成为高黏性用户。因此,如果想要创作出有吸引力、有转换能力的旅游直播内容,那么有以下一些方面的要求。

1. 了解用户

马蜂窝发布的旅游直播报告中显示,深度体验类的直播内容最受青睐,有72.88%的用户都喜欢这类内容。也就是说,旅游直播和其他直接"带货"营销的电商直播不同,旅游直播主要是为了让用户深度体验主播们游玩的旅游项目或者传统旅游景区的新奇玩法。在旅游直播过程中,用户观看直播的心理预期往往不是从旅游消费开始的,而是被有趣的旅行体验或好玩的内容所吸引,所以旅游直播的内容需要吸引用户产生更深的探索冲动。因此,在进行旅游直播内容创作的过程中,首先需要根据旅游目的地的目标人群进行玩法设计,增加深度体验感。马蜂窝发布的直播报告《旅游直播时代——文旅生态洞察2020》显示,经济实力较强的"90后"和"85后"是旅游直播的主要用户,整体占比超过50%。"95后""00后"等"Z世代"新势力也正在崛起,占比超过20%。在城市分布方面,一线及新一线城市用户对旅游直播的触达率较高,其中北京、上海、广州为旅游直播观看量排名前三的城市。在性别方面,不同于以女性为主要用户的传统旅游图文内容时代,旅游直播时代的男女占比较为平均。所以在进行旅游直播内容创作的过程中,传统的"逛景区"的模式已经不能吸引大部分人群,近年来,露营、房车、骑行、自驾、"云逛"博物馆、"云求签"等是较受欢迎的内容。因此,根据旅游直播的用户特征,目前直播内容创作方面更要求体现旅行玩乐内容的纯度和体验的深度。

2. 旅游专业知识储备大

目前,大部分旅游主播或者"云导游"不是门外汉,而是当地旅游部门负责人、旅游企业经营者、旅游从业者、金牌导游等,他们大多对旅游行业有深刻的理解,知识储备量大。旅游直播属于泛知识类直播,因为直播的特殊性,需要实时与观众互动,解答观众的临场提问,现场翻阅资料是不太可能的,所以"云导游"需要具备较大体量的知识储备,需要对当地景点甚至所在城市的历史、人文、民俗故事、热点话题都有一定的了解。目前已经处于知识2.0时代,人们在观看直播的过程中除了有一定的娱乐性,更多的还要获取一些自己不知道的知识。例如,"杭州小黑诸鸣"从国内两百万名导游中脱颖而出,成为目前全国80位国家导游技术技能大师之一。2020年底,浙江省文化和旅游厅主办的"文旅筑梦·西行记"活动中,诸鸣一路随行做公益直播。随行记者发现他能够对形形色色的人提出的问题对答如流,其丰富的知识储备和检索能力以及细致入微的观察力震惊了随行团队。直播过程中他不仅可以专业地讲解各个景点,还能时不时穿插一些人文典故和奇闻趣事、休闲养生知识,这种有趣的语言风格吸引了大量的直播观众。后来,随行记者发现,无论身处何处、工作到多晚,诸鸣每天都会挤出两个小时来读书看报。所以无论是热点新闻还是冷知识,他都会琢磨把这些听来的、学来的内容融入自己的讲解。诸鸣说:"讲经典、讲历史、讲文化,导游就应该看得多、学得杂,这样'嘴皮子'功夫才能练到家。"诸鸣看书很杂,基本感兴趣的内容都会找来看并做好摘录,武侠、科幻、财经、时政都有所涉猎,使自己每天充满新鲜感。

3. 打造高沉浸感、互动性强的内容

旅游消费目前更呈现出高品质、重体验的新趋势。游客不再期待走马观花式打卡拍照,而更在意旅行过程中的独特感受;打造新景点不再是最重要的,而是打造新玩法更加重要。所以在旅游直播的过程中,主播可以利用达人引流、招募体验官等方式推陈出新,从而吸引用户。旅游直播的"卖点"是游玩,因此,高度沉浸的游玩感受是非常重要的。山川湖泊、花海田园、亭台楼阁都属于旅游美景,利用直播,可以带给观众最佳的线上沉浸式旅游体验,加深对旅游目的地的印象。除旅游风景外,还有以人文景观为主的旅游目的地,如历史名胜景区、博物馆、红色文化馆、动植物园等,边直播边讲解此类目的地,同样可以带给观众沉浸式体验。以人文景观为主的旅游目的地更适合做直播,因为可以超近距离观看,主播们可以与目的地建立关系,取得目的地多视角拍摄资格会增加内容的创新性,令人印象深刻。直播过程中互动性也要求较高,主播们要语言风趣幽默,有"梗"有"段子",能够解答评论区的问题,

能够与观众实时互动才是较为有效的直播方式,能够积累粉丝群,创造私域流量池。

4. 旅游直播要具有实用性

在提供有趣的旅行内容的同时,也要提供高性价比的旅行玩乐产品,这是完成线下转化的重要部分。增加产品曝光,提高目的地特产或农产品的知名度,为后续产品销量积累观众。携程集团联合创始人、董事局主席梁建章在2020年开启了直播事业,通过打造"董事长博主"这一概念,受到了很多观众的喜爱,观众亲切地称他为"梁董""梁博士"。第一场直播梁建章带领着团队来到海南三亚,在首次直播"带货"的尝试中,通过"预售＋折扣价"的模式,1小时就卖掉了总价值1025万元的酒店套餐。紧接着第二天的贵州场直播则让所有人对梁建章、对携程刮目相看,全场直播下来,酒店销售额达2000万元。自此之后,梁建章打破传统董事长形象,经常在直播间中扮演不同的角色,穿民族服饰、古装等,甚至玩起了角色扮演。携程不断根据直播效果,调整酒店的预订模式、核销模式,制定超低折扣价格,很多观众都纷纷表示划算。携程针对酒店日历房销售系统进行升级改造,使之具备大规模预售的流量承载力,并与酒店供应商重构规则,制造出最低2折、数月内可预约、不预约随时退、万店通用等产品,直接解决了超售、预约困难等问题。所以旅游直播和所有电商直播一样,只有用户觉得有实用性的才会驻足观看。

5. 团队合作

旅游直播中不论是户外直播还是室内直播,还是需要进行团队合作。目前新媒体行业发达,旅行直播相对复杂,所需要的设备、创作内容、旅游产品洽谈等一个人完成较难,有必要打造自己的旅游直播团队,必须有一个专业的摄影团队来负责视频录制、后期处理以及宣传工作。旅游美景或室内博物馆直播中需要多机位拍摄,必要时还要使用无人机航拍;除此之外,旅游直播想要拍出创新的内容和视角,就需要一定的启动资金。无论是商业赞助还是政府支持,或是植入广告都需要多人合作完成。因此,看似简单的旅游直播,想要打造出质量较高的直播,就需要打造自己的直播团队。

(二)旅游直播过程中注意事项

1. 遵守直播规范

旅游直播内容包罗万象、性质特殊,"云导游"具有宣传当地传统文化的职责,所以内容创作时应该注意不传播虚假信息,不传播不健康信息,不传播不完整信息。旅游直播属于泛知识类直播,不得出现知识类错误、片面言论。不能有违反法律的不正当言论,不能有传递不良价值观、不道德观点的言论。室内或户外直播都需要注意不出现低俗、色情、不良穿衣风格的裸露行为。不得虚假宣传,不得误导消费者,曾经就有"网红"在直播间以不合理低价销售旅游卡,当游客线下消费时却以与承诺截然不同的形式兑现,对游客形成欺骗性消费诱导。还有的直播用滤镜、调色等多种方式过度美化了旅游吸引物,对游客进行误导性宣传。

2. 旅游文明行为普及

旅游直播中还需要注意旅行过程中的行为规范,宣传文明旅游,杜绝不文明旅游行为。例如,景区请来的"网红"直播团队为了直播效果而"封锁"观景台的行为就引起游客的不满,被认为是不文明的直播。还有一些旅游直播不尊重当地文化传统,不尊重当地宗教信仰,不爱护景区文物。这些行为都需要注意,因为镜头会"放大"这些不文明行为,旅游直播受到万人监督,在直播内容策划时就应该注意,创造新潮玩法的时候不得以不文明行为吸引眼球。

3. 直播设备的稳定性

直播设备需要前期做好充分准备,网络、设备电量、设备存储容量、收声设备、多角度设备的机位等需要提前调试。如果不是直播形式,录播还需要后期剪辑团队。室内直播虽然网络相对稳定,但是室内直播的造景、互动软件、购买链接等都需要提前准备好。

4. 实时关注

时刻关注粉丝动态,有用户进来时,要主动打招呼,提高参与度,必要时可以与一些有趣的 ID 或者有名的粉丝进行深入聊天。及时回复直播间的提问,当问题非常多的时候,可以适当忽视一些问题,如果有不文明言论及时提醒发布不文明言论的观众。同时,多关注那些问题少的粉丝,让他们体验感更高,有利于积累粉丝。除此之外,直播时的动作和表情要丰富,一个动作、表情非常丰富的主播能够带动整个直播的气氛。室内直播需要实时关注产品销量,户外直播需要实时关注旅行安全,同时还要完成直播内容和互动。

5. 有一定的娱乐性

旅游直播虽然是泛知识类直播,但是可以适当地利用娱乐方式为内容引流,增强主播与用户之间的互动,激发游客的购买欲,提高直播"带货"的成交率。例如,梁建章的携程 BOSS 直播以故事线索、人物扮演等方式让直播变得趣味横生,成为旅游直播中的成功代表。旅游直播也可充分利用直升机、无人机等多种方式立体化展示旅游内容,让旅游产品更具吸引力,进而引发消费购买。除此之外,主播的语言功底要求较高,要幽默又能够普及旅游目的地的文化特色。

(三)"云导游"的技能要求

"云导游"火起来之后,许多传统导游纷纷转型,还有一些旅游企业员工、旅游行业的领头人、旅游景区工作人员等许多人都纷纷开启了"云导游"之路。"云导游"是一个综合型职业,需要具备云端执业的技能。

1. 学习能力

好的"云导游"需要具备的最重要的能力是学习能力,新媒体变化多样且具有一定的实时性,不同的平台具有不同的特点、运营规则和用户要求,内容策划、剪辑等各种能力都需要不断地进行学习。大部分的"云导游"或新媒体运营人员都是自由职业者,时间自由度较大,但是要持续不断地产出好的作品和做好每一场直播需要他们以及团队高度的自律。除了内容多样化才能吸引观众之外,还有很多输出的相关内容需要不断更新,因此,"云导游"的知识获取和搜索能力、学习能力至关重要。

2. 文案写作能力

文案写作能力是新媒体运营人员需要具备的基础能力,不论是前期图文宣传,还是直播过程中的文案撰写、视频说明以及直播结束之后的总结,这些都需要写作基础。导游属于语言类工作者,传媒行业属于宣传类工作,当导游与直播相结合以后,只有具备较好的文案写作能力,才能够为用户带去良好的视听体验。

3. 活动策划能力

旅游直播除了内容重要之外,呈现形式也至关重要,因此,"云导游"需要具备活动策划能力,通过与用户的互动活动提高其参与感。"云导游"可以通过观看一些案例、参加一些活动,从活动主题、活动内容、活动形式、宣传策略等方面进行分析,学习别人的成功经验。目前,许多"云导游"已经成了较为成熟的头部IP,可以先学习借鉴别人的方式再进行创作,有了一定的经验积累之后,就可以形成有自己鲜明特色或"人设"的互动模式。

4. 热点捕捉能力

新媒体项目运作一般都是短期的、爆发式的,因此,热点捕捉能力极为重要。"云导游"要能够通过表面动态,预测爆点热点,从而引发热度话题。从事新媒体行业的人群需要具有一定的"网感"。"网感"就是对选题和创作的直播内容会不会被用户喜欢,会不会成为爆款的感知。"云导游"需要对热点具有敏锐的嗅觉,因为每个热点都是有生命周期的,一般为24—48小时,所以可以实时关注社会上的一些新闻事件、热点话题,从热点出发进行内容创作,通过热点引流。

5. 创新能力

除了需要具备敏锐的嗅觉,把握住热点话题,优秀的"云导游"还要具备创新能力,把握市场规则,在一定的范围内结合热点趋势,表达自己的观点,传播正能量。新想法要接地气,要尽量说用户听得懂的语言再加一些小的创新,语言风格要多变,如果和别的头部IP"撞人设",就会流失一部分用户,所以要有自己的创新能力。

6. 数据分析能力

如果将直播账号视为商品,商品在互联网上流通、变现的形式就体现在观看量、分享次数、粉丝量、互动量、成交量等方面。除此之外,广告的增收和商品购买频率也是数据的表现方式。在大数据时代下,只有拥有数据分析能力才能更好地预测下一个热点,因此,"云导游"还要在直播结束后复盘,查看数据,理解数据所代表的含义,进一步调整下一次直播的方案。

7. 新媒体运营辅助工具的运用能力

新媒体运营辅助工具的运用能力是非常重要的,就算有团队合作,"云导游"也需要掌握一定的辅助工具的运用能力。辅助工具包含很多种类,如排版编辑工具、视频剪辑工具、屏幕录制工具、视频转码工具、爆文标题工具、图片视频素材采集工具、视频下载工具、热点追踪工具、内容分发工具等。辅助工具的运用可以不用太专业,但是至少需要掌握一些基本的知识。掌握辅助工具可以有效地提高工作效率,是每个新媒体从业人员必备的技能。

8. 理解与沟通能力

"云导游"还需要具备高情商。因为在直播过程中,"云导游"需要与团队和用户进行沟通,能理解用户的反馈并及时做出正确决策,和用户聊天沟通能保证心平气和,心思缜密,能妥善解决用户的问题。在与直播团队沟通自己的想法时,如果和别人意见相左,"云导游"还需要倾听并且做出专业判断。在直播过程中如果有紧急情况,"云导游"还需要有临场应变能力。导游是一个综合性的职业,需要培养综合素质,"云导游"更是如此,除了上述内容之外,"云导游"还需要具备新媒体博主的各种综合素质,因为"云导游"是导游和新媒体运营人员两种职业的特征叠加,所以对职业能力的综合要求会更加多样。

(四)"云导游"的出现助推行业转型

1. 旅游行业的数字化转型

未来,"云旅游"将会和电视节目、网络节目一样成为人们日常休闲的惯性化和常态化消遣方式。在这种大环境的转型之下,旅游行业需要抓住机遇,实现行业的数字化转型,在宣传方式上不断更新,在营销方式上不断创新。直播过程中提到的旅游产品线下转化的真实性需要旅游景区、旅游企业的支持,特产或农产品的售卖或折扣需要当地政府的政策支持,室内直播的可进入性需要相关机构的配合,因此,"云导游"的成功不单单是因为导游的能力,还包括目的地的全线配合。提高全线配合度,能够更好地带动当地经济的发展,增加当地的旅游知名度,形成良好的旅游品牌。

2. 旅游产业的智慧化转型

"云旅游"是利用新兴技术而实现的新型旅游方式,也是基于云计算实现的智慧旅游云服务的一种表现形式。它反映了"互联网+旅游"在市场、管理和体制等多方面的深度融合发展。"云旅游"的兴起正在推动着旅游产业的智慧化转型、旅游营销的智慧化升级以及游客体验的智慧化提升。直播、短视频、全景旅游、VR 旅游等形式突破了旅游目的地与人们的时空限制,在线讲解、实时互动又进一步拉近了旅游目的地和人们的心理距离。相对于传统的图文营销,"云旅游"符合了当前人们获取旅游信息的途径,顺应了智慧旅游的发展需求,是一种更高效的智能化市场营销手段。"云旅游"主要以网络直播、短视频等形式,将旅游目的地的相关要素直观地呈现在人们面前,生动的实时实景讲解也能更好地营造旅游场景,引导人们沉浸其中,从而加强人们对旅游目的地的形象感知,减少实地旅游过程中的期待与体验之间的偏差。因此,旅游行业的全域智慧化升级应该同步配套,单靠新媒体运营是无法创造行业的转型升级的。

3. 线上线下优势互补、深度融合

线上"云旅游"和线下旅游是互补关系,不是替代关系,将线上流量引入线下,通过线下旅游反馈提升服务质量与效率,促进线上线下融合发展,注重旅游产业链条的延伸与完善,将是未来旅游业的发展趋势。要促进旅游服务向多元化、层次化、动态化发展,重塑旅游价值链,实现旅游要素一体化经营。

知识拓展　　　　　　　　KOL 助力产品营销

KOL 是新媒体崛起后的产物,全称是 Key Opinion Leader,中文翻译是关键意见领袖,通常被认为是在某个领域拥有一定影响力的人,KOL 的内容更垂直,粉丝黏性也很强。KOL 的主要作用有以下三点。

(1) 助力品牌提升知名度。当品牌与 KOL 合作时,通过将其作为品牌代言人或者推广大使等方法来进行品牌露出,放大品牌信息,并提高品牌的知名度,让更多不知道或者不太了解这个品牌的人增强对品牌的认知。

(2) 提供更高购买转化率。KOL 能够影响非常多的人,其中,粉丝的购买力更

强,当粉丝看到他们信任的KOL对某个产品发表好评时,他们可能会受到影响而购买它。

(3) 建立用户信任。KOL的日常内容输出主要用于建立用户信任,广告内容太多会消耗用户信任,同时太直接的广告,用户也很难买单,所以品牌在选择KOL时要找内容生产力强、号召力强、话题度高的人。这类人可通过输出有趣的内容,赢得用户好评;通过多元化的人格魅力俘获粉丝,让粉丝愿意为其买单。

案例分析

"大漠叔叔"助力海南

2017年,海南"大漠叔叔"账号开始活跃在各大平台,该账号主要发布网上关于一些民间偏方的谣言辟谣,精心制作的视频浏览量一般,于是他便剑走偏锋,尝试起了用自身演示,视频中的大漠叔叔一脸严肃,正在讲解如果在野外被毒蛇咬到之后应该如何自救?却没想到正经不过三秒,下一刻就露出了本性,并逐渐在搞笑的道路上越走越远。虽然当时的"大漠叔叔"是一名警察(2022年3月离职),可在他的视频中警察严肃的刻板印象被打破,他以独特的视角让警察的这一身份变得更加和蔼可亲,就连村民们看到他也是十分的激动。

"大漠叔叔"活跃在哔哩哔哩,基本一周更新两次以上,平均视频时长6—10分钟。一个视频要拍摄、剪辑、后期制作再到上传到平台,坚持一周更新两次以上的博主已经算非常勤劳的了。他的视频除了宣传海南之外还紧跟时事,在之前新疆棉花事件的时候他就去拍新疆棉花、在发射火箭的时候他拍了火箭,还有警犬训练基地等。他紧跟时事热点,主要任务就是带动海南农村经济。

2018年10月之前,他在抖音上都是发一些辟谣类的视频,在11月之后基本上专门拍摄真人出镜的辟谣纪录片,比如封门村的迷信传闻,还有关于法医的纪录片。这些纪录片结合他的真实工作经历。

截至2022年,"大漠叔叔"的哔哩哔哩粉丝量已超过500万,抖音粉丝量突破1000万,小红书粉丝量约30万。一开始他完全是自费拍摄的,他在2018年底晒出账单表示,不开直播,不接受任何商业赞助,完全自费拍视频。坚持辟谣科普的目的就是让"臭、脏、黑"的自媒体账号没有市场。在他的账号里,除了能够看到美丽的海南风景之外,还能够了解最新的各种骗局、谣言。最主要的是在这里得到的资讯是经过了官方认证的,绝对真实。而他在拍视频的同时也不忘自己的本职工作,会在视频中记录警方抓获嫌犯的行动过程,其中最出名的就是一个视频竟让82个嫌疑人排队自首,这壮观的场面也是让无数网友啧啧称奇,这一视频也使他也因此"火"出了圈。

"大漠叔叔"经典短视频:

2019年7月8日,由"大漠叔叔"主要执镜,海南警方推出全网首个抓捕Vlog,记录了海南警方打击电诈犯罪"蓝天二号"行动的收网现场,行动中皆是真枪实弹。7月9日,海南警方称,收网行动共到案犯罪嫌疑人265名,且行动次日就有多名在逃人员发视频自首,仅40多小时82人全部投案。视频发出后获得了网友们的一致好评,短短几天,就收获了网友们300多万个赞,视频播放量达到6500多万次,10天时间,火遍全网。该视频传播数据惊人,7月8日至10日,相关信息的全网信息量达到1.7万条,其中微博成为事件的主要传播平台。"警方硬核抓捕VLOG""首个抓捕VLOG刷屏幕后故事"等微博话题,总阅读量为2032.5万次,讨论数为5791条。相关微博的传播层级的统计显示:一次转发占比57.38%,二次转发占比为17.67%,三次转发占比为5.61%,四次及以上转发占比为19.35%,这从侧面说明相关信息传播较为深入。

截至2019年7月10日10时,这个Vlog共收获转发数1.0万次,评论数2647条,点赞数2.4万个。经分析,这条微博在传播中共形成19个转发层级,覆盖2.6亿人次,单条微博传播指数为99.43。第一层级转发者共转发3853次,占总转发数的37.40%,是微博传播的主要力量。

(资料来源:整理自2019年8月8日微热点。)

思考:
1. "大漠叔叔"属于什么类型的自媒体?
2. "大漠叔叔"账号的走红有哪些主要的原因?
3. 观看"大漠叔叔"账号,对其创作视频进行内容分类并分析主要的创作主题。

章节测验

参考文献

[1] 刘立成,刘超,胡雨梦.《徐霞客游记》中的旅游讲解员研究[J].中国地市报人,2021(10).

[2] 杜玮,张建梅.导游业务[M].北京:高等教育出版社,2006.

[3] 南志方.明朝士人王士性攀登华山之经历[J].三门峡职业技术学院学报,2016(2).

[4] 张宇.全国特级导游刘国杨:我们值得被看见[N].中国旅游报,2022-06-23.

[5] 朱晔.导游实务[M].西安:西安交通大学出版社,2014.

[6] 全国导游资格考试统编教材专家编写组.导游业务[M].7版.北京:中国旅游出版社,2022.

[7] 熊剑平.导游实务与案例[M].武汉:湖北教育出版社,2014.

[8] 熊剑平,董继武.导游业务[M].武汉:华中师范大学出版社,2006.

[9] 金慧.导游实务[M].北京:北京理工大学出版社,2017.

[10] 赵爱华,朱斌,张岩.导游业务[M].北京:中国旅游出版社,2016.

[11] 国家铁路局,公安部.国家铁路局 公安部关于公布《铁路旅客禁止、限制携带和托运物品目录》的公告[EB/OL].(2022-05-31)[2022-12-20].http://www.gov.cn/zhengce/zhengceku/2022-05/31/content_5693212.htm.

[12] 易伟新.导游实务[M].2版.北京:清华大学出版社,2021.

[13] 易婷婷,王晓宁.导游实务[M].北京:北京大学出版社,2013.

[14] 张丽娟.旅游交际礼仪[M].北京:北京交通大学出版社,2013.

[15] 国家旅游局.旅游行业标准 LB/T 039-2015 导游领队引导文明旅游规范[EB/OL].(2015-04-02)[2022-12-20].https://zwgk.mct.gov.cn/zfxxgkml/hybz/202012/t20201224_920038.html.

[16] 张岚,代玉岩,何欣竹.导游业务[M].北京:北京理工大学出版社,2020.

[17] 朱斌,刘英.导游实务[M].北京:北京大学出版社,2013.

[18] 王晓宁,易婷婷,郑文丽,等.导游实务案例与分析[M].北京:中国人民大学出版社,2014.

[19] 李瑞玲.导游业务[M].郑州:郑州大学出版社,2006.

[20] 唐由庆.导游服务艺术[M].上海:上海人民出版社,2012.

[21] 张志强,徐堃耿.北京经典景点导游词[M].北京:中国旅游出版社,2017.

[22] 全国导游资格考试统编教材专家编写组.导游业务[M].6版.北京:中国旅游出版社,2021.

[23] 汪亚明,王显成,徐慧慧.导游词编撰实务[M].北京:旅游教育出版社,2012.

[24] 国家旅游局.导游管理办法[EB/OL].(2017-11-1)[2022-12-20].http://www.gov.cn/zhengce/2017-11/01/content_5712513.htm.

[25] 国家旅游局.导游人员管理条例[EB/OL].(2020-12-26)[2022-12-20].http://www.gov.cn/zhengce/2020-12/26/content_5574268.htm.

[26] 国家旅游局.旅行社条例[EB/OL].(2020-12-27)[2022-12-20].http://www.gov.cn/zhengce/2020-12/27/content_5573843.htm.

[27] 国家旅游局.旅行社条例实施细则[EB/OL].(2016-12-12)[2022-12-20].http://www.gov.cn/zhengce/2016-12/12/content_5712515.htm.

[28] 王靖.新时期的旅游直播发展研究[J].新闻文化建设,2022(16).

[29] 苏思晴,吕婷.云旅游:基于眼动实验的在线评论对旅游直播体验的影响研究[J].旅游学刊,2022(8).

[30] 袁媛.行业网络直播平台运营模式研究[D].乌鲁木齐:新疆大学,2017.

[31] 张薇,胡玉娟.场景+体验:旅游类短视频的传播困境与价值创新[J].传媒,2021(23).

[32] 高亮.旅游直播平台用户观看意愿的影响因素研究[D].杭州:浙江工商大学,2022.

[33] 李亚莉,刘艳,谷慧敏,等.旅游直播中顾客参与对购买意愿的影响研究[J].旅游导刊,2022(4).

[34] 张宇,王玮."严"字改变旅游直播生态[N]中国旅游报,2022-08-01.

[35] 谢佳.户外直播对观众户外旅游意愿的影响研究[D].长沙:中南林业科技大学,2018.

[36] 刘辉,王惊雷.旅游业中的"微博营销"研究——以山东省旅游局官方微博为例[J].旅游纵览(下半月),2017(12).

[37] 肖艳荣,陈敬婷.探析旅游业中的微信营销[J].旅游纵览(下半月),2015(4).

[38] 国家旅游局.旅游局发布关于旅游不文明行为记录管理暂行办法[EB/OL].(2016-05-31)[2022-12-20].http://www.gov.cn/xinwen/2016-05/31/content_5078481.htm.

教学支持说明

为了改善教学效果,提高教材的使用效率,满足高校授课教师的教学需求,本套教材备有与纸质教材配套的教学课件(PPT 电子教案)和拓展资源(案例库、习题库视频等)。

我们将向使用本套教材的高校授课教师免费赠送教学课件或者相关教学资料,烦请授课教师通过电话、邮件或加入旅游专家俱乐部 QQ 群等方式与我们联系,获取"电子资源申请表"文档并认真准确填写后发给我们,我们的联系方式如下:

地址:湖北省武汉市东湖新技术开发区华工科技园华工园六路

邮编:430223

电话:027-81321911

传真:027-81321917

E-mail:lyzjjlb@163.com

旅游专家俱乐部 QQ 群号:758712998

旅游专家俱乐部 QQ 群二维码:

群名称:旅游专家俱乐部5群
群 号:758712998

电子资源申请表

填表时间：_____年___月___日

1. 以下内容请教师按实际情况写，★为必填项。
2. 相关内容可以酌情调整提交。

★姓名		★性别	□男 □女	出生年月		★职务	
						★职称	□教授 □副教授 □讲师 □助教

★学校		★院/系	
★教研室		★专业	
★办公电话		家庭电话		★移动电话	
★E-mail（请填写清晰）			★QQ号/微信号	
★联系地址		★邮编	

★现在主授课程情况	学生人数	教材所属出版社	教材满意度
课程一			□满意 □一般 □不满意
课程二			□满意 □一般 □不满意
课程三			□满意 □一般 □不满意
其 他			□满意 □一般 □不满意

教 材 出 版 信 息		
方向一		□准备写 □写作中 □已成稿 □已出版待修订 □有讲义
方向二		□准备写 □写作中 □已成稿 □已出版待修订 □有讲义
方向三		□准备写 □写作中 □已成稿 □已出版待修订 □有讲义

请教师认真填写表格下列内容，提供索取课件配套教材的相关信息，我社根据每位教师填表信息的完整性、授课情况与索取课件的相关性，以及教材使用的情况赠送教材的配套课件及相关教学资源。

ISBN（书号）	书名	作者	索取课件简要说明	学生人数（如选作教材）
			□教学 □参考	
			□教学 □参考	

★您对与课件配套的纸质教材的意见和建议，希望提供哪些配套教学资源：